W0329324

Anforderungsbereich III (Reflexion und Problemlösung)

Er umfasst den kritischen und reflektierten Umgang mit neuen Problemstellungen, den eingesetzten Methoden und den gewonnenen Erkenntnissen. Ziel sind eigenständige Begründungen, Folgerungen, Deutungen und Wertungen.

beurteilen	den Stellenwert von Sachverhalten oder Prozessen in einem Zusammenhang → *überprüfen*, um kriterienorientiert zu einem begründeten Sachurteil zu gelangen
entwickeln	zu einem Sachverhalt oder zu einer Problemstellung eine Einschätzung, ein konkretes Lösungsmodell, eine Gegenposition oder ein Lösungskonzept inhaltlich weiterführend und / oder zukunftsorientiert darlegen
erörtern	zu einer vorgegebenen Problemstellung eine reflektierte, abwägende Auseinandersetzung führen und zu einem begründeten Sach- und / oder Werturteil kommen
interpretieren	Sinnzusammenhänge aus Quellen erschließen und eine begründete Stellungnahme abgeben, die auf einer Analyse (→ *analysieren*), Erläuterung (→ *erläutern*) und Bewertung beruht
Stellung nehmen	Beurteilung (→ *beurteilen*) mit zusätzlicher Reflexion individueller, sachbezogener und / oder politischer Wertmaßstäbe, die Pluralität gewährleisten und zu einem begründeten eigenen Werturteil führen
überprüfen	Inhalte, Sachverhalte, Vermutungen oder Hypothesen auf der Grundlage eigener Kenntnisse oder mithilfe zusätzlicher Materialien auf ihre sachliche Richtigkeit bzw. auf ihre innere Logik hin untersuchen

Übergreifende Aufgaben

Sie umfassen themen-, modul- oder semesterübergreifende Aufgaben auf der Grundlage der Anforderungsbereiche I bis III.

Weitere kompetenzorientierte Aufgaben

Sie vernetzen Materialien miteinander oder regen kreative Ergebnis- und Präsentationsformen an.

FLUCHT, VERTREIBUNG UND UMSIEDLUNG IM UMFELD DES ZWEITEN WELTKRIEGES

WANDLUNGSPROZESSE IN DER GESCHICHTE

BUCHNERS KOLLEG. THEMEN GESCHICHTE

Buchners Kolleg. Themen Geschichte

Flucht, Vertreibung und Umsiedlung im Umfeld des Zweiten Weltkrieges

Wandlungsprozesse in der Geschichte

Unterrichtswerk für die Oberstufe

Bearbeitet von Nikolaus Barbian, Stephan Kohser, Ulrich Mücke und Jochen Oltmer
unter Mitarbeit von Harald Focke und Thoralf Klein

Zu diesem Lehrwerk ist erhältlich:
Lehrermaterial auf CD-ROM (ISBN 978-3-7661-7325-6)
Weitere Materialien finden Sie unter: www.ccbuchner.de

Dieser Titel ist auch als digitale Ausgabe unter www.ccbuchner.de erhältlich.

1. Auflage, 1. Druck 2014
Alle Drucke dieser Auflage sind, weil untereinander unverändert, nebeneinander benutzbar.

Dieses Werk folgt der reformierten Rechtschreibung und Zeichensetzung. Ausnahmen bilden Texte, bei denen künstlerische, philologische oder lizenzrechtliche Gründe einer Änderung entgegenstehen.

Die Mediencodes enthalten ausschließlich optionale Unterrichtsmaterialien. Auf verschiedenen Seiten dieses Buches finden sich Verweise (Links) auf Internetadressen. Haftungshinweis: Trotz sorgfältiger inhaltlicher Kontrolle wird die Haftung für die Inhalte externer Seiten ausgeschlossen.

Layout, Satz und Umschlaggestaltung: ARTBOX Grafik und Satz GmbH, Bremen
Karten und Grafiken: ARTBOX Grafik und Satz GmbH, Bremen
Druck und Bindung: creo Druck und Medienservice GmbH, Bamberg

www.ccbuchner.de

ISBN 978-3-7661-7315-7

Inhalt

Wechselwirkungen und Anpassungsprozesse in der Geschichte

Anhang

▸ **Geschichte In Clips:**

Auf unserer Homepage (www.ccbuchner.de) befinden sich Filmausschnitte zu Ereignissen, die in diesem Buch behandelt werden. Geben Sie dazu in das Suchfeld unserer Internetseite den im Buch genannten Clip-Code ein.

Mit „Buchners Kolleg. Themen Geschichte“ lernen und arbeiten

Das vorliegende Werk ist ein **Lern- und Arbeitsbuch**. Verfassertexte und Materialien liefern eine solide Grundlage für die systematische Vorbereitung auf das niedersächsische Abitur.

▶ Einführungsseiten

leiten mit **problemorientierten Fragen** 1▶ und **charakteristischen Bildern** 2▶ in das Rahmenthema „Wechselwirkungen und Anpassungsprozesse in der Geschichte“ ein.

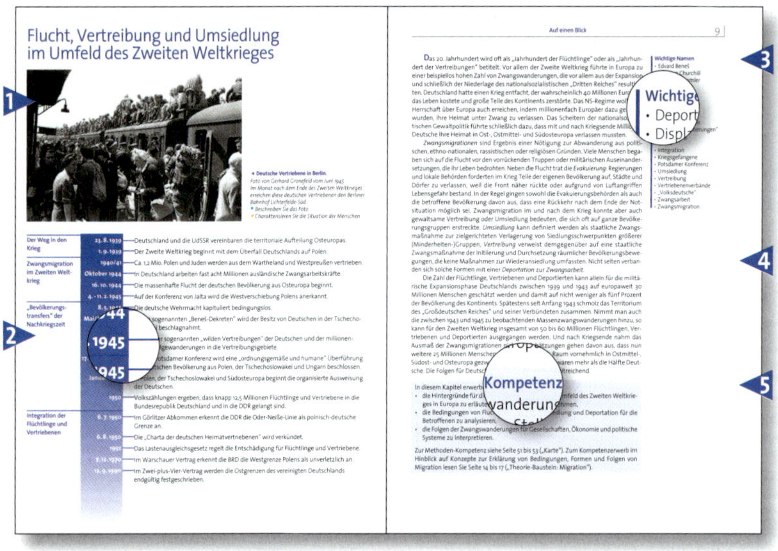

◀ Orientierungsseiten

informieren überblicksartig über das Thema des Pflichtmoduls bzw. der Wahlmodule. Die Doppelseite umfasst ein **Auftaktbild** 1▶, eine **Chronologie** mit zentralen Daten und Fakten 2▶, **wichtige Namen und Begriffe** des Kapitelthemas 3▶, einen **Überblickstext** 4▶ und die **Kompetenzerwartungen** 5▶ des Lehrplans.

▶ Darstellungen/Verfassertexte

vermitteln ein Verständnis für historische Zusammenhänge und Strukturen. Sie sind mit den Materialien vernetzt (▶ M1).

Die Randspalte enthält einen Hinweis auf „**Geschichte In Clips**“ 1▶, weiterführende **Lese-, Internet- und Filmtipps** 2▶ sowie **Namens- und Begriffserläuterungen** 3▶.

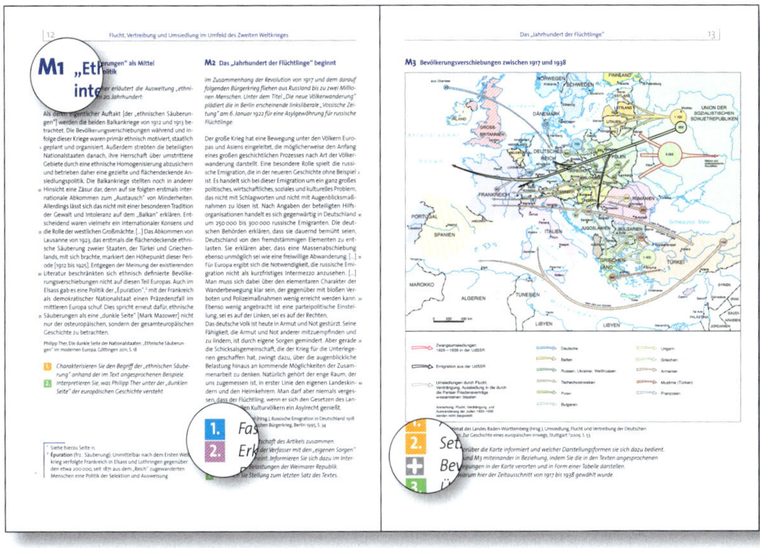

◀ Materialien
veranschaulichen und vertiefen einzelne Aspekte, stellen kontroverse Sichtweisen dar und berücksichtigen alle relevanten Gattungen.

◀ Arbeitsaufträge
sind farblich gekennzeichnet. Sie verwenden die **„Operatoren“** der drei Anforderungsbereiche des Zentralabiturs. Themen-, modul- und semesterübergreifende Aufgaben sowie weitere kompetenzoreintierte Arbeitsvorschläge sind zusätzlich ausgewiesen. Siehe hierzu ausführlich die Angaben vorne im Buch.

▶ Theorie-Bausteine
behandeln exemplarisch **historische Theorien und Erklärungsmodelle** und vernetzen die Module durch Querverweise und Arbeitsvorschläge miteinander.

▶ Methoden-Bausteine
erläutern spezifische **historische Arbeitstechniken** an einem konkreten Beispiel. Ergänzt wird dies hinten im Buch durch eine Übersicht **Methoden wissenschaftlichen Arbeitens**.

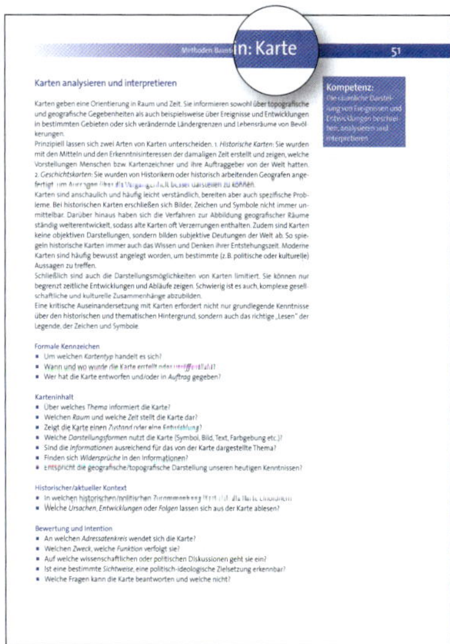

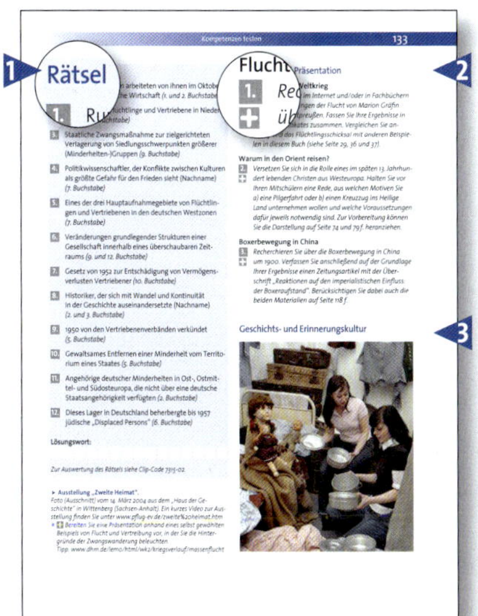

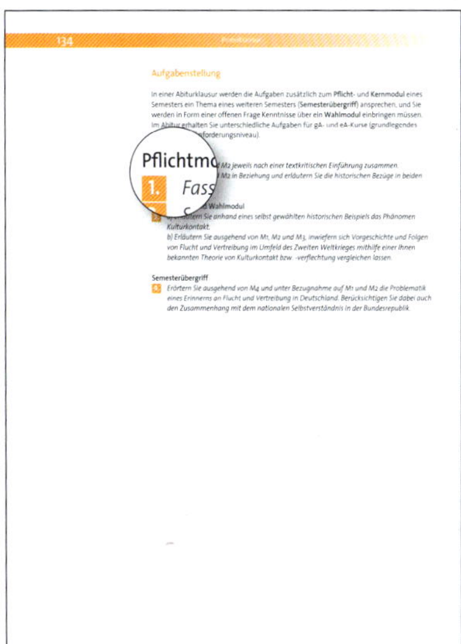

◀ Kompetenzen testen
Mit einem **Rätsel** 1 und **handlungsorientierten Arbeitsaufträgen** 2 lassen sich die angeeigneten **Kompetenzen** testen. Eine Abbildung zur **Geschichts- und Erinnerungskultur** 3 rundet die Seite ab.

◀ Probeklausur
Mithilfe der Klausur kann das erworbene **Wissen zum Rahmenthema** angewendet und überprüft werden. Praktische **Hinweise zur Bearbeitung von Klausuren** stehen hinten im Buch.

Wechselwirkungen und Anpassungsprozesse in der Geschichte

- Wie vollzogen sich Flucht, Vertreibung und Umsiedlung im Zusammenhang des Zweiten Weltkrieges in Deutschland und Europa?
- Welche Hintergründe und Vorstellungen lagen dieser „radikalsten Bevölkerungsumsetzung der modernen Geschichte“ (Klaus-Dietmar Henke) zugrunde?
- Wie entwickelte sich die Erinnerung an jenen Millionen Menschen umfassenden „Bevölkerungstransfer“ bis in die heutige Zeit?
- Wie begegneten sich unterschiedliche Kulturkreise in der Geschichte und welche Transformationsprozesse hatte dies zur Folge?

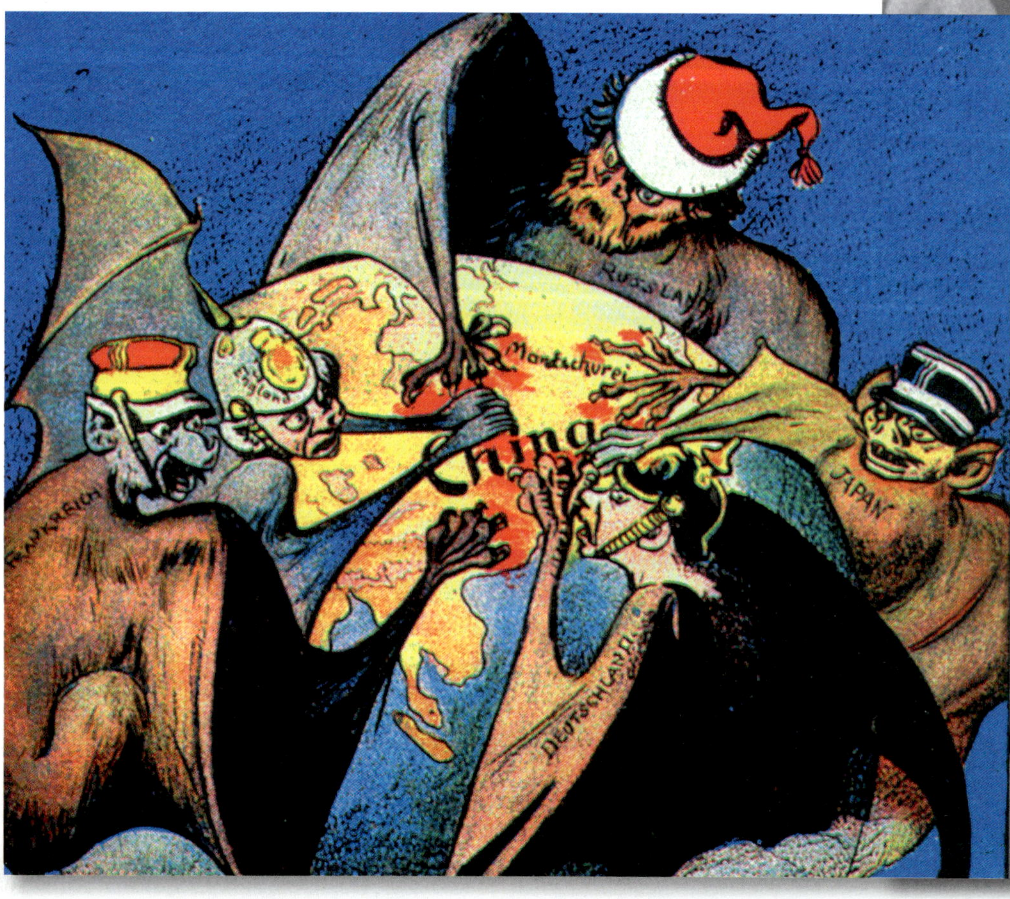

Flucht, Vertreibung und Umsiedlung im Umfeld des Zweiten Weltkrieges

◂ **Deutsche Vertriebene in Berlin.**
Foto von Gerhard Gronefeld vom Juni 1945.
Im Monat nach dem Ende des Zweiten Weltkrieges erreichen diese deutschen Vertriebenen den Berliner Bahnhof Lichterfelde-Süd.
- *Beschreiben Sie das Foto.*
- *Charakterisieren Sie die Situation der Menschen.*

Der Weg in den Krieg	**23.8.1939**	Deutschland und die UdSSR vereinbaren die territoriale Aufteilung Osteuropas.
	1.9.1939	Der Zweite Weltkrieg beginnt mit dem Überfall Deutschlands auf Polen.
Zwangsmigration im Zweiten Weltkrieg	**1940/41**	Ca. 1,2 Mio. Polen und Juden werden aus dem Wartheland und Westpreußen vertrieben.
	Oktober 1944	In Deutschland arbeiten fast acht Millionen ausländische Zwangsarbeitskräfte.
	16.10.1944	Die massenhafte Flucht der deutschen Bevölkerung aus Osteuropa beginnt.
	4.-11.2.1945	Auf der Konferenz von Jalta wird die Westverschiebung Polens anerkannt.
„Bevölkerungstransfers“ der Nachkriegszeit	**8.5.1945**	Die deutsche Wehrmacht kapituliert bedingungslos.
	Mai/Juni 1945	In den sogenannten „Beneš-Dekreten“ wird der Besitz von Deutschen in der Tschechoslowakei beschlagnahmt.
	Juni 1945	Beginn der sogenannten „wilden Vertreibungen“ der Deutschen und der millionenfachen Folgewanderungen in die Vertreibungsgebiete.
	17.7.-2.8.1945	Auf der Potsdamer Konferenz wird eine „ordnungsgemäße und humane“ Überführung der deutschen Bevölkerung aus Polen, der Tschechoslowakei und Ungarn beschlossen.
	Januar 1946	In Polen, der Tschechoslowakei und Südosteuropa beginnt die organisierte Ausweisung der Deutschen.
	1950	Volkszählungen ergeben, dass knapp 12,5 Millionen Flüchtlinge und Vertriebene in die Bundesrepublik Deutschland und in die DDR gelangt sind.
Integration der Flüchtlinge und Vertriebenen	**6.7.1950**	Im Görlitzer Abkommen erkennt die DDR die Oder-Neiße-Linie als polnisch-deutsche Grenze an.
	6.8.1950	Die „Charta der deutschen Heimatvertriebenen“ wird verkündet.
	1952	Das Lastenausgleichsgesetz regelt die Entschädigung für Flüchtlinge und Vertriebene.
	7.12.1970	Im Warschauer Vertrag erkennt die BRD die Westgrenze Polens als unverletzlich an.
	12.9.1990	Im Zwei-plus-Vier-Vertrag werden die Ostgrenzen des vereinigten Deutschlands endgültig festgeschrieben.

Das 20. Jahrhundert wird oft als „Jahrhundert der Flüchtlinge“ oder als „Jahrhundert der Vertreibungen“ betitelt. Vor allem der Zweite Weltkrieg führte in Europa zu einer beispiellos hohen Zahl von Zwangswanderungen, die vor allem aus der Expansion und schließlich der Niederlage des nationalsozialistischen „Dritten Reiches“ resultierten. Deutschland hatte einen Krieg entfacht, der wahrscheinlich 40 Millionen Europäer das Leben kostete und große Teile des Kontinents zerstörte. Das NS-Regime wollte die Herrschaft über Europa auch erreichen, indem millionenfach Europäer dazu genötigt wurden, ihre Heimat unter Zwang zu verlassen. Das Scheitern der nationalsozialistischen Gewaltpolitik führte schließlich dazu, dass mit und nach Kriegsende Millionen Deutsche ihre Heimat in Ost-, Ostmittel- und Südosteuropa verlassen mussten.

Zwangsmigrationen sind Ergebnis einer Nötigung zur Abwanderung aus politischen, ethno-nationalen, rassistischen oder religiösen Gründen. Viele Menschen begaben sich auf die Flucht vor den vorrückenden Truppen oder militärischen Auseinandersetzungen, die ihr Leben bedrohten. Neben die Flucht trat die *Evakuierung*: Regierungen und lokale Behörden forderten im Krieg Teile der eigenen Bevölkerung auf, Städte und Dörfer zu verlassen, weil die Front näher rückte oder aufgrund von Luftangriffen Lebensgefahr bestand. In der Regel gingen sowohl die Evakuierungsbehörden als auch die betroffene Bevölkerung davon aus, dass eine Rückkehr nach dem Ende der Notsituation möglich sei. Zwangsmigration im und nach dem Krieg konnte aber auch gewaltsame Vertreibung oder Umsiedlung bedeuten, die sich oft auf ganze Bevölkerungsgruppen erstreckte. *Umsiedlung* kann definiert werden als staatliche Zwangsmaßnahme zur zielgerichteten Verlagerung von Siedlungsschwerpunkten größerer (Minderheiten-)Gruppen, *Vertreibung* verweist demgegenüber auf eine staatliche Zwangsmaßnahme der Initiierung und Durchsetzung räumlicher Bevölkerungsbewegungen, die keine Maßnahmen zur Wiederansiedlung umfassten. Nicht selten verbanden sich solche Formen mit einer *Deportation* zur *Zwangsarbeit*.

Die Zahl der Flüchtlinge, Vertriebenen und Deportierten kann allein für die militärische Expansionsphase Deutschlands zwischen 1939 und 1943 auf europaweit 30 Millionen Menschen geschätzt werden und damit auf nicht weniger als fünf Prozent der Bevölkerung des Kontinents. Spätestens seit Anfang 1943 schmolz das Territorium des „Großdeutschen Reiches“ und seiner Verbündeten zusammen. Nimmt man auch die zwischen 1943 und 1945 zu beobachtenden Massenzwangswanderungen hinzu, so kann für den Zweiten Weltkrieg insgesamt von 50 bis 60 Millionen Flüchtlingen, Vertriebenen und Deportierten ausgegangen werden. Und nach Kriegsende nahm das Ausmaß der Zwangsmigrationen nicht ab. Schätzungen gehen davon aus, dass nun weitere 25 Millionen Menschen zu Bewegungen im Raum vornehmlich in Ostmittel-, Südost- und Osteuropa gezwungen wurden, darunter waren mehr als die Hälfte Deutsche. Die Folgen für Deutschland und Europa waren weitreichend.

Wichtige Namen
- Edvard Beneš
- Winston Churchill
- Heinrich Himmler
- Adolf Hitler
- Josef Stalin

Wichtige Begriffe
- Deportation
- Displaced Persons
- „Ethnische Säuberungen“
- Evakuierung
- Flucht
- Integration
- Kriegsgefangene
- Potsdamer Konferenz
- Umsiedlung
- Vertreibung
- Vertriebenenverbände
- „Volksdeutsche“
- Zwangsarbeit
- Zwangsmigration

In diesem Kapitel erwerben Sie die **Kompetenz**,
- die Hintergründe für die Zwangswanderungen im Umfeld des Zweiten Weltkrieges in Europa zu erläutern und dazu Stellung zu nehmen,
- die Bedingungen von Flucht, Vertreibung, Umsiedlung und Deportation für die Betroffenen zu analysieren,
- die Folgen der Zwangswanderungen für Gesellschaften, Ökonomie und politische Systeme zu interpretieren.

Zur Methoden-Kompetenz siehe Seite 51 bis 53 („Karte“). Zum Kompetenzerwerb im Hinblick auf Konzepte zur Erklärung von Bedingungen, Formen und Folgen von Migration lesen Sie Seite 14 bis 17 („Theorie-Baustein: Migration“).

Das „Jahrhundert der Flüchtlinge“

Internettipp
Das Lernportal „The Unwanted“ widmet sich dem Themenbereich „Zwangsmigration im 20. Jahrhundert“ anhand ausgewählter europäischer Länder bzw. Regionen: http://lernportal.the-unwanted.com

Zwangsmigration und Nationalstaatsbildungen *Zwangsmigrationen*[1] gab es nicht erst mit dem Zweiten Weltkrieg. Schon immer reagierten Menschen durch *Flucht* auf bewaffnete Konflikte und auf Gewalt. Über Jahrhunderte war zudem die Vorstellung weit verbreitet, durch *Vertreibungen, Umsiedlungen* und *Deportationen* ließe sich Herrschaft stabilisieren oder könnten Gebiete gesichert werden, die während eines Krieges erobert worden waren.

Einen zentralen Hintergrund für die Geschichte der Zwangsmigrationen des 20. Jahrhunderts stellte die Geschichte von Nationalstaatsbildungen und nationalistischer Aus- und Abgrenzung dar. Nationen und Nationalstaaten sind vorgestellte und hergestellte Gemeinschaften. Bevölkerungen mussten in langen Prozessen davon überzeugt werden, einer als einheitlich verstandenen Nation anzugehören und viele Gemeinsamkeiten (Geschichte, Kultur, Sprache, Literatur usw.) mit anderen Menschen einer gleichen Nation zu haben. Nationale Integration bedeutete immer auch die Abgrenzung gegenüber (angeblichen) äußeren Gegnern des eigenen Nationalstaates, womit sich viele der sogenannten Einigungskriege[2] des 19. Jahrhunderts erklären lassen. Zugleich ging es um den Ausschluss von Gruppen innerhalb der eigenen Grenzen, die nicht als zugehörig verstanden wurden: Diese Minderheiten galten als Gefahr für innere Sicherheit, Gesellschaft und Kultur der Nation. Deshalb wurden sie häufig unterdrückt, indem beispielsweise deren Sprache oder die Pflege einer eigenen Kultur verboten wurde. Verbunden war damit oft der Versuch, Einwanderung ausländischer Staatsangehöriger zu verhindern, um die Bildung neuer Minderheiten zu blockieren.

„ethnische Säuberungen“: gewaltsames Entfernen einer Bevölkerungsgruppe vom Territorium eines Staates

Zwangsmigration und Krieg Verschiedene Gründe lassen sich finden, warum der Kampf gegen Minderheiten in Kriegssituationen des 20. Jahrhunderts so weit ging, dass Staaten versuchten, sie vollständig vom eigenen Territorium zu entfernen (**„ethnische Säuberungen“**): Kriege förderten im 19. und 20. Jahrhundert extremen Nationalismus. Kriegsziele ließen sich dann erreichen, wenn in der Bevölkerung Fremdenfeindlichkeit und Hass auf Minderheiten wuchs. Massenausweisungen, Massenumsiedlungen und Vertreibungen waren allerdings nur möglich, wenn die Minderheiten außerhalb des eigenen Staatsgebietes aufgenommen werden konnten. Dazu war in der Regel ein scharfes Machtgefälle zwischen zwei Staaten nötig, in der ein unterlegener Staat gezwungen werden konnte, Minderheiten aufzunehmen. Eine solche Situation ergab sich zumeist erst nach kriegerischen Konflikten. Darüber hinaus waren Staaten meist erst in Kriegen – zumal den Weltkriegen des 20. Jahrhunderts – in der Lage, Massenausweisungen oder Massenvertreibungen durchzuführen. Denn nur im Krieg gab es genügend Personal (Soldaten) und Machtmittel (Geld, Zugriff auf Transportkapazitäten, Lager), um Minderheiten auszutreiben. Nur im Krieg oder unmittelbar danach waren Minderheiten derart dem Hass ausgesetzt, ausgegrenzt und machtlos, dass sie keinen Widerstand leisten konnten und sie niemand unterstützte.

[1] Zum Begriff „Zwangsmigration“ siehe Seite 9.
[2] Gemeint sind unter anderem die deutschen „Einigungskriege“ von 1864, 1866 und 1870/71, an deren Ende die Gründung des Deutschen Reiches stand.

◄ **Wohnungsnot bei griechischen Flüchtlingen.**
Foto aus Athen von 1924. Griechische Flüchtlinge aus der Türkei müssen in den Logen des Athener Opernhauses kampieren, da die Wohnungen in der Stadt nicht ausreichen.

„Ethnische Säuberungen" im 20. Jahrhundert Die lange Geschichte der „ethnischen Säuberungen" im 20. Jahrhundert begann mit den Balkankriegen[1] unmittelbar vor dem Ausbruch des Ersten Weltkrieges und fand ihren ersten Höhepunkt mit dem griechisch-türkischen „Bevölkerungsaustausch", der im Friedensvertrag von Lausanne 1923 festgeschrieben worden war. Er beendete den Griechisch-Türkischen Krieg (1920-1922) und legte fest, dass es keine Griechen auf türkischem Territorium – mit Ausnahme Istanbuls – mehr zu geben habe und keine Muslime in Griechenland. Ergebnis: Etwa 1,3 Millionen Griechen und ca. 430 000 Türken flohen oder wurden umgesiedelt (▸ M1).

Die Zwangsmigrationen im und nach dem Ersten Weltkrieg beschränkten sich nicht auf den griechisch türkischen „Bevölkerungsaustausch" (▸ M2 und M3). Die ehemaligen Mittelmächte des Ersten Weltkrieges, also das Deutsche Reich, Österreich-Ungarn, das Osmanische Reich und Bulgarien als die Kriegsverlierer, waren in der unmittelbaren Nachkriegszeit gezwungen, insgesamt mindestens zwei Millionen Menschen aus den verlorengegangenen Territorien aufzunehmen. Es kann davon ausgegangen werden, dass aufgrund der politischen Veränderungen durch die Friedensverträge nach dem Ersten Weltkrieg etwa fünf Millionen Menschen unfreiwillig die Grenzen überschritten. Und auch nach dem Ende von Flucht, Vertreibung und Umsiedlung im Umfeld des Zweiten Weltkrieges endete die Geschichte extremer Nationalismen und durch sie herbeigeführter Zwangsmigrationen keineswegs: Im Zusammenhang der Auflösung der britischen Kolonie Indien 1947 und der Teilung in die Staaten Indien und Pakistan mündete beispielsweise die nationalistisch aufgeheizte, von zahllosen Gewalttaten gekennzeichnete Atmosphäre in eine riesige Welle von Flucht und Vertreibung. Sie betraf 14 bis 16 Millionen Menschen, wobei sich der Umfang der Fluchtbewegungen aus Indien nach Pakistan sowie aus Pakistan nach Indien mehr oder minder entsprach. Das „Jahrhundert der Flüchtlinge" endete in Europa schließlich mit Millionen von Flüchtlingen und Vertriebenen durch den Zerfall Jugoslawiens in den 1990er-Jahren und den Kriegen zwischen den Nachfolgestaaten.

[1] 1912 führten Serbien, Bulgarien, Griechenland und Montenegro einen Feldzug, um die von ihren Landsleuten besiedelten Gebiete von der osmanischen Herrschaft zu befreien. Als dies gelungen war, brach 1913 ein Krieg der Sieger um die Beute aus.

Lesetipps
- *Klaus J. Bade, Europa in Bewegung. Vom späten 18. Jahrhundert bis zur Gegenwart, München 2000*
- *Mathias Beer (Hrsg.), Europa auf dem Weg zum ethnisch reinen Nationalstaat? Europa in Geschichte und Gegenwart, Tübingen ²2007*
- *Philipp Ther, Die dunkle Seite der Nationalstaaten. „Ethnische Säuberungen" im modernen Europa, Göttingen 2011*

M1 „Ethnische Säuberungen" als Mittel internationaler Politik

Der Historiker Philipp Ther erläutert die Ausweitung „ethnischer Säuberungen"[1] im 20. Jahrhundert:

Als deren eigentlicher Auftakt [der „ethnischen Säuberungen"] werden die beiden Balkankriege von 1912 und 1913 betrachtet. Die Bevölkerungsverschiebungen während und infolge dieser Kriege waren primär ethnisch motiviert, staatlich geplant und organisiert. Außerdem strebten die beteiligten Nationalstaaten danach, ihre Herrschaft über umstrittene Gebiete durch eine ethnische Homogenisierung abzusichern und betrieben daher eine gezielte und flächendeckende Ansiedlungspolitik. Die Balkankriege stellten noch in anderer Hinsicht eine Zäsur dar, denn auf sie folgten erstmals internationale Abkommen zum „Austausch" von Minderheiten. Allerdings lässt sich das nicht mit einer besonderen Tradition der Gewalt und Intoleranz auf dem „Balkan" erklären. Entscheidend waren vielmehr ein internationaler Konsens und die Rolle der westlichen Großmächte. [...] Das Abkommen von Lausanne von 1923, das erstmals die flächendeckende ethnische Säuberung zweier Staaten, der Türkei und Griechenlands, mit sich brachte, markiert den Höhepunkt dieser Periode [1912 bis 1925]. Entgegen der Meinung der existierenden Literatur beschränkten sich ethnisch definierte Bevölkerungsverschiebungen nicht auf diesen Teil Europas. Auch im Elsass gab es eine Politik der „Épuration",[2] mit der Frankreich als demokratischer Nationalstaat einen Präzedenzfall im mittleren Europa schuf. Dies spricht erneut dafür, ethnische Säuberungen als eine „dunkle Seite" [Mark Mazower] nicht nur der osteuropäischen, sondern der gesamteuropäischen Geschichte zu betrachten.

Philipp Ther, Die dunkle Seite der Nationalstaaten. „Ethnische Säuberungen" im modernen Europa, Göttingen 2011, S. 18

1. *Charakterisieren Sie den Begriff der „ethnischen Säuberung" anhand der im Text angesprochenen Beispiele.*
2. *Interpretieren Sie, was Philipp Ther unter der „dunklen Seite" der europäischen Geschichte versteht.*

[1] Siehe hierzu Seite 11.
[2] **Épuration** (frz.: Säuberung): Unmittelbar nach dem Ersten Weltkrieg verfolgte Frankreich in Elsass und Lothringen gegenüber den etwa 200 000, seit 1871 aus dem „Reich" zugewanderten Menschen eine Politik der Selektion und Ausweisung.

M2 Das „Jahrhundert der Flüchtlinge" beginnt

Im Zusammenhang der Revolution von 1917 und dem darauf folgenden Bürgerkrieg fliehen aus Russland bis zu zwei Millionen Menschen. Unter dem Titel „Die neue Völkerwanderung" plädiert die in Berlin erscheinende linksliberale „Vossische Zeitung" am 6. Januar 1922 für eine Asylgewährung für russische Flüchtlinge:

Der große Krieg hat eine Bewegung unter den Völkern Europas und Asiens eingeleitet, die möglicherweise den Anfang eines großen geschichtlichen Prozesses nach Art der Völkerwanderung darstellt. Eine besondere Rolle spielt die russische Emigration, die in der neueren Geschichte ohne Beispiel ist. Es handelt sich bei dieser Emigration um ein ganz großes politisches, wirtschaftliches, soziales und kulturelles Problem, das nicht mit Schlagworten und nicht mit Augenblicksmaßnahmen zu lösen ist. Nach Angaben der beteiligten Hilfsorganisationen handelt es sich gegenwärtig in Deutschland um 250 000 bis 300 000 russische Emigranten. Die deutschen Behörden erklären, dass sie dauernd bemüht seien, Deutschland von den fremdstämmigen Elementen zu entlasten. Sie erklären aber, dass eine Massenabschiebung ebenso unmöglich sei wie eine freiwillige Abwanderung. [...] Für Europa ergibt sich die Notwendigkeit, die russische Emigration nicht als kurzfristiges Intermezzo anzusehen. [...] Man muss sich dabei über den elementaren Charakter der Wanderbewegung klar sein, der gegenüber mit bloßen Verboten und Polizeimaßnahmen wenig erreicht werden kann. Ebenso wenig angebracht ist eine parteipolitische Einstellung, sei es auf der Linken, sei es auf der Rechten.
Das deutsche Volk ist heute in Armut und Not gestürzt. Seine Fähigkeit, die Armut und Not anderer mitzuempfinden und zu lindern, ist durch eigene Sorgen gemindert. Aber gerade die Schicksalsgemeinschaft, die der Krieg für die Unterlegenen geschaffen hat, zwingt dazu, über die augenblickliche Belastung hinaus an kommende Möglichkeiten der Zusammenarbeit zu denken. Natürlich gehört der enge Raum, der uns zugemessen ist, in erster Linie den eigenen Landeskindern und den Heimkehrern. Man darf aber niemals vergessen, dass der Flüchtling, wenn er sich den Gesetzen des Landes fügt, bei allen Kulturvölkern ein Asylrecht genießt.

Zitiert nach: Karl Schlögel (Hrsg.), Russische Emigration in Deutschland 1918 bis 1941. Leben im europäischen Bürgerkrieg, Berlin 1995, S. 34

1. *Fassen Sie die Botschaft des Artikels zusammen.*
2. *Erklären Sie, was der Verfasser mit den „eigenen Sorgen" Deutschlands meint. Informieren Sie sich dazu im Internet über die Belastungen der Weimarer Republik.*
3. *Nehmen Sie Stellung zum letzten Satz des Textes.*

M3 Bevölkerungsverschiebungen zwischen 1917 und 1938

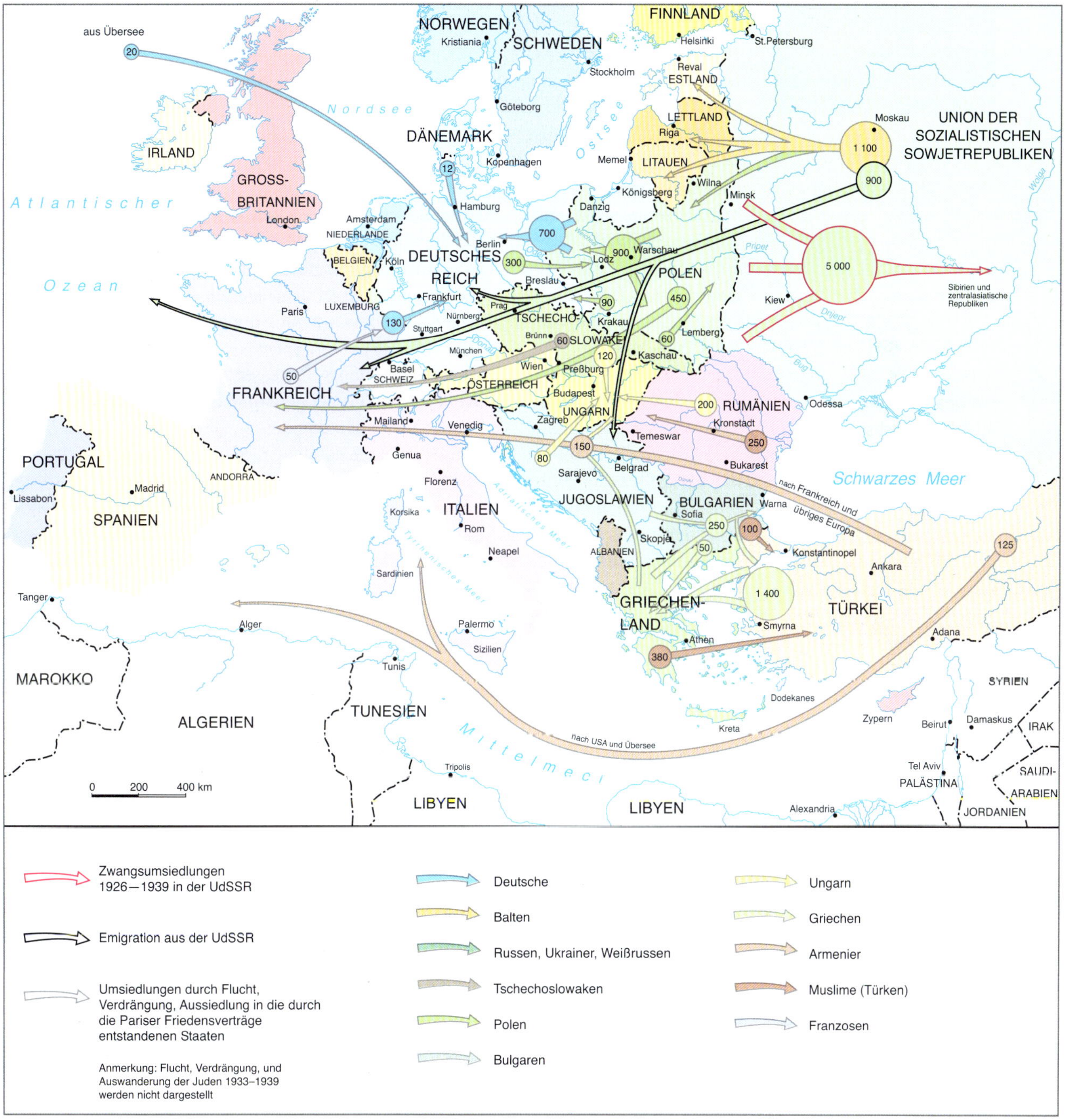

Karte nach: Haus der Heimat des Landes Baden-Württemberg (Hrsg.), Umsiedlung, Flucht und Vertreibung der Deutschen als internationales Problem. Zur Geschichte eines europäischen Irrwegs, Stuttgart [3]2009, S. 53

1. *Analysieren Sie, worüber die Karte informiert und welcher Darstellungsformen sie sich dazu bedient.*
2. *Setzen Sie M1, M2 und M3 miteinander in Beziehung, indem Sie die in den Texten angesprochenen*
✚ *Bevölkerungsbewegungen in der Karte verorten und in Form einer Tabelle darstellen.*
3. *Überprüfen Sie, warum hier der Zeitausschnitt von 1917 bis 1938 gewählt wurde.*

Kompetenz:
Theorien über Bedingungen, Formen und Folgen von Migration benennen und erklären

Wanderungsbewegungen prägen die Menschheitsgeschichte

Migration (lat. migrare: wandern) ist in Deutschland seit vielen Jahrzehnten ein wichtiges Thema. Während des Zweiten Weltkrieges und in der unmittelbaren Nachkriegszeit gab es zehnmillionenfache Zwangswanderungen, die durch die nationalsozialistische Expansionspolitik ausgelöst worden waren. Von der Gründung der beiden deutschen Staaten 1949 bis zum Mauerbau im August 1961 strömten dann Hunderttausende von Einwohnern der DDR in die Bundesrepublik. In den folgenden Jahren bis 1973 warb die Bundesrepublik Millionen von „Gastarbeitern" vor allem aus der Türkei, Italien, Spanien und Griechenland an. Das Thema Migration blieb auch nach der Wiedervereinigung Deutschlands 1990 von großer Bedeutung. Die Grenzen innerhalb der Europäischen Union wurden immer durchlässiger, bis schließlich ein weitgehend freier Arbeitsmarkt etabliert wurde. Heute wird in Deutschland darüber diskutiert, ob es ausreichend Einwanderer gibt, um den Fachkräftebedarf decken zu können. Gleichzeitig wird die Meinung vertreten, die Einwanderung bringe zu viele soziale Probleme mit sich (▸ M1).
Angesichts der Aktualität des Themas gerät häufig in Vergessenheit, dass Wanderungsbewegungen die Geschichte der Menschheit schon immer geprägt haben. Dies gilt nicht nur für die umfangreiche europäische Massenauswanderung des 19. Jahrhunderts, die 50 bis 60 Millionen Europäer auf andere Kontinente führte, sondern auch bereits für das Altertum und das Mittelalter. Denn unter Migration ist nichts weiter als die Verlagerung des Lebensmittelpunktes von einem Ort zu einem anderen zu verstehen. Dabei ist nicht von entscheidender Bedeutung, dass eine große Entfernung überbrückt wird (auch die Flucht von Ost- nach West-Berlin zur Zeit der zwei deutschen Staaten war eine Migration). Wichtig ist vielmehr, dass eine politische, soziale, geografische oder kulturelle Grenze überschritten wird. So ist der Wechsel von einem Land in ein anderes ebenso als Migration zu verstehen wie die Abwanderung vom Land in die Stadt oder die saisonale (und damit zeitlich beschränkte) Arbeitsmigration aus einer Region in eine andere (▸ M2). Mit Migration geht immer auch eine Neuorientierung einher, da am neuen Ort eben manches anders ist. Früher wurden Migranten daher vor allem als Fremde betrachtet, die sich der neuen Umgebung anpassen mussten. Heute geht man davon aus, dass Integration ein Prozess ist, den sowohl die Migranten als auch die Angehörigen der Aufnahmegesellschaft durchlaufen. Die Migranten verändern die Gesellschaft, in die sie kommen, und werden gleichzeitig von dieser verändert (▸ M3).

▸ **Kriegsbild.**
Gemälde von Frans Masereel aus dem Jahre 1941.
Am 12. Juni 1940 verließen Tausende Paris, darunter auch der belgische Grafiker, Zeichner und Maler Frans Masereel. Zwei Tage später marschierten deutsche Truppen in die Hauptstadt Frankreichs ein.
Das hier gezeigte Gemälde gehört zu einer Folge von Ölbildern unter dem Titel „Souvenirs de juin 1940" (dt.: „Erinnerungen vom Juni 1940").
- *Charakterisieren Sie die Form von Migration, die im Gemälde dargestellt wird.*

M1 „Homo migrans“

Der Historiker Klaus J. Bade erläutert die historische und aktuelle Bedeutung von Migration:

Das Thema „Migration“ hat in Europa negative Hochkonjunktur. Den Hintergrund bilden weltweite Migrationsprobleme und europäische Ängste vor wachsendem „Wanderungsdruck“. Aktuelle Interessen führen auch zu Fragen an die Geschichte der Wanderungen in, aus und nach Europa; denn aktuelle Migrationsprozesse kann besser beurteilen, wer abgeschlossene – mithin historische – überblickt und die Entwicklungslinien kennt, an deren Ende die Probleme der Gegenwart stehen. [...]
Den „Homo migrans“ gibt es, seit es den „Homo sapiens“ gibt; denn Wanderungen gehören zur Conditio humana[1] wie Geburt, Fortpflanzung, Krankheit und Tod. Migrationen als Sozialprozesse sind, von Flucht- und Zwangswanderungen abgesehen, Antworten auf mehr oder minder komplexe ökonomische und ökologische, soziale und kulturelle Existenz- und Rahmenbedingungen. Die Geschichte der Wanderungen ist deshalb immer auch Teil der allgemeinen Geschichte und nur vor ihrem Hintergrund zu verstehen. [...]
Raumbezogen kann man, trotz vieler Überschneidungen, z.B. Aus-, Ein- und Binnenwanderungen unterscheiden. Orientierungshilfe bietet auch die Frage nach Anlässen, Motiven und Zwecken. Dabei kann man z.B. wirtschaftlich und beruflich-sozial motivierte Migrationen eingrenzen und innerhalb dieses Feldes wiederum Erwerbsmigrationen als Existenznotwendigkeit (subsistence migration) oder als Verbesserungschance (betterment migration) unterscheiden. Durch Verlust bzw. Zerstörung der wirtschaftlichen Existenzgrundlagen, mithin letztlich ebenfalls wirtschaftlich bedingt, sind aber z.B. auch jene Überlebenswanderungen, für die das späte 20. Jahrhundert den Sammelbegriff „Umweltflucht“ geprägt hat. Von so motivierten Migrationen kann man wiederum religiös-weltanschaulich, politisch, ethno-nationalistisch oder rassistisch bedingte Flucht- bzw. Zwangswanderungen abgrenzen. Dazu zählen auch die Vertreibungen und Zwangsumsiedlungen des 20. Jahrhunderts, bei denen die Bewegung von Menschen über Grenzen häufig die Folge der Bewegung von Grenzen über Menschen war.

Klaus J. Bade, Europa in Bewegung. Migration vom späten 18. Jahrhundert bis zur Gegenwart, München 2002, S. 12 f.

[1] **Conditio humana**: notwendige Bedingung, unerlässliche Voraussetzung des Menschseins

1. *Geben Sie wieder, wie Klaus J. Bade den Begriff Migration erklärt.*
2. *Vergleichen Sie die Definition von Migration mit* ✚ *derjenigen von Jochen Oltmer (M2).*
3. *Arbeiten Sie die Bedingungen von Migration heraus.*
4. *Erörtern Sie anhand selbst gewählter Beispiele, ob sich die Aussagen Bades auch auf außereuropäische Gesellschaften und vormoderne Zeiten übertragen lassen.*

M2 Formen von Migration

Der Historiker Jochen Oltmer benennt wichtige Merkmale von Migration:

Migration ist die auf einen längerfristigen Aufenthalt angelegte räumliche Verlagerung des Lebensmittelpunktes von Individuen, Familien, Gruppen oder auch ganzen Bevölkerungen. [...] Unterscheiden lassen sich verschiedene Erscheinungsformen räumlicher Bevölkerungsbewegungen. Dazu zählen vor allem Arbeits- und Siedlungswanderungen, Bildungs-, Ausbildungs- und Kulturwanderungen, Heirats- und Wohlstandswanderungen sowie Zwangswanderungen. [...]
Räumliche Bewegungen zur Erschließung oder Ausnutzung von Chancen strebten nicht ausschließlich nach einer Stabilisierung oder Verbesserung der ökonomischen und sozialen Lage von Zuwanderern im Zielgebiet. Wanderungszweck konnte gleichermaßen die Verbesserung der Situation in der Herkunftsgesellschaft sein, wie bei den saisonalen Arbeitswanderungen oder bei den Rückwanderungen nach Jahren oder Jahrzehnten der Erwerbstätigkeit in der Fremde. Eine ausgesprochen hohe Bedeutung haben bis in die Gegenwart für einzelne Haushalte, für regionale Ökonomien oder selbst für ganze Volkswirtschaften die mehr oder minder regelmäßigen Geldüberweisungen durch Migranten an zurückbleibende Familienmitglieder (Rücküberweisungen).
Migration bildete in den genannten Kontexten ein Element der Lebensplanung und verband sich häufig mit (erwerbs-)biografischen Grundsatzentscheidungen wie Heirat, Wahl des Berufs oder Arbeitsplatzes; der überwiegende Teil der Arbeits-, Ausbildungs-, Siedlungs- und Heiratswanderer war also jung. Der Wanderungsentschluss resultierte in derartigen sozialen Konstellationen aus persönlichen Entscheidungen oder Arrangements in Familienwirtschaften. Individuelle und familienwirtschaftliche Handlungsalternativen gab es allerdings vor allem dann nicht, wenn aufgrund von wirtschaftlichen, sozialen oder umweltbedingten Krisen existenzielle Not drohte oder herrschte. [...]
Die Bedeutung der Informationsvermittlung mithilfe verwandtschaftlich-bekanntschaftlicher Netzwerke kann nicht

Formen	Merkmale, Teilphänomene und Beispiele
Arbeitswanderung	Migration zur Aufnahme unselbstständiger Erwerbstätigkeit in Gewerbe, Landwirtschaft, Industrie und im Dienstleistungsbereich
Bildungs- und Ausbildungswanderung	Migration zum Erwerb schulischer, akademischer oder beruflicher Qualifikationen (Schülerinnen und Schüler, Studierende, Lehrlinge/Auszubildende)
Dienstmädchen-/Hausarbeiterinnen-wanderung	Migration im Feld der haushaltsnahen Dienstleistungen, häufig gekennzeichnet durch relativ enge Bindung an eine Arbeitgeberfamilie, ungeregelte Arbeitszeiten und prekäre Lohnverhältnisse
Entsendung	Grenzüberschreitende, temporäre Entsendung im Rahmen und im Auftrag von Organisationen/Unternehmen: „Expatriats"/„Expats"; Kaufleute und Händlerwanderungen zur Etablierung/Aufrechterhaltung von Handelsfilialen; Migration im Rahmen eines militärischen Apparates (Söldner, Soldaten, Seeleute), von Beamten oder von Missionaren
Gesellenwanderung	Wissens- und Technologietransfer durch Migration im Handwerk, Steuerungsinstrument in gewerblichen Arbeitsmärkten durch Zünfte
Heirats- und Liebeswanderung	Wechsel des geografischen und sozialen Raumes wegen einer Heirat oder einer Liebesbeziehung
Kulturwanderung	Wechsel in kulturell attraktive Städte und Stätten („Künstlerkolonien", Weltstädte/„Global Cities" als kulturelle Zentren)
Nomadismus/Migration als Struktur	Permanente oder wiederholte Bewegung zur Nutzung natürlicher, ökonomischer und sozialer Ressourcen durch Viehzüchter, Gewerbetreibende, Dienstleister oder brandrodende Bauern
Siedlungswanderung	Migration mit dem Ziel des Erwerbs von Bodenbesitz zur landwirtschaftlichen Bearbeitung
Sklaven- und Menschenhandel	Migration (Deportation) zur Realisierung von Zwangsarbeit, d.h. jeder Art von Arbeit oder Dienstleistung, die von einer Person unter Androhung irgendwelcher Strafen verlangt wird
Wanderarbeit	Arbeitswanderung im Umherziehen, ortlose Wanderarbeitskräfte finden sich vor allem im Baugewerbe (Eisenbahnbau, Kanalbau)
Wanderhandel	Handelstätigkeit im Umherziehen, meist Klein- und Kleinsthandel, z.B. Hausierer
Wohlstands-wanderung	Migration finanziell weitgehend unabhängiger Personen aus vornehmlich klimatischen oder gesundheitlichen Erwägungen (Rentner- und Seniorenwanderung, „lifestyle migration")
Zwangswanderung	Migration, die sich alternativlos aus einer Nötigung zur Abwanderung aus politischen, ethno-nationalen, rassistischen oder religiösen Gründen ergibt (Flucht, Vertreibung, Deportation, Umsiedlung)

▲ **Migrationsformen.**
Nach: Jochen Oltmer, Globale Migration. Geschichte und Gegenwart, München 2012, S. 20 f.

- *Vergleichen Sie die Migrationsform „Zwangswanderung" mit den anderen Migrationsformen.*

überschätzt werden. Verwandte oder Bekannte bildeten z.B. die erste Station oder das direkte Ziel der Reise von 94 Prozent aller Europäer, die um 1900 in Nordamerika eintrafen. Mindestens 100 Millionen private Auswandererbriefe sind 1820-1914 aus den USA nach Deutschland geschickt worden und kursierten in den Herkunftsgebieten im Verwandten- und Bekanntenkreis. Herkunftsräume und Zielgebiete waren mithin über transatlantische Migrationsnetzwerke, durch Verwandtschaft, Bekanntschaften und Herkunftsgemeinschaften zusammengehaltene Kommunikationssysteme miteinander verbunden. [...]

Staatliches Handeln bildete einen der wichtigsten Hintergründe für die Entwicklung von Zwangswanderungen als einer weiteren wesentlichen Migrationsform. Zwangsmigration war durch eine Nötigung zur Abwanderung verursacht, die keine realistische Handlungsalternative zuließ. Sie konnte Flucht vor Gewalt sein, die Leben und Freiheit direkt oder erwartbar bedrohte, zumeist aus politischen, ethno-nationalen, rassistischen oder religiös-konfessionellen Gründen. Zwangsmigration konnte aber auch gewaltsame Vertreibung, Deportation oder Umsiedlung bedeuten, die sich oft auf ganze Bevölkerungsgruppen erstreckte. Nicht selten verbanden sich solche Formen mit Zwangsarbeit. Zwangsmigration war meist Ergebnis von Krieg, Bürgerkrieg oder Maßnahmen autoritärer Regime – vor allem die Weltkriege bildeten elementare Katalysatoren in der Geschichte der Zwangswanderungen im 19. und 20. Jahrhundert.

Jochen Oltmer, Migration im 19. und 20. Jahrhundert, München 2010, S. 1 f. und 4-6

Hintergrund	• Chancenwahrnehmung (Arbeits- und Siedlungswanderungen, Bildungs- und Ausbildungswanderungen) • Zwang (Flucht, Vertreibung, Deportation, meist politisch und weltanschaulich bedingt oder Folge von Kriegen) • Krise (z.B. Abwanderung aufgrund menschlicher oder natürlicher Umweltzerstörung, akuter wirtschaftlicher und sozialer Notlagen) • Entsendung im Rahmen von Organisationen und Institutionen • Kultur (Kulturwanderungen, Wohlstandswanderungen)
Raum	• intraregional (Nahwanderungen) • interregional (mittlere Distanz) • grenzüberschreitend (muss keine großen Distanzen umfassen, der Grenzübertritt hat aber in der Regel erhebliche rechtliche Konsequenzen für das Individuum) • interkontinental (große Distanzen mit in der Regel relativ hohen Kosten)
Richtung	• unidirektional (Wanderung zu einem Ziel) • etappenweise (Zwischenaufenthalte werden eingelegt, v.a. um Geld für die Weiterreise zu verdienen) • zirkulär (mehr oder minder regelmäßiger Wechsel zwischen zwei Räumen) • Rückwanderung
Dauer des Aufenthalts	• saisonal • ein- und mehrjährig • Arbeitsleben • Lebenszeit und intergenerationell

▲ **Hintergründe und raum-zeitliche Dimensionen von Migration.**
Nach: Jochen Oltmer, a.a.O., S. 23

▪ ✚ *Entwickeln Sie mithilfe der Tabelle eine Typologisierung der Bevölkerungsverschiebungen im Umfeld des Zweiten Weltkrieges.*

1. *Fassen Sie die Formen von Migration nach Jochen Oltmer (M2) zusammen.*
2. *Analysieren Sie die Bedeutung von sozialen Netzwerken für Migration.*
3. *Erläutern Sie anhand eines selbst gewählten historischen Beispiels Gründe von freiwilliger und unfreiwilliger Migration.*
4. *Erörtern Sie ausgehend von M1 und M2, inwiefern in Bezug auf das 20. Jahrhundert vom „Jahrhundert der Vertreibungen" gesprochen werden kann.*

M3 Folgen der Migration

Der Historiker Dirk Hoerder schreibt über die Folgen der Migration:

Migranten geben am Ziel ihre alltägliche Lebensweise, ihre materielle Kultur nicht auf. Sie assimilieren sich nicht bedingungslos, sondern beginnen einen schrittweisen Prozess der Akkulturation, einer Annäherung an die neue Gesellschaft. Sie ändern Gewohnheiten und Praktiken, erlernen die neue Sprache oder zumindest die für sie relevanten Sprachregister in einem Prozess des Aushandelns von notwendigen oder geforderten Veränderungen. Sie sind bereit zu einer (teilweisen) Eingliederung (*accommodation, adjustment*), wobei die Empfängergesellschaft die Möglichkeiten zur Integration oder Inkorporation bieten muss. Ohne diese beidseitige Bereitschaft erfolgt eine Selbstsegregation oder Ausgrenzung. Die volle Teilhabe an der neuen Gesellschaft wird prozesshaft über – meist – drei Generationen erreicht. Die Rhetorik des „Kulturverlustes" belastet den Prozess, das Einbringen von Eigenheiten und Arbeitskraft, die die neue Gesellschaft ihrerseits verändern, erleichtert ihn. Je nach staatlich gesetztem Rahmen können Neuankömmlinge und Alteingesessene eine Gemeinschaft bilden oder in Nation und ethnische Enklaven zerfallen.

Dirk Hoerder, Geschichte der deutschen Migration. Vom Mittelalter bis heute, München 2010, S. 12 f.

1. *Analysieren Sie die Folgen von Migration nach Dirk Hoerder.*
2. ✚ *Suchen Sie nach weiteren Folgen der Migration. Stellen Sie Ihre Ergebnisse in einem Schaubild dar. Erklären Sie dieses.*
3. *Überprüfen Sie, welche von Hoerders Aussagen auf die Entwicklung in Deutschland nach 1945 übertragbar sind.*
4. *Erörtern Sie, inwiefern Migration Auswirkungen auf das nationale Selbstverständnis einer Gesellschaft hat.*

Vertreibung, Deportation und Zwangsarbeit im Zweiten Weltkrieg

▶ **Sowjetische Zwangsarbeiter in einem süddeutschen Rüstungsbetrieb.**
Foto von 1943.
Zur Kennzeichnung der Zwangsarbeiter dienten nummerierte Armbinden.

- *Charakterisieren Sie ausgehend von dem Foto die Lebens- und Arbeitssituation von Zwangsarbeitern im nationalsozialistischen Deutschland. Berücksichtigen Sie dabei auch den Verfassertext auf Seite 20 sowie M2 auf Seite 22 f.*

Deutschland als Motor von Massenzwangswanderungen Deutschland war im Zweiten Weltkrieg Motor und Zentrum von massenhaften Zwangswanderungen in Europa. Das „Dritte Reich" war nur deshalb in der Lage, beinahe sechs Jahre lang Krieg zu führen, weil es ihn von vornherein als Raub- und Beutekrieg geplant hatte und durchzuführen begann. Die mit Deutschland verbündeten Staaten sowie die von 1938 an erworbenen bzw. eroberten Länder und Landesteile hatten hierbei die Aufgabe, mit ihrer landwirtschaftlichen und industriellen Produktion, mit ihren Rohstoffen und mit ihrer Bevölkerung der deutschen Kriegswirtschaft zu dienen (▶ M1). Im Laufe des Krieges stieg die Bedeutung der geraubten Güter und Menschen für die deutsche Kriegswirtschaft immens an: Im Oktober 1944 wurden fast acht Millionen ausländische Arbeitskräfte in Deutschland gezählt, darunter knapp sechs Millionen Zivilisten und rund zwei Millionen Kriegsgefangene. Sie stammten aus insgesamt 26 Ländern.

Internettipp
Über die Ausstellung „Zwangsarbeit. Die Deutschen, die Zwangsarbeiter und der Krieg" informiert folgende Homepage: www.ausstellung-zwangsarbeit.org

Ausländische Zwangsarbeiter im NS-Deutschland Die genannten rund acht Millionen stellten die punktuelle Höchstzahl der ausländischen Arbeitskräfte dar. Die Gesamtzahl der Ausländer, die während des Krieges in Deutschland tätig gewesen waren, lag ohne Zweifel höher. Sie verringerte sich aber beispielsweise durch erfolgreiche Flucht, Todesfälle oder das Zurückschicken in die Heimat bei schweren Erkrankungen bzw. Invalidität. Schätzungen sprechen von zehn Millionen, wahrscheinlich waren es sogar eher zwölf bis 14 Millionen Menschen, von denen 80 bis 90 Prozent als *Zwangsarbeiter* gelten können. Bei den Herkunftsländern der im Herbst 1944 registrierten knapp acht Millionen ausländischen Arbeitskräfte dominierte die UdSSR mit einem Anteil von mehr als einem Drittel (2,8 Millionen). 1,7 Millionen kamen aus Polen und 1,2 Millionen aus Frankreich, jeweils mehrere Hunderttausend zudem noch aus Italien, den Niederlanden, Belgien, der Tschechoslowakei und Jugoslawien.

Ein Blick auf ihren Anteil an der Gesamtbeschäftigung lässt die enorme wirtschaftliche Bedeutung der ausländischen Zwangsarbeitskräfte für die deutsche Wirtschaft erkennen: Insgesamt stellten die ausländischen Arbeitskräfte im August 1944 etwa ein Viertel der Beschäftigten. In einigen Wirtschaftsabteilungen bzw. Betrieben war ihre Bedeutung besonders hoch. Das galt etwa für die Landwirtschaft, die 1944 einen Anteil ausländischer Zwangsarbeitskräfte von 46 Prozent erreichte, oder für den Bergbau mit 34 Prozent. In manchen Industriebetrieben mit einem hohen Anteil unqualifizierter Arbeit kamen vier Fünftel aller Beschäftigten aus dem Ausland. Ein Drittel der ausländischen Arbeitskräfte waren Frauen – ein Großteil jünger als 20 Jahre –, insgesamt lag das Durchschnittsalter bei 20 bis 24 Jahren. Selbst Kinder wurden zur Arbeit nach Deutschland transportiert (▸ M2).

Internettipps
- *Ein digitales Archiv über die Zwangsarbeit von 1939 bis 1945 befindet sich unter: www.zwangsarbeit-archiv.de*
- *Zur Ausstellung „Auf der Spur europäischer Zwangsarbeit. Südniedersachsen 1939-1945" siehe: www.zwangsarbeit-in-niedersachsen.eu*

Verlauf des „Ausländer-Einsatzes" ■ Die Beschäftigung ausländischer Arbeitskräfte unter Zwang setzte im Deutschen Reich bereits kurz nach Kriegsbeginn 1939 ein. 300 000 polnische Kriegsgefangene bildeten die erste große Gruppe. Sie wurden vor allem in der deutschen Landwirtschaft beschäftigt. Aufgrund von Rekrutierungen unter der Zivilbevölkerung im besetzten Polen stieg die Zahl der polnischen Arbeiterinnen und Arbeiter im Reich innerhalb etwa eines halben Jahres nach Beginn des Krieges auf eine Million an. In diesem kurzen Zeitabschnitt fand ein Wandel in der „Rekrutierung" ausländischer Arbeitskräfte statt: Die zunächst favorisierte, aber aus Sicht der Besatzungsbehörden zu wenig erfolgreiche Anwerbung auf freiwilliger Basis wurde von regelrechten Beutezügen auf Arbeitskräfte abgelöst, die dann nach Deutschland deportiert wurden. Damit aber war der Arbeitskräftehunger der expandierenden deutschen Kriegswirtschaft, der zugleich immer mehr Beschäftigte als Soldaten entzogen wurden, nicht gestillt. Eine Million französische Kriegsgefangene kam im Frühjahr und Sommer 1940 hinzu. Anwerbeaktionen und Deportationen in den 1940 eroberten Ländern von Norwegen im Norden bis Frankreich im Süden liefen an.

Vor den nächsten Offensiven der deutschen Truppen in Richtung Südost- und Osteuropa lag im Frühjahr 1941 die Zahl der zum großen Teil zwangsrekrutierten Ausländer bereits bei drei Millionen. Immer noch dominierten Beschäftigungsverhältnisse in der Landwirtschaft. Die deutsche Arbeitskräftenachfrage war trotz dieser hohen Zahl an ausländischen Beschäftigten noch nicht gedeckt. Mit dem deutschen Überfall auf die UdSSR vom 22. Juni 1941 stieg der Bedarf angesichts der Mobilisierung der Truppenreserven und der Ausweitung der Rüstungsproduktion. Dennoch verbot die nationalsozialistische Führung zunächst ausdrücklich eine Beschäftigung von sowjetischen Kriegsgefangenen oder in den neu eroberten Gebieten rekrutierten Zivilarbeitskräften in der deutschen Kriegswirtschaft aus „rassischen" und ideologischen Gründen. Die nationalsozialistischen Machthaber gingen davon aus, dass der erwartete schnelle Sieg über die UdSSR in diesem „Weltanschauungs- und Vernichtungskrieg" zudem in kürzester Zeit zu einem Nachlassen der Nachfrage nach Arbeitskräften in der Kriegswirtschaft führen werde.

Lesetipps
- *Ulrich Herbert, Fremdarbeiter. Politik und Praxis des „Ausländer-Einsatzes" in der Kriegswirtschaft des Dritten Reiches, Bonn [3]1999*
- *Mark Spoerer, Zwangsarbeit unter dem Hakenkreuz. Ausländische Zivilarbeiter, Kriegsgefangene und Häftlinge im Deutschen Reich und im besetzten Europa 1939-1945, Stuttgart/München 2001*

Rassistische Hierarchien ■ Nach der **Rassenideologie** des Nationalsozialismus bildeten „arische" Deutsche die Spitze der „rassischen" Hierarchie. Ihnen folgten die Menschen aus Nord- und Westeuropa, auf den untersten Stufen befanden sich Polen, sowjetische Arbeitskräfte, Juden sowie Sinti und Roma. Demnach galt die Bevölkerung der in der UdSSR eroberten Gebiete als minderwertig und gefährlich. Das lässt auch das Schicksal der sowjetischen Kriegsgefangenen deutlich werden: Von den 3,3 Millionen im Jahre

Rassenideologie: Der aus der Biologie stammende Begriff „Rasse" wurde im 19. Jh. auf Menschen angewandt und zur weltanschaulichen Frage. Rassistisches Denken geht davon aus, dass die eigene Rasse einer fremden überlegen ist („Sozialdarwinismus"). Rassismus fand immer dort Anhänger, wo andere Bevölkerungsgruppen unterdrückt und entrechtet wurden, um eigene Machtpositionen zu behaupten und zu erlangen.

▲ **Nationalsozialistisches Propagandaplakat.**
Plakat, Ende 1939.
- *Beschreiben Sie das Plakat.*
- *Ordnen Sie die Botschaft des Plakates in den Zusammenhang der rassistischen Zielsetzungen der deutschen Eroberer in Ost- und Ostmitteleuropa ein.*
- *Beurteilen Sie den Quellenwert der Darstellungen.*

1941 kriegsgefangenen sowjetischen Soldaten starb mehr als die Hälfte noch im gleichen Jahr. Sie wurden in den Lagern oder auf dem Weg dorthin umgebracht, verhungerten oder erfroren, weil die deutschen Behörden bewusst keine angemessene Versorgung zur Verfügung stellten. Von den 5,7 Millionen sowjetischen Kriegsgefangenen, die zwischen 1941 und 1945 in deutsche Hand gerieten, überlebten 3,5 Millionen – weit mehr als die Hälfte – die deutsche Kriegsgefangenenschaft nicht.

Weil der erhoffte Sieg gegen die UdSSR aber bei enormen deutschen Todesraten an den Fronten und trotz einer stetigen Steigerung der Rüstungsproduktion auf sich warten ließ, verschärfte sich die Arbeitskräftesituation im Reich immer weiter. Sowjetische Kriegsgefangene indes standen als Arbeitskräfte kaum mehr zur Verfügung. Nun wurde in den eroberten sowjetischen Gebieten die Rekrutierung von Zivilarbeitskräften durch zivile und militärische Dienststellen vorangetrieben. Zwischen dem Frühjahr 1942 und der Rückeroberung des von deutschen Truppen besetzten Territoriums der UdSSR, die mit dem Vorstoß der Roten Armee bis an die polnische Grenze im August 1944 erreicht war, wurden 2,5 Millionen zivile Zwangsarbeitskräfte von der deutschen „Arbeitseinsatz"-Verwaltung in das Reichsgebiet deportiert. Im Durchschnitt waren es also wöchentlich mehr als 20 000 Menschen.

Deutschland wurde mit einem ganzen Lagersystem für ausländische Zwangsarbeitskräfte überzogen. Schätzungen zufolge waren es insgesamt über 20 000 Zwangsarbeitslager. Ausländische Arbeitskräfte gab es überall, in der Stadt wie auf dem Land, in Handwerksbetrieben wie in Großkonzernen, auf kleinen Bauernhöfen wie in großen Gutsbetrieben. Entsprechend der rassistischen nationalsozialistischen Ideologie behandelten die deutschen Behörden die ausländischen Zwangsarbeitskräfte je nach Nationalität ganz unterschiedlich. Arbeiterinnen und Arbeiter aus verbündeten Ländern sowie aus den besetzten Gebieten im Westen waren in den Arbeits- und Lebensverhältnissen weitaus besser gestellt als jene aus dem Osten.

Umsiedlungen und Vertreibungen im Osten ■ Das Interesse der deutschen Eroberer ging in den besetzten Gebieten, vor allem Ost- und Ostmitteleuropas, über die wirtschaftliche Ausbeutung noch deutlich hinaus. Denn die Besatzungspolitik zielte auf dauerhafte Herrschaftssicherung, auf die Etablierung einer streng nach rassistischen Kriterien ausgerichteten „deutschen Ordnung", die Bevölkerungsgruppen und Nationalitäten hierarchisierte. Um eine solche rassistische Weltordnung herzustellen, sollten ganze Bevölkerungen zugunsten eines vorgeblichen „Volkes ohne Raum" umgesiedelt, vertrieben und deportiert werden (**Lebensraumideologie**). Etwa neun Millionen Menschen waren davon betroffen. Zwischen 1939 und 1944 wurden als Nutznießer der Umsiedlungen eine Million Menschen deutscher Herkunft (sogenannte **„Volksdeutsche"**) aus ihren außerhalb der Reichsgrenzen gelegenen Siedlungsgebieten in Südost-, Ostmittel- und Osteuropa „heim ins Reich" gelockt oder genötigt. Sie sollten in den von Polen und der Tschechoslowakei eroberten Gebieten angesiedelt werden, die dem Reich unmittelbar angegliedert worden waren (▸ M3).

Lebensraumideologie: fester Bestandteil der NS-Außenpolitik zur Vergrößerung des deutschen „Lebensraumes im Osten" (Polen und Russland). Das Recht dazu wurde aus der Rassenideologie abgeleitet (siehe Seite 19).

„Volksdeutsche": Angehörige deutscher Minderheiten in Ost-, Ostmittel- und Südosteuropa, die nicht über eine deutsche Staatsangehörigkeit verfügten

◂ **„Willkommen in Großdeutschland."**
Foto vom 28. Februar 1941. „Volksdeutsche" Umsiedler aus Litauen treffen in Eydtkuhnen/Tschernyschewskoje, einer ostpreußischen Grenzstation, ein.
- *Beschreiben Sie das Foto.*
- *Charakterisieren Sie die Funktion der Darstellung im Rahmen der Umsiedlungspolitik.*

Die Umsiedlung dieser „Volksdeutschen" begann 1939 mit 100 000 Menschen aus dem seit 1918 italienischen Südtirol, die vor allem im bis 1938 österreichischen, danach „großdeutschen" Tirol, Vorarlberg und Kärnten angesiedelt wurden. 1940/41 betraf sie 130 000 „Volksdeutsche" aus Estland und Lettland sowie 100 000 Bessarabien-Deutsche, die vor allem den dem Reich angegliederten Gebieten Polens („Reichsgau Danzig-Westpreußen", „Reichsgau Posen"/„Warthegau") zugewiesen wurden. Zuletzt ging es 1944 um 250 000 „Volksdeutsche" aus Wolhynien, Galizien und Siebenbürgen, die ins Reichsgebiet kamen.

Voraussetzung für die Ansiedlung dieser „Volksdeutschen" war immer die Vertreibung und Ermordung der ansässigen polnischen, tschechischen und jüdischen Bevölkerung, die 1939/40 eingeleitet worden war (▸ M4). 1940/41 etwa wurden ca. 1,2 Millionen Polen und Juden aus den ehemals polnischen, nunmehr dem Reich angegliederten „Reichsgauen" Wartheland und Danzig-Westpreußen vertrieben zugunsten der neu anzusiedelnden „Volksdeutschen". Das sollte aber nur der Anfang sein. Die Gesamtplanung für dieses Gebiet lag bereits vor. Denn von den mehr als zehn Millionen Menschen, die in diesem Gebiet lebten, galten nur 1,7 Millionen als „eindeutschungsfähig". 7,8 Millionen Polen und 700 000 Juden sollten vertrieben werden.

Lesetipp
Jerzy Kochanowski und Maike Sach (Hrsg.), Die „Volksdeutschen" in Polen, Frankreich, Ungarn und der Tschechoslowakei. Mythos und Realität, Osnabrück 2006

Der „Generalplan Ost" Der 1942 aufgestellte „Generalplan Ost" zielte darauf, die für Polen schon zum Teil umgesetzte Politik zugunsten deutscher Siedler auf Osteuropa insgesamt bis zum Ural auszudehnen. Der „Generalplan Ost" ging dabei von der Umsiedlung und Vertreibung von 45 Millionen Menschen aus. Das deutsche „Volk ohne Raum" sollte sich auf diese Weise Platz verschaffen. Bleiben durften aus der eingesessenen Bevölkerung nach diesem Plan nur die, die als Arbeitssklaven für die deutschen Herren noch nützlich zu sein schienen (▸ M5).

Internettipp
Wissenswerte Informationen über den „Generalplan Ost" liefert folgender Link: www.dfg.de/pub/generalplan

◂ **Heinrich Himmler (1900-1945).**
Himmler war als „Reichsführer SS" einer der Hauptverantwortlichen für den Massenmord an den europäischen Juden sowie als „Reichskommissar für die Festigung des Deutschtums" für die Vertreibung und Ermordung der in den besetzten Gebieten ansässigen Bevölkerung zuständig. Er beging nach seiner Festnahme bei Kriegsende Selbstmord.

M1 Mit schonungsloser Offenheit

Am 4. Oktober 1943 hält Heinrich Himmler in Pozna/Posen (Polen) eine Ansprache vor SS-Gruppenführern. Darin legt er dar:

Wie es den Russen geht, wie es den Tschechen geht, ist mir total gleichgültig. [...] Ob die anderen Völker im Wohlstand leben oder ob sie verrecken vor Hunger, das interessiert mich nur soweit, als wir sie als Sklaven für unsere Kultur brauchen, anders interessiert mich das nicht. Ob bei dem Bau eines Panzergrabens 10 000 russische Weiber an Entkräftung umfallen oder nicht, interessiert mich nur insoweit, als der Panzergraben für Deutschland fertig wird. Wir werden niemals roh und herzlos sein, wo es nicht sein muss; das ist klar. Wir Deutsche, die wir als einzige in der Welt eine anständige Einstellung zum Tier haben, werden ja auch zu diesen Menschentieren eine anständige Einstellung einnehmen [...].

Zitiert nach: www.1000dokumente.de/pdf/dok_0008_pos_de.pdf (Zugriff: 13. Februar 2014)

1. *Charakterisieren Sie die Haltung Himmlers bezüglich der Bevölkerung in den eroberten Gebieten.*
2. *Erläutern Sie die Botschaft der Rede vor dem Hintergrund der Funktionen Himmlers im NS-Staat. Siehe dazu auch die Informationen in der Bildlegende.*
3. *Nehmen Sie Stellung zu der Aussage Himmlers, dass man „niemals roh und herzlos sein" (Zeile 8 f.) werde.*

▴ **Regeln zum Umgang mit polnischen Zwangsarbeitern.**
„Schaubild der Woche" im Amstettner Anzeiger vom 18. April 1943.
▪ *Analysieren Sie Bild und Text.*

M2 Zur Zwangsarbeit nach Deutschland

In ihren Erinnerungen schildert Halina Dengler, 1926 in Polen geboren, ihre Erfahrungen als Zwangsarbeiterin:

Meine Gruppe befand sich in einem Zug, der in Richtung Inden [bei Aachen] fuhr. In dieser Stadt führte man uns auf den Hof des örtlichen Arbeitsamts. Dort warteten schon die Deutschen, bei denen wir arbeiten sollten. Wir wurden in der Reihenfolge der Anträge zugeteilt, die die örtlichen Bauern gestellt hatten. Die Nummer ihres Antrages entsprach der Nummer, die man uns vorher gegeben hatte. Die Deutsche, die gekommen war, um mich abzuholen, fuhr mit mir weiter nach Rahden [in Ostwestfalen]. Die Deutsche führte mich gleich in einen kleinen Raum neben der Küche, der ab sofort meine Wohnung sein sollte. Es war ein kleines Stübchen mit einem kleinen Fenster ohne Ofen. [...]
Am nächsten Tag wurde ich um 5 Uhr früh geweckt. Von diesem Tag an musste ich dreimal täglich sechs Kühe melken und eben so oft die Schweine füttern (etwa 60 Stück). Zu meinen Pflichten gehörte auch die tägliche Futterzubereitung für das Vieh, das heißt, ich musste in zwei riesigen Kesseln Kartoffeln dämpfen und das Futter mischen. Das alles trug ich in einem Eimer in den Schweinestall und den Kuh-

stall. Ich musste auch auf dem Feld arbeiten. Das war eine schwere Arbeit, zu schwer für mich. Mein Arbeitstag begann um 5 Uhr morgens und endete um 22 Uhr abends. Ich habe auch alle Hausarbeiten verrichtet wie das Aufräumen der Zimmer der Hausbewohner und der Hotelgäste, das Geschirrspülen nach den Mahlzeiten von manchmal mehr als fünfzig Personen. Ich wurde auch beim Wäschewaschen beschäftigt, Wäsche gab es bergeweise (wegen des Hotels). [...] Wir durften uns [...] ohne besonderen Passierschein nicht außerhalb des Arbeitsplatzes aufhalten und das Haus verlassen im Sommer nach 21 Uhr, im Winter nach 19 Uhr. Alle Polen, die zur Arbeit da waren, mussten auf der Brustseite das Erkennungszeichen „P" aufgenäht haben, es war also leicht, uns sogar aus der Ferne zu erkennen. Jeder von uns bekam fünf solcher Abzeichen. Ich musste sie auf dem Kleid, dem Pullover usw. aufgenäht tragen, sogar auf der Schürze. Die Deutschen waren brutal zu uns, auf Schritt und Tritt behandelten sie die polnischen Arbeiter von oben herab. Sie gaben uns zu verstehen, dass wir als Polen nichts sind, dass wir zufrieden sein sollten, dass wir überhaupt lebten und dass die Arbeit für die Deutschen im Reich eine Auszeichnung für uns sei.

Zitiert nach: Grzegorz Hryciuk, Małgorzata Ruchniewicz, Bożena Szaynok und Adrzej Żbikowski, Umsiedlungen, Vertreibungen und Fluchtbewegungen 1939-1959. Atlas zur Geschichte Ostmitteleuropas, Warschau 2012 (Bonn 2012), S. 78 f. (Quelle: Z literą „P". Polacy na robotach przymusowvch w hitlerowskiej Rzeszy 1939-1945. Wspomnienia, Auswahl und Bearbeitung R. Dylinski, M. Flejsierewicz und S. Kubiak, Einleitung C. Łuczak, Poznan 1976, S. 132-134)

1. *Beschreiben Sie den Tagesablauf und die Tätigkeiten von Halina Dengler.*

2. *Arbeiten Sie die im Text dargestellte Behandlung der Zwangsarbeitskräfte in Deutschland heraus.*

3. + *Erörtern Sie, inwiefern in der Haltung zu den ausländischen Arbeitskräften die Rezeption der NS-Weltanschauung durch die deutsche Bevölkerung deutlich wird. Berücksichtigen Sie auch die Abbildung auf Seite 22.*

M3 Die Umsiedlung „volksdeutscher" Gruppen von 1939 bis 1944

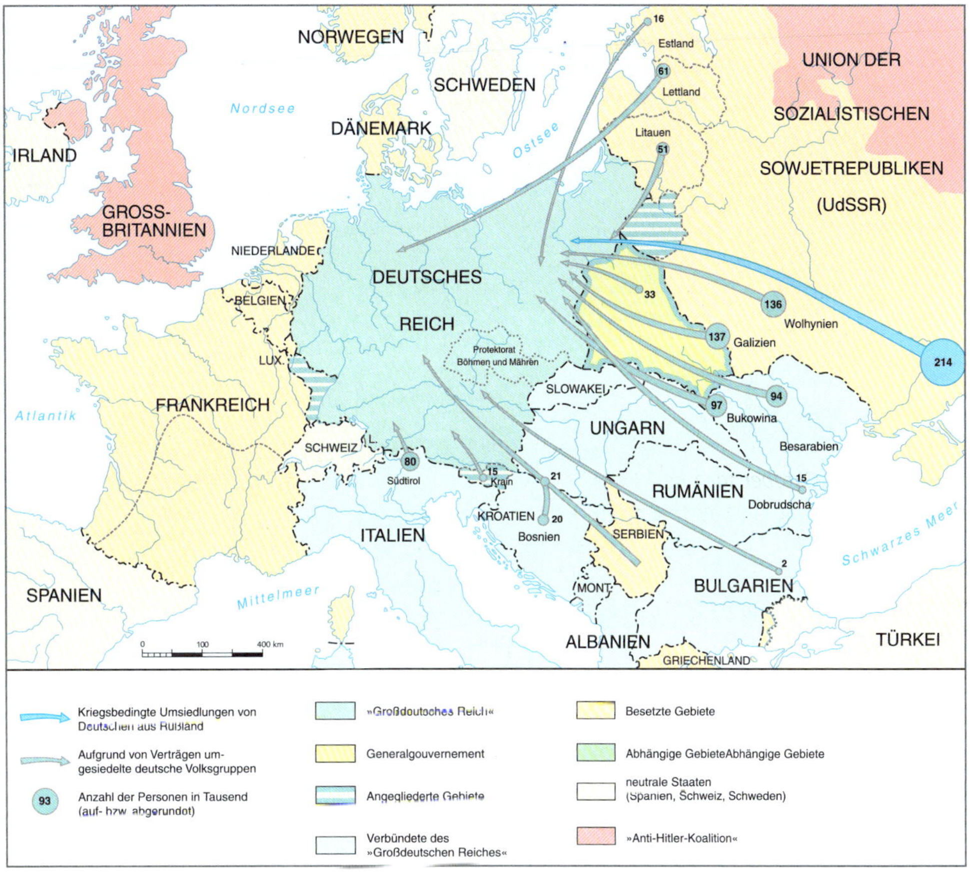

Karte nach: Haus der Heimat des Landes Baden-Württemberg (Hrsg.), Umsiedlung, Flucht und Vertreibung der Deutschen als internationales Problem. Zur Geschichte eines europäischen Irrwegs, Stuttgart 32009, S. 55

1. *Geben Sie die in der Karte aufgeführten quantitativen und territorialen Informationen in Form einer Tabelle wieder.*

2. *Erläutern Sie anhand der Karte die Politik der Nationalsozialisten gegenüber den „Volksdeutschen".*

3. + *Beurteilen Sie, inwiefern die Umsiedlung „volksdeutscher" Gruppen tatsächlich einer „Eindeutschung" eroberter Gebiete dienen konnte.*

▲ **Verhaftete Kinder.**
Foto vom November 1942.
Das Foto zeigt polnische Kinder, die in ein Lager in der Umgebung von Zamość deportiert werden sollen.

M4 Fremde in Zamość

Im Gebiet von Zamość im besetzten Polen ist der Aufbau eines Mustergaus „reichsdeutscher und volksdeutscher Wehrbauern" geplant. Die Räumung polnischer Dörfer beginnt im November 1941 und endet im August 1943. Aus 290 Dörfern werden rund 110 000 Polen vertrieben. In seinem Tagebuch gibt Zygmunt Klukowski Zeugnis über diese Vorgänge:

8. Dezember [1942]

[...] Es kommen Nachrichten aus den ausgesiedelten Dörfern. Die Deutschen treffen kaum jemanden in ihnen an. Interessant ist, dass die hierher gebrachten fremden Ankömmlinge – irgendwelche zigeunerhaften Typen von Volksdeutschen aus Bessarabien, die vor allem russisch sprechen – aus den ihnen zugewiesenen Höfen zurück nach Zamość flüchten. Vor allem fürchten sie die Rache der Ausgesiedelten, außerdem finden sie dort gähnende Leere vor. Die Ausgesiedelten kehren manchmal in ihre Dörfer zurück und bedrohen die neuen Einwohner. [...]

10. Juli, zehn Uhr abends [1943]

[...] Vor sechs Uhr in der Frühe fingen sie an, in der Stadt zu trommeln. Wir waren uns im Klaren, dass es etwas wichtiges sein muss, wenn sie um eine so frühe Stunde eine öffentliche Ankündigung machen. Es stellte sich heraus, dass alle Einwohner ohne Ausnahme, unabhängig von Geschlecht und Alter, sich unverzüglich abmarschbereit auf dem Marktplatz einfinden sollten. [...] Nach Zwierzyniec [im Generalgouvernement (im besetzten Polen)] wurden einige zehn Busse mit Leuten gebracht, die keine Arbeitskarten hatten, also Landwirte, Stadtbewohner, Ladenbesitzer, Arbeitslose zusammen mit ihren Familien. Wie viele aus der Stadt selbst abtransportiert wurden, ist schwer zu sagen. [...]
Schon ab dem frühen Morgen tauchten auf den Straßen der Stadt neue Menschen auf – Männer in Zivilkleidung mit Karabinern[1] auf der Schulter und Frauen mit Kindern, die deutsch sprachen. Sie schauten sich neugierig um und hielten nach den besten Häusern Ausschau. Im Laufe des Tages kamen immer mehr von ihnen. [...]

Neun Uhr abends

[...] Gegen fünf Uhr nachmittags breitete sich neue Panik in der Stadt aus; man begann damit, einige Leute aus ihren Wohnungen zu entfernen. [...] Nachmittags kamen viele Fuhrwerke in die Stadt, die mit verschiedenen Gegenständen beladen und an die Kühe angebunden waren. Das sind die neuen Ansiedler, die in unser Gebiet geschickt worden sind. [...]

[1] **Karabiner**: spezieller Gewehrtyp

9. August

[...] Die neuen Deutschen führen sich bei uns immer dreister auf, sie übernehmen polnische Läden, viele Bürger haben sie aus ihren Wohnungen vertrieben, aus den Wohnungen haben sie Hotels und Restaurants gemacht und wozu sie sie sonst brauchen konnten. [...]

14. Oktober

[...] Die angesiedelten Deutschen machen sich immer mehr breit. [...] Aber man kann überall sehen, dass sich die Deutschen nicht allzu sicher fühlen. Die Dorfführer haben Angst, zuhause zu übernachten. Alle Angesiedelten sprechen ständig davon, dass sie so schnell wie möglich „nach Hause" möchten.

Zitiert nach: Grzegorz Hryciuk, Małgorzata Ruchniewicz, Bożena Szaynok und Adrzej Żbikowski, a.a.O., S. 165 f. (Quelle: Zygmunt Klukowski, Zamojszczyzna, Bd. I: 1918-1943, Warschau 2007, S. 315-381)

1. *Erläutern Sie, wie die Deportation der ansässigen Bevölkerung und die Ansiedlung von „Volksdeutschen" im Gebiet von Zamość ablief.*
2. *Interpretieren Sie, wie es den „Volksdeutschen" erging, die in dieses Gebiet umgesiedelt wurden.*
3. ➕ *Überprüfen Sie auf der Grundlage einer zusätzlichen Internetrecherche, warum die „Aktion Zamość" Ende 1943 scheiterte. Stellen Sie Ihr Ergebnis in einem Kurzreferat vor.*

M5 „Volksdeutsche" Umsiedler

Die Historikerin Isabel Heinemann schildert das Schicksal der „Volksdeutschen", die nach Deutschland und in von Deutschland besetzte Gebieten umgesiedelt worden sind:

Der NS-Staat postulierte das vollständige Aufgehen der „Volksdeutschen" in der „Volksgemeinschaft"[1], doch von einer Integration der Gruppe bis 1945 kann nur sehr bedingt gesprochen werden. Einigen gelang als Siedler unter deutscher Besatzung oder als Angehörige deutscher Institutionen der Aufbau einer (befristeten) neuen Existenz, doch verharrte das Gros der „volksdeutschen" Umsiedler bis 1945 (und vielfach darüber hinaus) in Lagern. Anstatt den erhofften eigenen Hof in Danzig-Westpreußen oder im „Warthegau" zu bewirtschaften, arbeiteten viele „Volksdeutsche" als Landarbeiter auf fremden Höfen oder als Arbeiter in der (Rüstungs-) Industrie des „Altreiches". Auch wenn der NS-Staat vorgab, nach einmal erwiesener „rassischer Eignung" grundsätzlich nicht mehr zwischen den deutschen Reichsbürgern zu differenzieren, sah die Realität gerade für die „Volksdeutschen" anders aus: Am besten gelang die Integration noch den Zuwanderern aus Estland und Lettland, da sie die erste große Umsiedlergruppe bildeten, zugleich über ein vergleichsweise hohes Ausbildungsniveau verfügten und/oder großen Besitz zurückgelassen hatten, für den sie entsprechend entschädigt wurden. Die anderen Zuwanderer, insbesondere aus Ostpolen, der Sowjetunion und Rumänien hatten es im Reich und den besetzten Gebieten sehr viel schwerer: Sie kamen, als kaum noch Siedlerstellen vergeben werden konnten, waren oft arm und schlecht ausgebildet. Viele hatten darüber hinaus Probleme mit der deutschen Sprache und der nationalsozialistischen „Leitkultur". Das machte sie umgehend als Angehörige einer Minderheit kenntlich und führte dazu, dass die Einheimischen sie abschätzig als „Polen", „Russen" oder „Rumänen" betrachteten. Das Lamento über „rassisch untaugliche" und „undeutsch" auftretende „Volksdeutsche" durchzieht auch die Berichte der Umsiedlungsinstanzen der SS.

Isabel Heinemann, „Volksdeutsche" Umsiedler in Deutschland und in von Deutschland besetzten Gebieten im Zweiten Weltkrieg, in: Klaus J. Bade, Pieter C. Emmer, Leo Lucassen und Jochen Oltmer (Hrsg.), Enzyklopädie Migration in Europa. Vom 17. Jahrhundert bis zur Gegenwart, Paderborn 2007, S. 1081-1087, hier S. 1085-1087

1. *Fassen Sie zusammen, wie es nach Isabel Heinemann um die Integration der „volksdeutschen" Umsiedler bestellt war.*
2. ➕ *Setzen Sie Heinemanns Ausführungen in Beziehung zu den in M4 geschilderten Erfahrungen der „Volksdeutschen".*
3. *Beurteilen Sie das Schicksal der „volksdeutschen" Umsiedler. Berücksichtigen Sie dabei auch, inwiefern die nationalsozialistische Vorstellung einer „Heim ins Reich"-Bewegung der Realität der Umsiedlung entsprach.*
4. *Die „Volksdeutschen" selbst verstanden sich nach dem Krieg zumeist als „Opfer" der nationalsozialistischen Politik. Doch wird man dem Schicksal der „volksdeutschen" Minderheiten in Ost- und Südosteuropa nicht gerecht, wenn man nicht auch ihre Begeisterung für das NS-Regime und ihre Kollaborationsbereitschaft berücksichtigt. Erörtern Sie die Frage, ob die „volksdeutschen" Umsiedler „Opfer" der nationalsozialistischen Politik waren.*

[1] **„Volksgemeinschaft"**: nach der völkischen Weltanschauung und Propaganda die soziale Einheit aller Deutschen unabhängig von Stand, Beruf und Konfession. Gemäß den rassistischen Vorstellungen des Nationalsozialismus zählten zur „Volksgemeinschaft" weder Juden, Roma und Sinti, noch Homosexuelle und „Asoziale".

Flucht und Vertreibung der Deutschen von 1945 bis 1949

▸ **Geschichte In Clips:**
Zur Flucht, Vertreibung und Umsiedlung im Umfeld des Zweiten Weltkrieges siehe Clip-Code 7315-01

Millionen verlieren ihre Heimat Die letzten nationalsozialistischen Umsiedlungen „Heim ins Reich" von 250 000 „Volksdeutschen" aus Wolhynien, Galizien und Siebenbürgen 1944 hatten schon den Charakter einer Fluchtbewegung vor der Roten Armee. Sowjetische Truppen erreichten im August 1944 in Ostpreußen die Grenze des Deutschen Reiches und überschritten sie im Oktober des Jahres erstmals. In den Ostprovinzen des Reiches und in den deutschen Siedlungsgebieten jenseits dessen Grenzen in Ost-, Ostmittel- und Südosteuropa hatten vor Beginn des Zweiten Weltkrieges rund 18 Millionen Reichsdeutsche und „Volksdeutsche" gelebt. Etwa 14 Millionen von ihnen, der weitaus überwiegende Teil also, flüchtete in der Endphase des Krieges in Richtung Westen oder wurde nach Kriegsende ausgewiesen, vertrieben bzw. deportiert.

Für die beiden 1949 gegründeten deutschen Staaten lassen die Zahlen der Volkszählungen von 1950 die Bilanz dieser millionenfachen Fluchtbewegungen und Vertreibungen deutlich werden. Danach waren insgesamt ca. 12,5 Millionen Flüchtlinge und Vertriebene aus den nunmehr in polnischen und sowjetischen Besitz übergegangenen ehemaligen Ostgebieten des Deutschen Reiches und aus den Siedlungsgebieten der „Volksdeutschen" in die Bundesrepublik Deutschland und in die DDR gelangt. Weitere 500 000 lebten in Österreich und anderen Ländern. Rund 350 000 Deutsche, die vornehmlich aus den Ostgebieten des Reiches, aus Jugoslawien, Rumänien und Ungarn stammten, waren in die UdSSR deportiert worden. Hunderttausende hatten die Flucht, die Vertreibungen oder die Deportationen nicht überlebt.

Von den 12,5 Millionen Flüchtlingen und Vertriebenen in Bundesrepublik und DDR des Jahres 1950 kam mit fast sieben Millionen der größte Teil aus den ehemaligen Reichsgebieten östlich von Oder und Neiße. Als nächstgrößere Gruppe folgten knapp drei Millionen Flüchtlinge und Vertriebene aus der Tschechoslowakei, hinzu traten 1,4 Millionen aus dem Polen der Vorkriegsgrenzen, 300 000 aus der bis 1939 unter der Verwaltung des Völkerbundes[1] stehenden Freien Stadt Danzig, knapp 300 000 aus Jugoslawien, 200 000 aus Ungarn und 130 000 aus Rumänien.

Verlauf der Fluchtbewegung Die Großoffensive der Roten Armee im Januar 1945 zwischen Ostseeküste und Karpaten ließ die deutsche Ostfront in kurzer Zeit zusammenbrechen. Ende Januar schon war Ostpreußen abgeschnitten. Ende März/Anfang April hatten die sowjetischen Truppen bereits Oder und Neiße erreicht, die folgende nächste Großoffensive Mitte April führte innerhalb weniger Tage zur Einschließung und innerhalb zweier Wochen zur Eroberung Berlins. Diese sehr rasch voranschreitende sowjetische Offensive war begleitet von der panikartigen Flucht von rund der Hälfte der an die zwölf Millionen Menschen zählenden deutschen Bevölkerung in den Ostprovinzen des Reiches. Die Eisenbahnen und große, gut ausgebaute Straßen durften die Flüchtlinge, die häufig mit Pferdewagen oder zu Fuß mit Handkarren unterwegs waren, meist nicht nutzen: Überall hatte der Transport von deutschen Soldaten und der Nachschub für die Truppen Vorrang vor den Flüchtlingsbewegungen. Weil die russischen Truppen auch deshalb nicht selten schneller vorankamen als die schwerfälligen

[1] **Völkerbund**: nach dem Ersten Weltkrieg im Zusammenhang mit dem Versailler Vertrag 1920 von 32 Staaten gegründete internationale Organisation zur Wahrung des Friedens und zur Zusammenarbeit aller Völker mit Sitz in Genf

▲ **Abschied von Zuhause.**
Foto von Hanns Tschira aus dem schlesischen Lübchen.
Die Dorfbewohner begeben sich im Winter 1944/45 zu einem Sammelpunkt, weil die Rote Armee näher rückt.

Flüchtlingstrecks, wurden 1,5 Millionen Flüchtlinge aus einigen lange umkämpften Ostseehäfen über das Meer in Richtung Westen transportiert. Manche erreichten ihr Ziel nicht, z.B. die rund 9000 zumeist ostpreußischen Flüchtlinge auf der „Wilhelm Gustloff", die am 30. Januar 1945 nach dem Torpedotreffer eines sowjetischen U-Boots in der Danziger Bucht sank.

Die Flucht im strengen Winter bedeutete für Unzählige unvorstellbares Leid und für Hunderttausende den Tod (▸ M1). Hintergründe waren sinnlose Durchhalteparolen und verspätet einsetzende Evakuierungsmaßnahmen der nationalsozialistischen Behörden, katastrophale Bedingungen angesichts der Kälte, unzureichende Ausrüstung und Versorgung, Bewegung zwischen den Fronten, Angriffe der Roten Armee auf die Flüchtlingstrecks, Plünderungen, Brandschatzungen, Massenvergewaltigungen und Mord. Mitleid hatte in Europa kaum jemand angesichts der Ereignisse des von Deutschland angezettelten Zweiten Weltkrieges, des Völkermordes an den europäischen Juden, des Terrorregimes in den besetzten Gebieten oder der Massenzwangsarbeit in der nationalsozialistischen Kriegswirtschaft.

„Wilde Vertreibungen" ■ Im April 1945 gab es in den nunmehr vollständig von sowjetischen, zum Teil auch von polnischen Truppen eroberten Ostgebieten des Reiches noch über vier Millionen Deutsche. In den folgenden drei Monaten kehrten über eine Million Flüchtlinge wieder in diese Gebiete zurück, häufig, weil die Trecks von der Roten Armee überholt worden waren, an ein Weiterkommen nicht zu denken war und die Rückkehr in die Ausgangsgemeinden Schutz und Überleben versprach. Mit der Absperrung von

Film- und Lesetipps
- *Die Gustloff; Deutschland 2008, Regie: Joseph Vilsmaier (zweiteiliger Fernsehfilm)*
- *Günter Grass, Im Krebsgang. Eine Novelle, Göttingen 2002*

Film- und Internettipps
- *Die Flucht; Deutschland 2007, Regie: Kai Wessel (zweiteiliger Fernsehfilm)*
- *Hintergrundinformationen zum Film liefert folgender Link: www.daserste.de/dieflucht/*

Oder und Neiße durch sowjetische und polnische Truppen Ende Juni/Anfang Juli 1945 brach diese Rückwanderungsbewegung weitgehend ab.

Frühling und Frühsommer 1945 waren in den neuen polnischen Westgebieten und in der Tschechoslowakei durch zahllose Gewaltakte und die sogenannten „wilden Vertreibungen" von noch verbliebenen Deutschen gekennzeichnet (▸ M2). Als „wild" galten diese Maßnahmen deshalb, weil es noch keinen alliierten Beschluss über die territoriale Zugehörigkeit der deutschen Ostgebiete gab und über die Zukunft der deutschen Bevölkerung in Ost-, Ostmittel- und Südosteuropa. Von diesen Vertreibungen waren bis zu 800 000 Sudetendeutsche in der Tschechoslowakei und bis zu 300 000 Deutsche entlang der neuen polnischen Westgrenze an Oder und Neiße betroffen (▸ M3 und M4).

Potsdamer Konferenz Auf der Potsdamer Konferenz (17. Juli bis 2. August 1945) legten die Siegermächte Großbritannien, die UdSSR und die USA dann das Ziel einer „ordnungsgemäßen und humanen Überführung deutscher Bevölkerungsteile" fest (▸ M5). Aber „ordnungsgemäß und human" liefen die Vertreibungen auch in der Folge nicht ab. Die Austreibung aus den Dörfern und Städten, die Internierung in häufig völlig überfüllten Lagern, die Massentransporte unter katastrophalen Versorgungsbedingungen, brutaler Bewachung und ständigen Plünderungen führten zu ungezählten Opfern (▸ M6 und M7). Die Vertreibungen brachten 1946 weitere zwei Millionen und 1947 eine halbe Million Menschen aus den ehemaligen Reichsgebieten östlich von Oder und Neiße in die vier alliierten Besatzungszonen Restdeutschlands. Hinzu kamen 1946 rund 1,2 Millionen Menschen aus der Tschechoslowakei und 170 000 aus Ungarn.

Mit dem Ende der organisierten Vertreibungen 1949/50 verblieben nur wenige Deutsche in Ost-, Ostmittel- und Südosteuropa (▸ M8). In Polen sollen es Schätzungen zufolge zwischen 400 000 und einer Million gewesen sein, in der Tschechoslowakei hingegen so gut wie niemand. Aus Rumänien flüchteten vor Kriegsende nur einige Zehntausend Deutsche, nach Kriegsende gab es zwar Planungen, Deutsche zu vertreiben, sie wurden aber nicht umgesetzt. Allerdings sind Anfang 1945 rund 70 000 Angehörige der deutschen Minderheit in Rumänien als Arbeitskräfte in die UdSSR deportiert worden. Wesentlich umfänglicher als im Falle Rumäniens waren Evakuierungen, Fluchtbewegungen und Vertreibungen von Deutschen aus Jugoslawien, erreichten bei Weitem aber nicht das Ausmaß der Maßnahmen in Polen oder der Tschechoslowakei. Wahrscheinlich fast die Hälfte der in der Vorkriegszeit ca. 400 000 bis 500 000 Angehörigen der deutschen Minderheit in Jugoslawien blieb im Land. Ungarn bot wiederum einen anderen Fall. Fluchtbewegungen in Richtung Westen aus der deutschen Minderheit gab es fast nicht, auch „wilde Vertreibungen" fanden nicht statt. Seit Anfang 1946 aber wurde ein Großteil der Ungarndeutschen ausgewiesen und in das besetzte Deutschland transportiert. Von den vor Kriegsbeginn vielleicht 400 000 bis 500 000 Angehörigen der deutschen Minderheit lebten nach 1950 wohl noch mehr als 200 000 in Ungarn. Ein Großteil dieser Menschen, die zunächst noch weiter in Polen, Jugoslawien, Rumänien oder Ungarn blieben, kamen schließlich zwischen den 1950er- und 90er-Jahren mit dem von der Bundesrepublik Deutschland gewährten Status des „Aussiedlers" nach Westdeutschland.

Lesetipps

- *Mathias Beer, Flucht und Vertreibung der Deutschen. Voraussetzungen, Verlauf, Folgen, München 2011*
- *Wolfgang Benz (Hrsg.), Die Vertreibung der Deutschen aus dem Osten. Ursachen, Ereignisse, Folgen, Frankfurt am Main 1995*
- *R. M. Douglas, „Ordnungsgemäße Überführung". Die Vertreibung der Deutschen nach dem Zweiten Weltkrieg, München [2]2012*
- *K. Erik Franzen und Hans Lemberg, Die Vertriebenen. Hitlers letzte Opfer, Berlin/München 2001*

M1 Flucht nach Westen

Weil die sowjetische Armee immer weiter nach Ostpreußen vorrückt und der Vater zum Volkssturm eingezogen wird, flüchten die Abiturientin M.M., ihre Mutter und ihre Schwester aus der Stadt Lyck/Ełk in Richtung Westen. Am 10. Februar 1945 erreichen sie das Frische Haff:

Das Eis war brüchig; stellenweise mussten wir uns mühsam durch 25 cm hohes Wasser hindurchschleppen. Mit Stöcken tasteten wir ständig die Fläche vor uns ab. Zahllose Bombentrichter zwangen uns zu Umwegen. Häufig rutschte man aus und glaubte sich bereits verloren. Die Kleider, völlig durchnässt, ließen nur schwerfällige Bewegungen zu. Aber die Todesangst vertrieb die Frostschauer, die über den Körper jagten.

Ich sah Frauen Übermenschliches leisten. Als Treckführerinnen fanden sie instinktiv den sichersten Weg für ihre Wagen. Überall auf der Eisfläche lag verstreuter Hausrat herum; Verwundete krochen mit bittenden Gebärden zu uns heran, schleppten sich an Stöcken dahin, wurden auf kleinen Schlitten von Kameraden weitergeschoben.

Sechs Stunden dauerte unser Weg durch dieses Tal des Todes. Dann hatten wir, zu Tode ermattet, die Frische Nehrung erreicht. In einem winzigen Hühnerstall sanken wir in einen flüchtigen Schlaf. Unsere Mägen knurrten vor Hunger.

Am nächsten Tage liefen wir in Richtung auf Danzig weiter. Unterwegs sahen wir grauenvolle Szenen. Mütter warfen ihre Kinder im Wahnsinn ins Meer, Menschen hängten sich auf; andere stürzten sich auf verendete Pferde, schnitten sich Fleisch heraus, brieten die Stücke über offenem Feuer; Frauen wurden im Wagen entbunden. Jeder dachte nur an sich selbst – niemand konnte den Kranken und Schwachen helfen.

Flucht über das Haff nach dem Westen des Reiches, Original vom 9.11.1951, zitiert nach: Bundesministerium für Vertriebene (Hrsg.), Die Vertreibung der deutschen Bevölkerung aus den Gebieten östlich der Oder-Neiße, Bd. I/1, Bonn 1954, S. 80-82 (Dokument Nr. 20)

1. *Beschreiben Sie die Situation auf dem Frischen Haff im Frühjahr 1945.*
2. *Erklären Sie auf der Grundlage einer weitergehenden Recherche in Fachbüchern oder im Internet, warum viele Menschen den Fluchtweg über das Frische Haff wählten. Formulieren Sie Ihre Ergebnisse in Form eines Zeitungsartikels und versehen Sie diesen mit einer prägnanten Überschrift.*
3. *Interpretieren Sie die von der Autorin gewählte Metapher „Tal des Todes" (Zeile 15).*

▲ Flüchtlingstreck auf dem zugefrorenen Frischen Haff in Ostpreußen.
Die Aufnahme entstand vermutlich im Februar 1945. Sie wurde als Standbild in einem Beitrag der „Deutschen Wochenschau" vom 16. März 1945 verwendet.

M2 Befehl zur Vertreibung der Deutschen

In einem Befehl des Kommandos der 2. Armee der polnischen Streitkräfte[1] über die Fortsetzung der raschen Aussiedlung der Deutschen vom 24. Juni 1945 heißt es:

Mit den Deutschen verfahren wir, wie sie es mit uns getan haben. Viele haben schon vergessen, wie sie unsere Kinder, Frauen und Alten behandelt haben. Die Tschechen wussten so zu handeln, dass die Deutschen von selbst aus ihrem Gebiet flohen.

Man muss seine Aufgaben auf so harte und entschiedene Weise ausführen, dass sich das germanische Ungeziefer nicht in den Häusern versteckt, sondern von selbst vor uns fliehen wird und dann im eigenen Land Gott für die glückliche Rettung seines Kopfes danken wird. Wir vergessen nicht, dass Deutsche immer Deutsche bleiben werden. Bei der Ausführung unserer Aufgabe dürfen wir nicht bitten, sondern müssen befehlen.

Der Chef des Stabes der 7. Infanteriedivision hat berichtet, dass die Division im Laufe von zwei Tagen über 40 000 Deutsche ausgesiedelt hat – wofür ich dem Befehlshaber der Division meine Anerkennung ausspreche.

[1] Die polnische Armee war seit 1943 mit Unterstützung der Sowjetunion wieder aufgebaut worden.

Ich befehle allen Kommandierenden der Division, mit der Aussiedlung der Deutschen in ihren Regionen rücksichtslos und schnell fortzufahren.

Zitiert nach: Włodzimierz Borodziej und Hans Lemberg (Hrsg.), „Unsere Heimat ist uns ein fremdes Land geworden …". Die Deutschen östlich von Oder und Neiße 1945-1990. Dokumente aus polnischen Archiven, Bd. 1, Marburg 2000, S. 160 f. (Dokument Nr. 35)

1. *Beschreiben Sie, wie im Dokument von den Deutschen gesprochen wird.*
2. *Ordnen Sie die Quelle in den historischen Kontext ein.*
3. *Erklären Sie, wie die Vertreibung gerechtfertigt wird.*
4. *Erörtern Sie die dargelegte Rechtfertigung.*

M3 Anschlag vom 14. Juli 1945

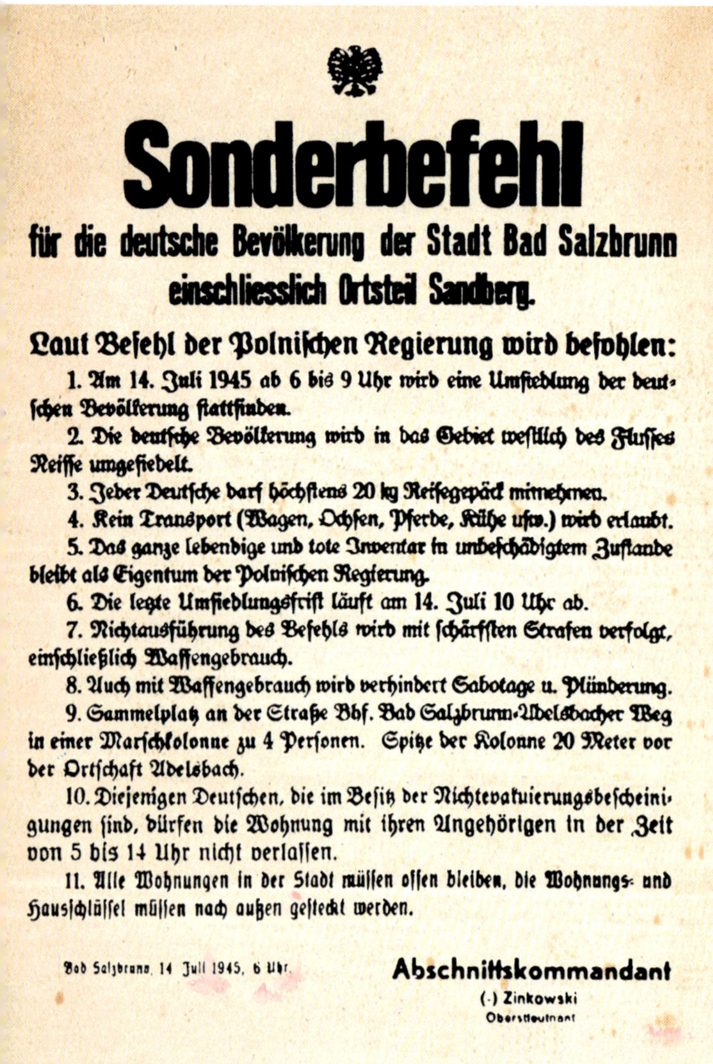

Sonderbefehl

für die deutsche Bevölkerung der Stadt Bad Salzbrunn einschliesslich Ortsteil Sandberg.

Laut Befehl der Polnischen Regierung wird befohlen:

1. Am 14. Juli 1945 ab 6 bis 9 Uhr wird eine Umsiedlung der deutschen Bevölkerung stattfinden.
2. Die deutsche Bevölkerung wird in das Gebiet westlich des Flusses Neiße umgesiedelt.
3. Jeder Deutsche darf höchstens 20 kg Reisegepäck mitnehmen.
4. Kein Transport (Wagen, Ochsen, Pferde, Kühe usw.) wird erlaubt.
5. Das ganze lebendige und tote Inventar in unbeschädigtem Zustande bleibt als Eigentum der Polnischen Regierung.
6. Die letzte Umsiedlungsfrist läuft am 14. Juli 10 Uhr ab.
7. Nichtausführung des Befehls wird mit schärfsten Strafen verfolgt, einschließlich Waffengebrauch.
8. Auch mit Waffengebrauch wird verhindert Sabotage u. Plünderung.
9. Sammelplatz an der Straße Bhf. Bad Salzbrunn-Adelsbacher Weg in einer Marschkolonne zu 4 Personen. Spitze der Kolonne 20 Meter vor der Ortschaft Adelsbach.
10. Diejenigen Deutschen, die im Besitz der Nichtevakuierungsbescheinigungen sind, dürfen die Wohnung mit ihren Angehörigen in der Zeit von 5 bis 14 Uhr nicht verlassen.
11. Alle Wohnungen in der Stadt müssen offen bleiben, die Wohnungs- und Hausschlüssel müssen nach außen gesteckt werden.

Bad Salzbrunn, 14 Juli 1945, 6 Uhr.

Abschnittskommandant
(-) Zinkowski
Oberstleutnant

1. *Geben Sie die Anweisungen für die deutsche Bevölkerung in Ihren eigenen Worten wieder.*
2. *Erklären Sie mithilfe von M4, warum die Wohnungs-*
\+ *und Haustürschlüssel nach außen stecken bleiben sollten (M3, Nr. 11).*

M4 Aus polnischer Perspektive

Ein Umsiedler aus den polnischen Ostgebieten schildert die Vertreibung der Deutschen aus Neustettin/Szczecinek im Mai 1945:

Auf dem Hof eines der Häuser war Bewegung, Geschäftigkeit, irgendwelche Schreie, fast Gejammer. Zum ersten Mal wurden wir Zeugen, wie Deutsche aus ihren Wohnungen vertrieben wurden. Das machten ein paar Zivilisten mit Karabinern und weiß-roten Armbinden. Wir errieten, dass das unsere Miliz war. Sollte eben dies die Rache sein für das, was sich die Deutschen uns, den Polen gegenüber, in den Kriegsjahren haben zu Schulden kommen lassen? Ob das Herumschubsen zweier alter Frauen und eines alten Mannes uns Befriedigung, Genugtuung bringen soll. ... Der Besitz dieser ausgesiedelten Menschen, in ein paar Bündel eingeschnürt, hatte Platz in einem Kinderwagen. [...]
Die von den Milizionären gestoßenen Deutschen gesellten sich zu einer Gruppe von ähnlichen Gestalten, die in einer nahegelegenen Grünanlage versammelt waren, und wir zogen mit Triumphgefühlen in unsere „Villa" ein. Im Laufen schafften wir es jenes magische Blatt zu schreiben „VON EINEM POLEN ÜBERNOMMEN" und, nachdem wir es am Gartentor befestigt hatten, stürmten wir zum Bahnhof, wo Mutter auf uns wartete. [...] Auf dem Bahnsteig in der Nähe gruppierte sich der Transport der Deutschen, man wartete auf die Bereitstellung der Waggons. Das war ein trübes Bild. Das waren alles ältere Menschen, oft Invaliden mit einer sichtbaren Behinderung, sicher durch denselben Krieg zu Schaden gekommen. Ohne Mühe erkannten wir unter ihnen „unsere" Deutschen. Mutter ließ sich nur gegen großen Widerstand überreden, in das Haus zu gehen; wie soll das denn gehen? Das ist doch nicht unseres! Erst sollen diese Leute alle ihre Sachen nehmen, dann erst tragen wir unseren armseligen Krempel hinein und legen uns mit ruhigem Gewissen zum Schlafen nieder. Wir konnten Mutter überzeugen, dass die Deutschen eingewilligt hatten, dass wir hier wohnen, und dass sie morgen kommen würden, ihre Sachen zu holen.

Zitiert nach: Grzegorz Hryciuk, Małgorzata Ruchniewicz, Bożena Szaynok und Adrzej Żbikowski, Umsiedlungen, Vertreibungen und Fluchtbewegungen 1939-1959. Atlas zur Geschichte Ostmitteleuropas, Warschau 2012 (Bonn 2012), S. 186 (Quelle: Bronislaw Kowacz, Miejsce przechodnie, „Karta", Nr. 21 (1997), S. 93 f.)

1. *Beschreiben Sie die in M4 dargestellte Vertreibung einer deutschen Familie.*
2. *Setzen Sie M2, M3 und M4 in Beziehung und erläutern* ➕ *Sie, wie die „wilden Vertreibungen" durchgeführt wurden.*
3. *Vergleichen Sie M2 und M4 miteinander, indem Sie die* ➕ *unterschiedlichen Sichtweisen darlegen.*
4. *Interpretieren Sie, warum der Umsiedler das Blatt mit der Aufschrift „Von einem Polen übernommen" für „magisch" (siehe Zeile 17f.) hält.*

M5 „Ordnungsgemäße Überführung deutscher Bevölkerungsteile"

Vom 17. Juli bis zum 2. August 1945 findet im Potsdamer Schloss Cecilienhof ein Treffen der drei alliierten Siegermächte Sowjetunion, USA und Großbritannien statt, um das weitere Vorgehen nach dem Ende der Kampfhandlungen in Europa zu klären. Im Protokoll der Konferenz vom 2. August heißt es im Artikel XIII:

Die Konferenz erzielte folgendes Abkommen über die Ausweisung Deutscher aus Polen, der Tschechoslowakei und Ungarn:

Die drei Regierungen haben die Frage unter allen Gesichtspunkten beraten und erkennen an, dass die Überführung der deutschen Bevölkerung oder Bestandteile derselben, die in Polen, Tschechoslowakei und Ungarn zurückgeblieben sind, nach Deutschland durchgeführt werden muss. Sie stimmen darin überein, dass jede derartige Überführung, die stattfinden wird, in ordnungsgemäßer und humaner Weise erfolgen soll. Da der Zustrom einer großen Zahl Deutscher nach Deutschland die Lasten vergrößern würde, die bereits auf den Besatzungsbehörden ruhen, halten sie es für wünschenswert, dass der alliierte Kontrollrat in Deutschland zunächst das Problem unter besonderer Berücksichtigung der Frage einer gerechten Verteilung dieser Deutschen auf die einzelnen Besatzungszonen prüfen soll. Sie beauftragen demgemäß ihre jeweiligen Vertreter beim Kontrollrat, ihren Regierungen so bald wie möglich über den Umfang zu berichten, in dem derartige Personen schon aus Polen, der Tschechoslowakei und Ungarn nach Deutschland gekommen sind, und eine Schätzung über Zeitpunkt und Ausmaß vorzulegen, zu dem die weiteren Überführungen durchgeführt werden könnten, wobei die gegenwärtige Lage in Deutschland zu berücksichtigen ist. Die tschechoslowakische Regierung, die Polnische Provisorische Regierung und der Alliierte Kontrollrat in Ungarn werden gleichzeitig von obigem in Kenntnis gesetzt und ersucht werden, inzwischen weitere Ausweisungen der deutschen Bevölkerung einzustellen, bis die betroffenen Regierungen die Berichte ihrer Vertreter an den Kontrollausschuss geprüft haben.

Amtsblatt des Kontrollrats in Deutschland, Ergänzungsblatt Nr. 1, Berlin 1946, S. 19f.

1. *Geben Sie die wesentlichen Bestimmungen des Artikels XIII wieder.*
2. *Ordnen Sie das Abkommen in den historischen Kontext ein, indem Sie herausstellen, welche Geschehnisse vorausgingen und welche Intentionen die Siegermächte mit den Beschlüssen in Artikel XIII verfolgten.*
3. *Beurteilen Sie, von welchen zukünftigen Problemen die Ausführungen ausgehen.*

M6 Fußmarsch zur Reichsgrenze

Elisabeth Scheithauer lebt mit ihren drei Kindern in Freiwaldau/Jeseník im Ostsudetenland. 1947 berichtet sie von ihrer Vertreibung aus der Tschechoslowakei:

Am 26. Juli 45 kamen plötzlich drei bewaffnete tschechische Soldaten und ein Polizist in meine Wohnung und ich musste dieselbe binnen einer halben Stunde verlassen. Ich durfte gar nichts mitnehmen. Wir wurden auf einen Sammelplatz getrieben und wussten nicht, was mit uns geschehen wird. In der großen Angst und Verwirrung über den plötzlichen Befehl hatte ich mir das verfügbare Bargeld (1200 RM) mitgenommen, wovon mir die Tschechen bei einer scharfen Kontrolle 1000 RM weggenommen haben. Unter starker Bewachung mussten wir auf dem Sammelplatz viele Stunden warten, gegen Abend wurden wir unter grässlichen Beschimpfungen und Peitschenschlägen aus dem Heimatort fortgeführt. Nach sechsstündigem Fußmarsch mussten wir im Freien übernachten und wurden dann eine Woche lang in einem primitiven Lager, einem Kalkwerk, festgehalten. Verpflegung gab es keine und wir mussten mit dem wenigen, was wir uns an Essen mitgenommen hatten, auskommen. Es wurde uns immer noch nicht gesagt, was mit uns geschehen soll, bis wir am 2.8.45 zum Bahnhof mussten und auf offene Kohlenwagen und Loren verladen wurden. Vor Abfahrt des Transportes bekamen wir pro Eisenbahnwagen 1 Brot. Während der Fahrt regnete es in Strömen und wir wurden bis auf die Haut nass abgesehen davon, dass wir dabei Todesangst ausstehen mussten. Die Kinder wurden krank und ich wusste mir vor Verzweiflung bald keinen Rat. Nach zwei Tagen wurden wir in Tetschen ausgeladen. Wir waren hungrig und erschöpft und mussten in diesem Zustand den Weg bis zur Reichsgrenze zu Fuß antreten. Wir wurden mit Peitschenhie-

ben und Schreckschüssen immer wieder angetrieben und viele sind am Wege liegen geblieben. [...]
Ich und mein Mann waren in der Heimat nicht politisch tätig und die menschenunwürdige Ausweisung, durch die wir zu Bettlern gemacht worden sind, ist ein himmelschreiendes Unrecht. Wir sehnen uns in unsere geliebte Heimat zurück und hoffen, dass uns das geraubte Menschenrecht wiedergegeben wird.

Elisabeth Scheithauer, Beglaubigungsvermerk Stadt Rathenow, 23.4.1947, ebenda, Bericht 276, zitiert nach: Alois Harasko, Die Vertreibung der Sudetendeutschen. Sechs Erlebnisberichte, in: Wolfgang Benz (Hrsg.), Die Vertreibung der Deutschen aus dem Osten. Ursachen, Ereignisse, Folgen, Frankfurt am Main 1995, S. 132-147, hier S. 138 f.

1. *Beschreiben Sie den Verlauf der Vertreibung von Elisabeth Scheithauer und ihrer Familie.*
2. *Informieren Sie sich über die sogenannten „Beneš-Dekrete" und erläutern Sie den Zusammenhang zu den geschilderten Geschehnissen.*
3. *Erörtern Sie die Problematik des „himmelschreiende[n] Unrecht[s]" (Zeile 33 f.), von dem die Autorin spricht.*

▲ **Gebrandmarkt und gedemütigt.**
Foto aus Prag vom 20. Juli 1945.
Sudetendeutsche warten in Prag auf ihren Abtransport.

M7 Ein britischer Leserbrief

In einem Leserbrief, der am 23. Oktober 1945 in der „Times" erscheint, schreibt der britische Mathematiker, Philosoph und Friedensforscher Bertrand Russell (1872 - 1970) zur Vertreibung der deutschen Bevölkerung:

In Osteuropa werden jetzt von unseren Verbündeten Massendeportationen beispiellosen Ausmaßes durchgeführt, und man hat ganz offensichtlich die Absicht, viele Millionen Deutsche auszulöschen, nicht durch Gas, sondern dadurch, dass man ihnen ihr Zuhause und ihre Nahrung nimmt und sie einem langen schmerzhaften Hungertod ausliefert. [...]
Sind Massendeportationen Verbrechen, wenn sie von unseren Feinden während des Krieges durchgeführt werden, und gerechtfertigte Maßnahmen sozialer Anpassung, wenn unsere Verbündeten sie im Frieden veranlassen? [...] Soll das Kriegsrecht künftig das Töten feindlicher Staatsbürger rechtfertigen, nachdem der Widerstand des Feindes am Ende ist? [...]
Im Potsdamer Protokoll wurde verfügt, dass die Ausweisungen von Deutschen in „geregelter und humaner Weise" durchgeführt werden sollten. Und es ist allerdings bekannt – sowohl durch öffentliche Berichte als auch durch zahlreiche Briefe, die britische Familien von Verwandten und Freunden in den Besatzungsarmeen erhielten – dass diese Bedingungen durch unsere russischen und polnischen Verbündeten nicht beachtet worden sind.

The Times, 23.10.1945, S. 5, zitiert nach: Bertrand Russell, Yours Faithfully, Bertrand Russell: A Lifelong Fight for Peace, Justice, and Truth in Letters to the Editor, Chicago 2002, S. 162 f. (übersetzt von Nikolaus Barbian)

1. *Geben Sie wieder, welche Geschehnisse Russell anprangert.*
2. *Ordnen Sie die Quelle in die Entwicklungen nach dem Potsdamer Abkommen ein.*
3. *Nehmen Sie Stellung zu dem im Text anklingenden Vergleich zwischen der NS-Judenverfolgung und der Vertreibung der Deutschen.*
4. *Erörtern Sie die von Russell aufgeworfenen Fragen (Zeile 7 bis 12).*

▸ **Ausweisung von deutschen Vertriebenen.**
Foto vom 16. Mai 1946. Vom Bahnhof Modřany werden Deutsche aus Prag in Güterzügen in die von Amerikanern besetzte Zone im Westen abtransportiert.
- *Charakterisieren Sie die auf dem Bild gezeigte Situation.*

M8 „Ethnische Säuberungen"

Der Historiker Philipp Ther schreibt zu den Zielen, die die Siegermächte mit Blick auf die Nachkriegsordnung verfolgt haben:

Der Umfang, die Einseitigkeit und Totalität der ethnischen Säuberung der Deutschen aus Ostmitteleuropa war einmalig. Dies ist auf den deutschen Angriffskrieg und Besatzungsterror zurückzuführen, der unabhängig vom Holocaust[1] jegliche Maßstäbe sprengte. Man sollte das Motiv der Bestrafung für vergangene Untaten jedoch nicht überbewerten. Auch im Fall der Deutschen stand ein zukunftsgerichtetes Denken im Vordergrund oder wie Churchill[2] es im Dezember 1944 kurz und bündig ausdrückte, die Vermeidung „endloser Schwierigkeiten" mit nationalen Minderheiten. Ein vorsichtiges Umdenken setzte ein, als die Alliierten mit den Folgen ihrer Beschlüsse konfrontiert waren. Die akute Flüchtlingskrise in Deutschland im Sommer und Herbst 1945 und die Wahrnehmung des Elends in westlichen Medien führten zu einer Distanzierung von ethnischen Säuberungen. Wie bereits der Paragraf XIII des Potsdamer Abkommens[3] zeigt, sollten die Bevölkerungsverschiebungen fortan besser gesteuert werden. Doch die Westmächte rückten nicht von ihrem Grundsatzbeschluss für einen „Transfer" ab.

Philipp Ther, Die dunkle Seite der Nationalstaaten. „Ethnische Säuberungen" im modernen Europa, Göttingen 2011, S. 235

1. *Arbeiten Sie heraus, welche Beweggründe mit der Vertreibung der Deutschen aus Ostmitteleuropa verbunden waren.*
2. *Setzen Sie M5, M7 und M8 (Seite 31 ff.) miteinander in Beziehung.*
3. *An anderer Stelle spricht Ther in Bezug auf die Nachkriegsordnung von Kontinuitäten mit der nationalsozialistischen Neuordnung Zentral- und Südosteuropas in den Jahren 1938 bis 1944: Das vorrangige Ziel sei jeweils die Homogenisierung von Nationalstaaten gewesen. Interpretieren Sie diese Kontinuitätsthese.*

[1] **Holocaust**: Der Begriff wird heute für die systematische Vernichtung von etwa sechs Millionen europäischer Juden und anderer Opfergruppen während des „Dritten Reiches" verwendet.
[2] **Winston Churchill** (1874-1965): britischer Journalist, Offizier und Politiker, während des Zweiten Weltkrieges britischer Premierminister

[3] Siehe hierzu M5 auf Seite 31.

Vertreibungserfahrungen: Frauen und Kinder

Veränderungen der traditionellen Geschlechterverhältnisse? Erfahrungen von Flucht und Vertreibung machten mehrheitlich Frauen und Kinder, während die erwachsenen Männer zumeist wegen des Kriegsdienstes abwesend waren. Zeitzeugenberichte von Frauen, die Flucht und Vertreibung erlebt hatten, verweisen vor allem auf zwei zentrale Ebenen: Frauen als Akteurinnen und Frauen als Opfer. Aufgrund traditioneller Vorstellungen waren Frauen bis dahin nur selten in verantwortlichen gesellschaftlichen Positionen zu finden. Ihnen wurde in der Regel die Rolle als Begleiterin und Helferin des Mannes in seiner Funktion als „Familienvorstand" zugewiesen. Bereits während des Krieges aber hatte sich das Rollenverhältnis verändert. Frauen mussten immer häufiger Positionen von Männern übernehmen, in den Familien waren sie oft auf sich allein gestellt und ausschließlich für die Familie verantwortlich. Nur sehr selten thematisieren die Erlebnisberichte die Rolle von Frauen als Wählerinnen der NSDAP, als Mitträgerinnen des Aufstiegs der nationalsozialistischen Herrschaft, als Unterstützerinnen der deutschen Expansionspolitik im Krieg, als Täterinnen in Konzentrationslagern oder im Kontext der Unterdrückung der zahllosen Zwangsarbeitskräfte.

In Berichten über Flucht- und Vertreibungserfahrungen erscheinen Frauen häufig als aktiv Handelnde, die Initiative ergreifen, Flüchtlingstrecks führen und weitreichende Verantwortung für Familie und Dorfgemeinschaften übernehmen. Sie werden als Ernährerin der Familie beschrieben, die nun als diejenigen fungieren, die den Schutz und das Überleben der Familie zu garantieren haben. Nicht selten wird in den Erlebnisberichten direkt oder indirekt die in der traditionellen Geschlechterordnung betonte Autorität des Mannes infrage gestellt: Männer sind abwesend, Männer versagen als Beschützer von Ehefrauen und Kindern sowie als Ernährer und Versorger der Familien. Wahrgenommen werden sie einerseits als fliehende Soldaten, die den Flüchtlingstrecks keine Hilfe und keinen Schutz bieten, und andererseits – als Angehörige der Roten Armee – als Hauptbedrohung von Sicherheit, Unversehrtheit und Überleben (▸ M1).

Tatsächlich waren in der Situation von Flucht und Vertreibung überkommene Hierarchien und Machtstrukturen in den Geschlechterverhältnissen keineswegs außer Kraft gesetzt: Frauen wurden von Männern häufig als wehrlose Opfer wahrgenommen, und ihre Wehrlosigkeit nutzten Männer vor allem sexuell aus. Davon berichten die zahllosen Schilderungen von massenhaften und systematischen Vergewaltigungen durch Soldaten. Sie betrafen wahrscheinlich Hunderttausende von Frauen und bedeuteten überaus schwere Demütigungen, demonstrierten Frauen Schutzlosigkeit und grenzenlose Ohnmacht in extremer Weise. Traumatisierungen als häufige Folge beeinflussten bei vielen Frauen das zukünftige Leben grundlegend (▸ M2).

Internettipp
Über vertriebene Frauen im Umfeld des Zweiten Weltkrieges informiert folgende Internetseite: www.vertriebene-frauen.de

Kinder als Flüchtlinge und Vertriebene Zeitzeugen, die als Kinder Flucht und Vertreibung erlebt hatten, beschreiben ihre Kindheit in den Ostprovinzen des Reiches und in den Siedlungsgebieten in Ost-, Ostmittel- und Südosteuropa in aller Regel als unbeschwert, behütet und glücklich. Konflikte, Beschwernisse, Mangel oder Trennungserfahrungen werden demgegenüber kaum erwähnt. Dies lässt sich darauf zurückführen, dass die Erlebnisse von Flucht und Vertreibung als einschneidend und tief greifend erfahren wurden. Sie waren derart mit Angst, Entbehrungen, Leid und Gewalt verbunden, dass die Situation davor immer in einem sehr hellen Licht erschien und alles Positive darauf projiziert wurde.

Kinder erfuhren die Flucht anders als Erwachsene. Sie hatten zumeist keine Kenntnisse über die drohenden Gefahren des Krieges, nicht zuletzt deshalb, weil ihre Eltern sie schützen wollten, indem sie das Vorrücken der Fronten verschwiegen. Kinder wurden häufig vom Aufbruch der Flüchtlingstrecks überrumpelt, konnten sich die Ereignisse der Flucht kaum erklären und nicht in ihr kindliches Weltbild einfügen. Die Strapazen der wochen- und monatelangen Flucht in der extremen Kälte des Winters 1944/45, als im Osten zwischen Dezember und Februar Temperaturen von minus 20 Grad herrschten, Gewalterfahrungen und Todesangst mussten um so tief greifender wirken. Unerwartet und unvorbereitet Zeugen der Gewalt des Krieges, der Kämpfe, der Plünderungen der Häuser, Dörfer und Städte, der Verwüstungen, von Tod und Vergewaltigungen zu werden, bedeuteten einen krassen Einschnitt im Leben der Kinder. Flucht und Vertreibung brachte für viele von ihnen einen Abschied von der Kindheit mit sich (▸ M3). Häufig ist in den Erlebnisberichten von Zeitzeugen vom frühen Erwachsenwerden die Rede.

Lesetipps
- *Stefan Aust und Stephan Burgdorff (Hrsg.), Die Flucht. Über die Vertreibung der Deutschen aus dem Osten, München 2005*
- *Silke Satjukow (Hrsg.), Kinder von Flucht und Vertreibung, Erfurt ²2010*

Findelkinder und „Wolfskinder“ Viele Kinder mussten wesentlich mehr Eigenverantwortung und Aufgaben für andere übernehmen als vor der Flucht und der Vertreibung. Sie mussten mithelfen, schweres Gepäck zu tragen, kleinere Geschwister zu versorgen und wurden Teil des Überlebenskampfes der Familien. Ihre Ängste und Bedürfnisse blieben häufig unbeachtet, kaum jemand nahm noch Rücksicht auf sie und ihre besonderen Bedürfnisse. Vielen Erwachsenen galten sie nun als Konkurrenten um knappe Güter und Rettungsmöglichkeiten. Schätzungen gehen davon aus, dass Hunderttausende Kinder von ihren Müttern getrennt wurden und sich ein Wiedersehen erst nach Wochen, Monaten und zum Teil Jahren ergab. Dem 1945 eingerichteten Suchdienst des Deutschen Roten Kreuzes zufolge war unmittelbar nach dem Zweiten Weltkrieg jeder vierte Deutsche auf der Suche nach Eltern, Ehepartnern, Kindern und Menschen aus der engeren Verwandtschaft. Die Karteien des Suchdienstes umfassten allein 33 000 Findelkinder aus dem Kontext von Flucht und Vertreibung, über die keine Identitätsangaben vorlagen. Vor allem in Ostpreußen blieb eine große Zahl Kinder in der Situation der überstürzten Flucht allein zurück. Um der besseren Versorgungslage willen und um Sicherheit zu finden, schlugen sich rund 5 000 dieser Waisen allein oder in kleinen Gruppen nach Osten, insbesondere nach Litauen, durch. Litauische Familien nahmen diese sogenannten „Wolfskinder“ auf, manche verdingten sich als Arbeitskräfte auf Bauernhöfen oder versuchten, durch Betteln zu überleben. Manche blieben auf Dauer in Litauen, viele kamen nach Jahren und Jahrzehnten in den Westen. Auch für sie gilt: Flucht und Vertreibung veränderten die betroffenen Familien grundlegend und prägten zum Teil den Alltag über lange Zeit.

Internettipp
Im Bestand des „Kirchlichen Suchdienstes“ sind Informationen über 20 Millionen Menschen aus den Vertreibungsgebieten im Zeitraum von 1939 bis 1945 enthalten; siehe: www.kirchlicher-suchdienst.de

▸ **Ankunft in Westdeutschland.**
Foto vom August 1948.
Diese Kinder sind soeben mit einem Transport aus den ehemaligen deutschen Gebieten in Polen gekommen.
- *Charakterisieren Sie die beabsichtigte Wirkung des Fotos.*

▲ **Flucht aus Danzig.**
Foto vom 30. März 1945.
Danzig/Gdańsk wurde am 30. März 1945 von der Roten Armee erobert.

■ ✚ *Schreiben Sie aus der Sicht einer der auf dem Foto dargestellten Frauen einen Tagebucheintrag zum 30. März 1945.*

M1 Flucht aus Polen

Annemarie Müller wird 1904 in Warka in der Nähe von Warschau geboren. Sie erinnert sich an die Geschehnisse im Frühjahr 1945:

Am 16. Februar wurden alle Männer zum Volkssturm eingezogen, jetzt waren nur noch Frauen, Kinder und Mädchen auf den Dörfern. Am 17. wurde uns gesagt, Mütter und Kinder sollten sich bereit halten, um eventuell mit der Bahn abtransportiert zu werden. Um 2 Uhr nachts kam deutsche Polizei und sie sagte uns, wir sollten so schnell wie möglich fliehen, der Russe sei dicht hinter ihnen. Ich hatte meine drei Kinder schon vorher fertig angezogen, mit dem Kutscher in einer Stunde den Wagen fertig aufgeladen, und in der Morgendämmerung fuhren wir los.

Bis zum Abend waren wir 30 km gefahren, die Straßen waren voll mit Wagen, aus allen Nebenstraßen kamen mehr dazu. Am Vormittag des nächsten Tages wurde schon in den Treck hineingeschossen und wir fuhren durch Brände und rauchende Gehöfte. Da ging es mir zum ersten Mal auf: Es kann alles schiefgehen, unser Vertrauen ist missbraucht. Es war schon allgemeine Mutlosigkeit, es hieß, es geht ja doch nur in den Tod. Ich war aber noch nicht mutlos. [...]

Wir fuhren den ganzen Tag auf Seitenstraßen und etwas abseits der Straße auf einen Bauernhof zum Übernachten. Hier lag schon alles voll mit Flüchtlingswagen, und im Haus – eine Küche mit zwei Stuben – lagen die Menschen. Wir legten uns dazu in die Küche und schliefen. Kaum waren wir eingeschlafen, kamen Russen rein, sehr viele. Wir mussten sofort aufstehen und rausgehen. Ich kauerte mich mit den Kindern in eine Ecke auf dem Hof draußen. Die Russen untersuchten unsere Wagen mit Taschenlampen. Dann nahmen sie Bertl Mergentaler, die auch bei uns saß, weg in die Scheune; dann kamen sie zu mir, einer hockte sich neben mich und sprach auf mich ein, soviel verstand ich, dass ich mit ihm in die Scheune sollte. Ich weinte und zeigte ihm meine drei verängstigten Kinder. Darauf winkte er den anderen und sie gingen weg.

Ich hatte genug tote Frauen hinter den Häusern liegen gesehen und glaubte zu wissen, was mit mir geschieht. Um meine Kinder würde sich niemand mehr kümmern. Ich wollte sterben und suchte schnell mein Messer, das scharf war, und erzählte den Kindern, wir wollten sterben und in den Himmel. Sie nickten ernsthaft mit ihren verängstigten Gesichtern.

Aber wir kamen nicht mehr dazu. Der ganze Haufen Russen kam zurück und bedeutete mir, ich sollte mitkommen. Sie führten uns ins Haus zurück. Ein junger Offizier sprach etwas deutsch, sagte mir, ich solle keine Angst haben, einer Mutter mit Kindern täten sie nichts. An diesem Abend fühlte ich sehr, dass es eine schützende Hand über mich gibt.

Am nächsten Morgen fuhr ich [mit] Bertl zusammen auf einem Wagen. Schon am Abend vorher sahen wir überall im Straßengraben die dunklen Gestalten im Schnee, die Toten, Erschossenen. Jetzt am Tage sah ich sie mit wächsernen, erstarrten Gesichtern. Haare und Kleider waren bereift. Fast alle mit Genickschuss, die Männer mit dem Ausschuss durch die Nase. Bei den Frauen sah man selten den Einschuss, im Gesicht jedenfalls nicht. Die Frauen aber waren immer kaum bekleidet. Ich habe das eine Bild immer noch vor Augen: Drei junge Mädels, nur Schlüpfer hatten sie an und Hüte auf dem Kopf, saßen aufgebahrt am Straßenrand mit furchtbaren Gesichtsausdrücken. Auch auf der Straße lagen die Leichen.

Es war fürchterlich, über die schon zermanschten Haufen hinwegfahren zu müssen.

Annemarie Müller, Gescheiterte Flucht vor den Russen aus Polen, zitiert nach: www.dhm.de/lemo/forum/kollektives_gedaechtnis/149/ (Zugriff: 19. Februar 2014)

1. *Analysieren Sie den Text, indem Sie die Erlebnisse herausstellen, in denen Frauen als Handelnde, und solche, in denen sie als Opfer männlicher Gewalt dargestellt werden.*
2. *Entwickeln Sie eine Einschätzung zu der Frage, wie die betroffenen Frauen durch derartige Erfahrungen geprägt wurden.*

M2 Flucht aus dem Riesengebirge

Im Erlebnisbericht der Schriftstellerin L. K. aus Oberschreiberhau/Szklarska Poręba, Kreis Hirschberg in Niederschlesien, heißt es zum Einmarsch der Roten Armee in Niederschlesien im Frühjahr 1945:

Nachts um ein Uhr schrillen die Haustürklingeln: Sofortiger Evakuierungsbefehl! Alle Frauen und Kinder haben binnen weniger Stunden den Ort zu räumen. Einem Blitzschlag gleich trifft alle vernichtend diese Nachricht. [...] Fieberhaft werden die notwendigen Dinge verpackt, man darf ja nur so wenig mitnehmen, um die Fahrzeuge nicht zu belasten. Man nimmt natürlich in der Eile und Aufregung das Verkehrteste, man kann alles noch nicht fassen. [...]
Alle Stoßgebete waren vergeblich: 20 Minuten erklang mitten in der Nacht das tiefe Summen der Sirenen, gleich den Posaunen des Jüngsten Gerichts. Es kamen die ersten Fahrzeuge, Truppen folgten in unübersehbarem Ausmaß. [...]
Die Sowjets drangen in die Häuser ein, holten sich alles, was sie brauchten, alle Vorräte wurden geplündert, und immer und immer wieder erklang der Ruf nach Schnaps. Die Schaufenster waren binnen weniger Minuten Trümmerstätten, und die Waren, die nicht mitgenommen wurden, lagen zerstreut und zerfetzt auf der Straße umher. In ihrer großen Angst hatten die Besitzer der Häuser ihre Türen vernagelt, von innen regelrechte Barrikaden gebaut. Doch nichts nützte, kein Riegel, kein Balken, die durchziehenden Soldaten öffneten jede Tür, jedes Tor, und die oft markerschütternden Schreie der Frauen und Mädchen jeden Alters ließen einem das Blut in den Adern erstarren. Überall verbargen sich die armen Frauen, unter den Betten, hinter und in den Schränken, im Heu, auf dem Speicher. Aber alle Tarnungsversuche waren vergeblich, denn jede Frau wurde gefunden, misshandelt und dann vergewaltigt unter Bedrohung der Familienmitglieder, die einschließlich der kleinen und kleinsten Kinder im Raum Zeuge sein mussten.

Bundesministerium für Vertriebene (Hrsg.), Die Vertreibung der deutschen Bevölkerung aus den Gebieten östlich der Oder-Neiße, Bd. I/1, Bonn 1954, S. 462–464 (Dokument Nr. 126)

▲ **Flüchtende Mutter mit ihren Kindern.**
Foto von 1945.
- *Charakterisieren Sie die Situation der gezeigten Familie. Gehen Sie dabei auch auf die Mimik und Gestik der Personen sowie die Rolle der Kinder ein.*

1. *Recherchieren Sie zur Rolle sexueller Gewalt in bewaffneten Konflikten und charakterisieren Sie die hier geschilderten Geschehnisse vor diesem Hintergrund.*
2. *Nehmen Sie Stellung zu dieser „Methode der Kriegsführung".*

M3 Auf dem Rückweg nach Beuthen

Während des Krieges ist Familie Bienert nach Steyr in Österreich evakuiert worden. Nach dem Kriegsende im Mai 1945 versucht Johannes Bienert, geboren 1928, mit seiner Mutter und seinen kleinen Geschwistern zurück in die Heimat, ins oberschlesische Beuthen/Bytom zu kommen:

Die Situation im Zug, der 8 oder 10 Waggons lang war und mit dem wir 6 Wochen unterwegs waren, hatte sich mittlerweile zum Schlimmsten entwickelt. Es herrschte Chaos, Krankheit (hauptsächlich Durchfall), Hunger, Sterbefälle ... [...]

▲ **Abschied.**
Foto von Benno Wundshammer am 30. März 1945.
Ein Junge nimmt vor der Flucht nach dem Westen Abschied von seinem in Trümmern liegenden Elternhaus in Lauban/Lubań (Niederschlesien).
- *Erklären Sie ausgehend von der gezeigten Szene, was der Abschied von der Heimat für Kinder bedeutete.*

Wenn einer krank wurde, hatten die Angehörigen gar keine Zeit mehr, sich darum zu kümmern. Jeder war auf sich allein gestellt. Die Kranken wurden einfach vergessen, das waren überwiegend die älteren Leute, die Mütter oder so. Sie mussten aber aus ihren eigenen Waggons raus, damit sie nicht noch mehr Menschen ansteckten. Dann lagen sie da mutterseelenallein. Ihre Angehörigen hatten die eigenen Kinder zu versorgen. Man merkte auch, dass sich niemand um die Leute, die da krank im Waggon mitten im Zug lagen, kümmerte. Die Kranken waren total apathisch. Von Tag zu Tag ging es nur ums nackte Überleben.

Ich war der einzige junge Mann in dem ganzen Konvoi. Deswegen hatte ich eine harte Aufgabe übernommen. Ich machte jeden, oder jeden zweiten, Tag die Tür des Waggons auf, in dem die Kranken waren. Da lagen dann welche, die waren schon 2 bis 3 Tage tot. Bei einigen krochen schon die Würmer aus den Kleidern wegen des Durchfalls.

Ich musste unterwegs die Leichen beerdigen. Ich packte die Toten an den Beinen und zog sie aus ca. 1 m Höhe aus dem Waggon. [...]

Meine kleine Schwester, Heidrun, gehörte auch zu den Toten, war auch mit dabei. [...]

Meine Mutter konnte sich nicht trennen von ihrer toten Tochter und es dauerte lange, bis ich sie überreden konnte. Der Zug hielt wieder in so einem polnischen Ort, die Lok war weg. Da sprach ich mit der Mutter, dass die Kleine wenigstens beerdigt werden sollte. Ich wollte Heidrun nicht die Böschung herunterschmeißen. Das konnte ich nicht. Wir gingen dann auf den Friedhof und klingelten beim katholischen Pfarrer. Meine Mutter konnte Polnisch und sprach mit ihm. Da fragte er: „Niemiec albo polak?" „Seid ihr Deutsche oder Polen?" Da antwortete die Mutter: „Deutsche!" Da sagte der Pfarrer: „Dann kann das Kind verrecken!" Und er knallte die Tür zu.

Das war ja die Zeit nach dem Krieg. Die Deutschen waren gerade erst raus, die hatten Frauen und Kinder in Polen vergewaltigt. Überall war verbrannte Erde, alles war kaputt gemacht. Das sollte ja alles zerstört werden, als die Deutschen sich zurückzogen. Da waren der Hass und die Wut noch so aufgestaut. Jetzt standen wir da mit dem Bündel. Wir hatten noch diese Mullwindeln, die waren wie so eine kleine Decke, in denen war das kleine Baby eingewickelt. Jetzt standen wir da, die Mutter mit dem toten Kind auf dem Arm. Ich sagte ihr, dass wir wieder zurück zum Zug müssten. Und dann, als wir den Friedhof verlassen wollten, mussten wir an einer Leichenhalle vorbei. Ich machte die Tür auf. In einem offenen Sarg lag ein alter, toter Mann. Ich nahm der Mutter das Kind weg und sagte, dass Heidrun dadurch wenigstens unter die Erde käme. Ich hob dem Toten die Beine hoch und schob das kleine Bündelchen da drunter. Anschließend musste ich erst einmal eine halbe Stunde lang meine Mutter wegzerren. Die wollte da gar nicht weg. Wir mussten aber wieder zurück zum Zug, zu den drei Geschwistern. Keiner wusste, wo wir mit dem toten Kind hingegangen waren. Wir hatten meinen Geschwistern Marianne, Susanne und Wolfgang nichts gesagt. Wir kamen gerade noch rechtzeitig am Zug an. Eine neue Lok war angespannt und es ging weiter.

Hannes Bienert, Auf dem Rückweg nach Beuthen, zitiert nach: www.hdg.de/lemo/forum/kollektives_gedaechtnis/661/index.html (Zugriff: 19. Februar 2014)

1. *Beschreiben Sie die Situation im Zug.*

2. *Ordnen Sie den Weg der Familie Bienert in den größeren Zusammenhang von Rückkehr und Verbleib von Deutschen in den ehemaligen Ostgebieten des Deutschen Reiches ein.*

3. *Interpretieren Sie, inwiefern auf dem Weg nach Beuthen Kindheit und Jugend des Johannes Bienert endeten.*

„Verschiebebahnhof" Europa: Kriegsfolgewanderungen

„Verschiebung" von Bevölkerungen als politisches Konzept Neben Fluchtbewegungen, Vertreibungen und Umsiedlungen von Deutschen traten in den letzten Kriegsmonaten oder nach Kriegsende 1945 in Ost-, Ostmittel- und Südosteuropa zahlreiche Zwangswanderungen anderer Gruppen. Darüber hinaus lassen sich millionenfache Migrationsbewegungen in die Gebiete beobachten, die im Kontext der Zwangswanderungen größere Teile ihrer Bevölkerung verloren hatten. Bereits in der Zwischenkriegszeit und insbesondere während des Zweiten Weltkrieges war in Europa intensiv über „ethnische Flurbereinigungen" nachgedacht worden. Diskutiert wurde, welche Minderheiten wohin „verschoben" werden konnten, um auf diese Weise homogene Bevölkerungen zu schaffen, Minderheitenkonflikten zu entgehen und Herrschaft insbesondere auch in neu eroberten Gebieten zu sichern und zu stabilisieren. Ins Visier der Planer gerieten dabei beispielsweise sowohl Rumänen, die in Ungarn, Jugoslawien und Bulgarien lebten, als auch Bulgaren, die in Rumänien, Jugoslawien oder Griechenland siedelten. Ungarn sollten aus der Tschechoslowakei entfernt werden, ebenso Italiener aus Jugoslawien oder Albaner aus Griechenland. Viele weitere Gruppen traten hinzu. Den politischen Eliten schien in der offenen Situation des Kriegsendes, die durch grundlegende Machtverschiebungen innerhalb und zwischen den Staaten gekennzeichnet war, die Gelegenheit gekommen zu sein, lange in den Blick genommene Veränderungen in der Bevölkerungszusammensetzung unter Zwang vorzunehmen.

Polnische Zwangsmigration Von den Umsiedlungen und Vertreibungen der Nachkriegszeit waren neben den Deutschen vor allem Polen betroffen. Der Zweite Weltkrieg hatte in Polen Millionen Opfer gekostet, große Teile des Landes völlig zerstört und sehr umfangreiche Zwangswanderungen ausgelöst. Die deutschen Besatzer ermordeten mit ca. drei Millionen Juden beinahe die gesamte jüdische Bevölkerung des Landes. Weitere drei Millionen Polen waren als Soldaten und Zivilisten Opfer der Kampfhandlungen geworden oder von deutschen Besatzern im Westen und sowjetischen Besatzern im Osten umgebracht worden. Wahrscheinlich 3,5 Millionen Polen wurden als Zwangsarbeitskräfte, Konzentrationslagerhäftlinge oder Kriegsgefangene von Deutschen interniert oder deportiert. Mit Kriegsende schließlich wurde das Territorium des polnischen Staates um rund 200 Kilometer nach Westen verschoben: Die Sowjetunion wollte die im Rahmen des „Hitler-Stalin-Paktes" von 1939 erworbenen und mit Beginn des Zweiten Weltkrieges eroberten polnischen Ostgebiete nicht wieder an Polen zurückgeben (▸ M1). Für die fast 180 000 Quadratkilometer, die im Osten verloren gingen, wurde Polen mit rund 100 000 Quadratkilometern ehemals deutschem Territorium im Westen entschädigt.

Der territorialen Verschiebung folgte eine Verschiebung von Bevölkerungen (▸ M2). Bereits 1939/40 waren viele Polen aus den nun sowjetischen ostpolnischen Gebieten ausgewiesen

▾ Zwangsumsiedlung im Wartheland.
Foto von Wilhelm Holtfreter, um 1940, Schwarzenau bei Gnesen.
Als Teil der „ethnischen Säuberungen" durch die Nationalsozialisten wird die polnische Bevölkerung mit Waffengewalt abtransportiert. Die hier gezeigten Polen sind mit ihrem Gepäck auf dem Weg zum Bahnhof.

▲ **„In den angegliederten Gebieten."**
Ausschnitt aus dem Ölgemälde (130 x 98 cm) des polnischen Künstlers Henryk Stażewski von 1950/51.
Das Gemälde zeigt einen Genossenschaftsbauern in den neuen polnischen Westgebieten.
▪ *Interpretieren Sie das Gemälde.*

Lesetipps
▪ *Beata Halicka, Polens Wilder Westen. Erzwungene Migration und die kulturelle Aneignung des Oderraums 1945-1948, Paderborn 2013*
▪ *Thomas Urban, Der Verlust. Die Vertreibung der Deutschen und Polen im 20. Jahrhundert, Bonn 2005*

und vertrieben worden. Rund zwei Millionen Polen aus den ehemals ostpolnischen Territorien mussten seit 1944 auf der Basis von Verträgen zwischen der UdSSR und Polen nach Westen ziehen. Sie wurden unter anderem in den Gebieten Polens angesiedelt, die bis 1945 deutsches Reichsgebiet gewesen waren und dessen deutsche Bevölkerung gerade geflohen war oder vertrieben wurde (▸ M3). Ukrainer, Weißrussen und Litauer mit bislang polnischer Staatsangehörigkeit mussten im Gegenzug Polen verlassen und wurden in die UdSSR transportiert. Das konfiszierte Land der geflüchteten und vertriebenen Deutschen wurde rasch wieder besiedelt. In den neuen polnischen Gebieten lag die Bevölkerungszahl im August 1947 bereits wieder bei über fünf Millionen, drei Millionen Menschen kamen aus Zentralpolen in die eroberten Landstriche, mindestens eine weitere Million Zwangswanderer aus den an die UdSSR abgetretenen polnischen Ostgebieten, eine Million Polen hatten hier schon vor 1945 gelebt (▸ M4).

Reibungslos und geordnet erfolgten die vielen Umsiedlungen keineswegs. Der Krieg hatte einen Großteil der Infrastruktur zerstört, die enormen Dimensionen der Umsiedlungen in relativ kurzer Zeit und die langen Wege erforderten Transportkapazitäten, die bei Weitem nicht im nötigen Umfang zur Verfügung standen. Die Versorgung mit Lebensmitteln und Gütern des täglichen Verbrauchs blieb bei Kriegsende und in der unmittelbaren Nachkriegszeit sehr prekär. Organisatorische Zuständigkeiten waren häufig unklar. Nicht selten mussten Menschen sich ohne Vorbereitungen auf den Weg machen, ihre Habe zurücklassen und wussten nicht, wohin sie unter welchen Umständen transportiert wurden. Häufig genug warteten Umsiedler Wochen und Monate in Lagern und Verladeeinrichtungen auf den Abtransport. Der Zwangscharakter der Abwanderungen war offensichtlich: Jenen, die sich nicht sogleich bereit erklärten, den Anweisungen der Aussiedlungsbehörden zu folgen, wurden hohe Steuerlasten auferlegt, Plünderungen, Inhaftierungen, polizeilicher Druck oder die Abgabe von Teilen des Eigentums kamen hinzu.

„Umsiedlungen" in der Tschechoslowakei Auch in der Tschechoslowakei waren nach Kriegsende umfangreiche Bevölkerungsbewegungen zu beobachten. Die Tschechoslowakei verlor 1945 mit der Karpotho-Ukraine ihren östlichsten Landesteil an die UdSSR, ein „Bevölkerungsaustausch" wurde zwischen beiden Staaten vereinbart, Slowaken in die Tschechoslowakei und Ukrainer in die Sowjetunion umgesiedelt. Darüber hinaus vereinbarte die Tschechoslowakei die Übersiedlung von Minderheiten und den Austausch von Bevölkerungsteilen auch mit Rumänien, Jugoslawien und Ungarn. Bis 1950 kamen auf diese Weise an die 270 000 Tschechen und Slowaken vor allem aus Rumänien, Ungarn, Jugoslawien und der UdSSR in den tschechoslowakischen Staat.

Als wesentlich umfänglicher erwiesen sich die Bewegungen innerhalb des Territoriums. Innerhalb sehr kurzer Zeit siedelten sich 1,8 Millionen Tschechen und Slowaken im Sudetenland an, dessen deutsche Bevölkerung gerade vertrieben worden war. Zunächst kamen Tschechen und Slowaken aus eigenem Antrieb in die Sudetengebiete. Bereits im Herbst 1945 aber organisierte der tschechoslowakische Staat die Ansiedlung, lenkte die Bewegungen und die Verteilung des riesigen Besitzes an landwirtschaftlichem Boden, an Häusern und an anderen beweglichen und unbeweglichen Gütern, die die vertriebenen Deutschen hatten hinterlassen müssen. Die mit den Umsiedlungen und mit der Nutzung dieser Güter verbundenen Hoffnungen erfüllten sich bei Weitem nicht immer. So gab es zwar manche Tschechen und Slowaken, die als Landarbeitskräfte oder landwirtschaftliche Kleinbesitzer über genügend Erfahrungen verfügten, um die ehemals sudetendeutschen Bauernhöfe übernehmen und erfolgreich bewirtschaften zu können. Viele der Zuwanderer aber kamen nicht aus der Landwirtschaft, ihnen fehlten folglich die nötigen Qualifikationen. Die Möglichkeiten, Einfluss auf ihre wirtschaftliche Zukunft zu nehmen, waren nicht selten gering, weil sie sich mit dem Landbesitz zufrieden geben mussten, der ihnen zugeteilt worden war. In vielen Fällen gaben die Neusiedler die Bauernstellen wieder auf und gingen als Industriearbeitskräfte oder Handwerker in die Städte. Dennoch erhöhte sich die Bevölkerung in den ehemals von Sudetendeutschen besiedelten Gebieten rasch wieder. Das lag nicht nur an der starken Zuwanderung, sondern auch daran, dass die Neuzuwanderer in der Regel jung waren, rasch heirateten und die Geburtenraten überdurchschnittlich hoch waren.

Ethnische Homogenisierung Die ausgesprochen umfangreichen Fluchtbewegungen, Vertreibungen und Umsiedlungen veränderten die Bevölkerungszusammensetzung im Osten Europas erheblich. Im Ergebnis näherte sich der Grad an ethnischer Homogenität der Bevölkerungen in vielen Staaten Ostmittel- und Südosteuropas den Vorstellungen der Planer an (▸ M5). Minderheiten hatten nunmehr ein bei Weitem geringeres Gewicht: Während im Polen der Zwischenkriegszeit rund ein Drittel der Bevölkerung zu den Minderheiten gezählt hatte, waren es nach dem Abschluss von Fluchtbewegungen, Vertreibungen und Umsiedlungen Anfang der 1950er-Jahren nur noch drei Prozent. Ähnliches galt für die Tschechoslowakei, wo ebenfalls ein Drittel der Vorkriegsbevölkerung aus Minderheiten bestanden hatte und nunmehr nur noch 15 Prozent dazu zählten, oder in Rumänien, wo sich der Minderheitenanteil von 28 auf zwölf Prozent verringerte.

M1 Der Hitler-Stalin-Pakt

Der deutsch-sowjetische Nichtangriffsvertrag vom 23. August 1939 gibt dem nationalsozialistischen Deutschland die benötigte Handlungsfreiheit, um am 1. September 1939 Polen zu überfallen. Er enthält neben regulären Nichtangriffs- und Neutralitätsklauseln auch ein geheimes Protokoll zur territorialen Aufteilung Osteuropas. Darin heißt es:

Aus Anlass der Unterzeichnung des Nichtangriffsvertrages zwischen dem Deutschen Reich und der Union der Sozialistischen Sowjetrepubliken haben die unterzeichneten Bevollmächtigten der beiden Teile in streng vertraulicher Aussprache die Frage der Abgrenzung der beiderseitigen Interessensphären in Osteuropa erörtert. Diese Aussprache hat zu folgendem Ergebnis geführt:

1. Für den Fall einer territorialpolitischen Umgestaltung in den zu den baltischen Staaten (Finnland, Estland, Lettland, Litauen) gehörenden Gebieten bildet die nördliche Grenze Litauens zugleich die Grenze der Interessensphäre Deutschlands und der UdSSR. Hierbei wird das Interesse Litauens am Wilnaer Gebiet beiderseits anerkannt.

2. Für den Fall einer territorialpolitischen Umgestaltung der zum polnischen Staate gehörenden Gebiete werden die Interessensphären Deutschlands und der UdSSR ungefähr durch die Linie der Flüsse Narew, Weichsel und San abgegrenzt. Die Frage, ob die beiderseitigen Interessen die Erhaltung eines unabhängigen polnischen Staates erwünscht erscheinen lassen und wie dieser Staat abzugrenzen wäre, kann endgültig erst im Laufe der weiteren politischen Entwicklung geklärt werden. In jedem Falle werden beide Regierungen diese Frage im Wege einer freundschaftlichen Verständigung lösen.

3. Hinsichtlich des Südostens Europas wird von sowjetischer Seite das Interesse an Bessarabien betont. Von deutscher Seite wird das völlige politische Desinteressement an diesen Gebieten erklärt.

Deutsches Auswärtiges Amt. Nichtangriffsvertrag zwischen Deutschland und der Union der Sozialistischen Sowjetrepubliken und Geheimes Zusatzprotokoll, 23. August 1939, in: Akten zur Deutschen Auswärtigen Politik, 1918-1945, Baden-Baden 1956, Serie D: 1937-1945, Bd. VII: Die letzten Wochen vor Kriegsausbruch, 9. August bis 3. September 1939, S. 206 f. (Dokument Nr. 229)

1. *Fassen Sie die Kernpunkte des geheimen Zusatzprotokolls zusammen.*
2. *Arbeiten Sie mithilfe einer zusätzlichen Recherche die deutsche und die sowjetische Interessensphäre in Osteuropa heraus.*
3. *Setzen Sie M1 und M2 miteinander in Beziehung und erläutern Sie, welche Auswirkungen die Vereinbarungen auf die polnische Bevölkerung hatten.*
4. *Beurteilen Sie, inwiefern von einer deutsch-sowjetischen „Beutepartnerschaft" (Daniel Koerfer) gesprochen werden kann.*

M2 „Bevölkerungsverschiebungen" in Polen von 1939 bis 1947

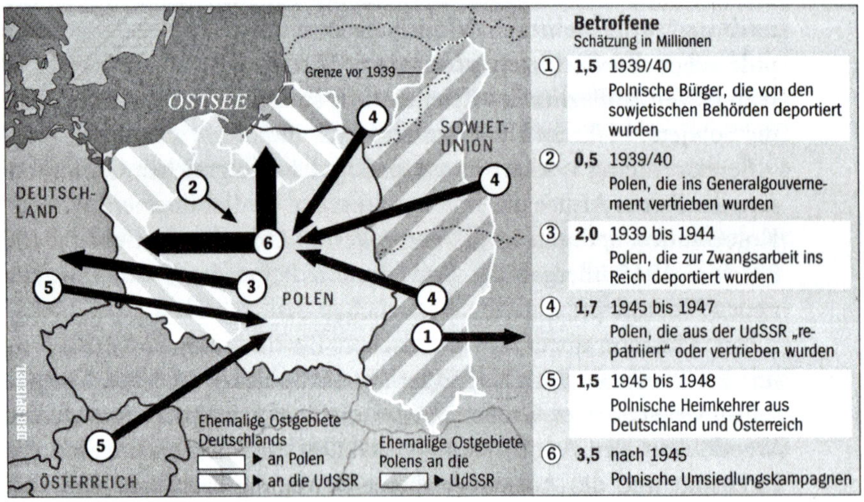

Karte nach: Stefan Aust und Stephan Burgdorff (Hrsg.), Die Flucht. Über die Vertreibung der Deutschen aus dem Osten, München 2005, S. 137

1. *Beschreiben Sie anhand der Karte die Zwangsmigrationen von und nach Polen zwischen 1939 und 1947.*
2. *Erklären Sie auf der Grundlage Ihrer Kenntnisse die Bevölkerungsbewegung von 1939 bis 1944 (Nr. 3).*

M3 Raub der Geschichte

Der Journalist Rainer Traub schreibt über die Folgen der „Westverschiebung" Polens:

Bereits Anfang 1945 strömten im Sog der erfolgreichen Großoffensive der Roten Armee die ersten polnischen Siedler in einer „wilden" Kolonisation spontan in die entvölkerten Oder-Neiße-Gebiete. Am 23. Mai 1945 übergab die Sowjetunion Polen die Verwaltung der neuen Westgebiete mit einem feierlichen Staatsakt.
Der Massentransfer der polnischen Bevölkerung in Verbindung mit der Neubesiedlung des Oder-Neiße-Gebietes war eine Aufgabe von unvorstellbarer Größe. [...]
Etwa 7,5 Millionen Deutsche, die aus den Oder-Neiße-Gebieten und Südostpreußen verjagt wurden, sollten schnellstmöglich ersetzt werden; Stalin[1] wollte vollendete Tatsachen schaffen, bevor seine Westalliierten Gelegenheit hatten, die territorialen Zugeständnisse zu revidieren.
Die Neusiedler unterteilten sich in drei heterogene Gruppen: Die „Repatrianten" beziehungsweise „Umsiedler" aus der Sowjetunion; die Remigranten aus West-, Mittel- und Südosteuropa; schließlich die Umsiedler aus Zentralpolen. [...]
Die „Sabuschanije", wie die Umsiedler von „jenseits des Bug" genannt wurden, durften zwar mehr von ihrem Hab und Gut mit nach Westen nehmen als etwa die aus Ostpreußen vertriebenen Deutschen. Aber da sie ihr Schicksal dem „großen Bruder" verdankten, galten sie offiziell als freiwillige Umsiedler und mussten bis zum Untergang des Sowjetimperiums öffentlich über ihr Schicksal schweigen: Sie waren nicht nur ihrer Heimat, sondern auch ihrer Geschichte beraubt worden.

Rainer Traub, Raub der Geschichte – Polen als Verlierer unter den Siegermächten, in: Stefan Aust und Stephan Burgdorff (Hrsg.), a.a.O., S. 133-142, hier S. 138 f.

1. *Setzen Sie M2 und M3 in Beziehung und erläutern Sie, was unter der „Westverschiebung" Polens zu verstehen ist.*
2. *Erklären Sie mithilfe von M2 die Gruppen unter den „Neusiedlern" (Zeile 15 bis 18).*
3. *Beurteilen Sie, inwiefern Polen als Kriegsverlierer bezeichnet werden kann.*

[1] **Josef W. Stalin** (1878-1953): aus Georgien stammender russischer Revolutionär; ab 1922 Generalsekretär der Kommunistischen Partei. Er errichtete in der Sowjetunion eine totalitäre Herrschaft, die bis zu seinem Tod dauerte.

M4 Von der Ukraine nach Niederschlesien

In einem Erinnerungsbericht eines Polen, der 1945 als Kind mit seiner Familie aus den ehemaligen polnischen Ostgebieten nach Niederschlesien „umgesiedelt" worden ist, heißt es:

Ich dachte, dass mit dem Ende des Krieges auch unser langjähriges Leid zu Ende sei, dass der Vater bald nach Hause zurückkehren werde und alles wieder so werde wie in der guten alten Zeit. Leider vergingen die Tage und keiner der Polen kehrte nach Hause zurück. [...] Die sowjetischen Behörden eröffneten den Polen: Der Krieg ist zu Ende, ihr Polen müsst nach Polen ausreisen, denn die Gebiete, auf denen ihr zurzeit lebt, gehören nicht mehr euch, sind nicht mehr polnisch. Deshalb hieß es, sich Dokumente zu beschaffen und gen Westen zu fahren. [...]
Die Reise dauerte sechs Wochen, von Oktober bis Dezember 1945. [...] Die Reise war eine wahre Hölle. Den Vorrang bei der Durchfahrt hatten die Transporte, die in östliche Richtung fuhren und die von der Front zurückkehrenden Soldaten und den requirierten deutschen Besitz transportierten. Wir mussten auf Nebengleisen warten, dem Hunger sowie den Überfällen ukrainischer Banden und sowjetischer marodierender Soldaten ausgesetzt. Es war eine Zeit des Chaos und der Gesetzlosigkeit. Was Recht war, bestimmte damals der Stärkere. An der Endstation in Lesna/Waldhöhe bei Lubari Sleski/Schlesisch Lauban kamen wir Ende November/Anfang Dezember an. [...]
Wir übernahmen einen kleinen Hof, den uns der Schultheiß angewiesen hatte und auf dem eine deutsche Familie mit drei Generationen wohnte [...]. [...] Einige Monate lang waren die Deutschen uns gegenüber misstrauisch; sie beobachteten uns aufmerksam und verfolgten jede unserer Bewegungen auf dem Hof. Als der Vater eines Tages aus dem Verschlag Heu für das Vieh holte, stieß er auf ein Versteck, in dem einige Koffer mit verschiedenen Habseligkeiten der Besitzer waren. Er bat den deutschen Bauern in die Scheune und sagte: Hier habe ich eure Sachen gefunden, bitte nehmt sie mit ins Haus und packt sie aus, denn hier verkommen sie. Falls ihr noch etwas versteckt habt, so könnt ihr es ruhig mit ins Haus nehmen. Es gehört euch und von unserer Seite wird euch niemand etwas wegnehmen. Dessen könnt ihr sicher sein. Genauso machten es die Deutschen. Seit diesem Vorfall fassten sie zu uns Vertrauen, das Eis des Misstrauens war gebrochen. Nicht alle Polen verhielten sich gegenüber den Deutschen korrekt. Es gab Fälle, wo Deutsche geschlagen, ausgeraubt und gequält wurden. Diese Polen glaubten, dass sie die Herren seien und dass ihnen alles erlaubt sei, die Deutschen hingegen ihre Untertanen seien. [...]

Mit den Deutschen lebten wir über ein Jahr in Eintracht und Freundschaft zusammen. Zusammen arbeiteten wir auf dem Feld bei der Heumahd und bei der Ernte. Zusammen begingen wir Feiertage und Familienfeste wie Namens- und Geburtstage. Immer besser verstanden die Deutschen, dass wir nicht freiwillig zu ihnen gekommen waren, sondern dass wir unsere heimatlichen Gefilde hatten verlassen müssen. [...] Im Frühjahr 1947 kam eine Verordnung zur Aussiedlung der deutschen Bevölkerung. „Unsere" Deutschen wurden ebenfalls für die Ausreise registriert. Was durften sie mitnehmen? Nur so viel, wie sie selbst tragen konnten.

Archiwum Wschodnie, Centrum Karta w Warszawie, Sygnatur II/2155/p, str. 14-20 (Ostarchiv des Zentrums Karta in Warschau, Signatur II/2155/p, S. 14-20) (übersetzt von Claudia Kraft), zitiert nach: Claudia Kraft, Vertreibungen und Umsiedlungen in, aus und nach Polen. Kontexte aufzeigen, in: Geschichte lernen, H. 105, 2005, S. 31-37, hier S. 37

1. *Beschreiben Sie den Ablauf des Transportes und der Ansiedlung.*
2. *Ordnen Sie die Umsiedlung der Familie in den größeren Zusammenhang der „Westverschiebung" Polens ein.*
3. *Vergleichen Sie die hier geschilderte Beziehung zu den Deutschen und deren Aussiedlung mit anderen Ihnen bekannten Beispielen.*
4. *Interpretieren Sie die Stimmung in Polen bei Kriegsende.*

M5 Die „Entmischung" Mitteleuropas

Der Osteuropa-Historiker Karl Schlögel beschäftigt sich mit den brutalen Umwälzungen in Mitteleuropa:

Nirgends war Europa vielfältiger und dichter als an dieser Schnittstelle der alten Vielvölkerreiche, die nun von den Nachfolgestaaten, die selbst immer noch Vielvölkerstaaten waren, eingenommen wurden. Über Jahrhunderte hin hatten sich hier durch Siedlungsbewegungen Gemengelage[1] und Mischzonen gebildet, die bis ins 20. Jahrhundert hinein den Boden für eine an Bezügen und Spannungen reiche Kultur bereitet hatten. [...]

Wenn es irgendwann eine multikulturelle Welt gegeben hat, die nicht Kitsch und Folklore war, dann dort, wo griechisch-orthodoxe und armenische Christen, Katholiken und Protestanten, Altgläubige und Juden miteinander auskommen mussten. Vielsprachigkeit war kein Bildungsprivileg, sondern eine Lebensbedingung – für Marktfrauen und Universitätsprofessoren gleichermaßen. Jene „multiple Identität", von der man in postmodernen Zeiten so viel Aufhebens macht, hat es schon einmal gegeben, und zwar als ziemlich weit verbreiteten Typ.

[...] Das Leben folgte vielen Rhythmen, den Feiertagen der diversen Konfessionen, Volksgruppen und Stände. Man mochte sich vielleicht nicht, aber man wusste, dass es noch etwas anderes gab als die eigene kleine Welt. Das produzierte einen Relativismus, der ziemlich lange hielt. All dies ist der Grund, weshalb dieser Raum in besonderem Maße zum Experimentierfeld der Moderne wurde – und zum Schauplatz ihres Scheiterns.

Europa ist dort, wo es am dichtesten war, gesprengt worden. Man kann diesen Prozess als die „Entmischung" Europas bezeichnen, an dessen Ende ethnische Säuberung, Völkermord und ethnisch fast vollständig homogene Staaten stehen. Es handelt sich um den gewalttätigsten Entwurzelungsvorgang der modernen Geschichte.

Karl Schlögel, Bugwelle des Krieges – Die Völkerverschiebungen im 20. Jahrhundert, in: Stefan Aust und Stephan Burgdorff (Hrsg.), a.a.O., S. 179-196, hier S. 185 f.

1. *Beschreiben Sie die „multikulturelle Welt" Mitteleuropas.*
2. *Erläutern Sie auch anhand selbstgewählter Beispiele, was Schlögel unter der „Entmischung" Europas versteht.*
3. *Überprüfen Sie, ob im Falle Mitteleuropas von einem Schauplatz von Kulturkontakt und Kulturkonflikt gesprochen werden kann. Siehe hierzu auch den Theorie-Baustein auf Seite 122 bis 125.*
4. *Entwickeln Sie eine Einschätzung zu der Frage, inwieweit wir heute gegen den Wahn und die Rezepte von „Entmischung" und „Homogenisierung" geschützt sind.*

[1] **Gemengelage**: Zusammentreffen von sehr unterschiedlichen Gegebenheiten

Europa verlässt Deutschland: die Abwanderung der „Displaced Persons“

Begriff „Displaced Persons“ Neben Flucht und Vertreibung der Deutschen und den nachfolgenden Wanderungen in die Vertreibungsgebiete gab es in der unmittelbaren Nachkriegszeit des Zweiten Weltkrieges zahlreiche weitere räumliche Bewegungen, die als Kriegsfolgen verstanden werden können. Dazu zählte die Migration der rund zehn bis zwölf Millionen „*Displaced Persons*“ (DPs) auf dem Gebiet der vier alliierten Besatzungszonen in Deutschland. Den Begriff „Displaced Persons“ hatten die US-amerikanischen Militärbehörden eingeführt. Sie meinten damit all jene nicht-deutschen Staatsangehörigen, die im Verlaufe des Krieges vom nationalsozialistischen Deutschland aus ihren Herkunftsländern vertrieben oder deportiert worden waren. Zumeist handelte es sich um ehemalige Zwangsarbeitskräfte. Zu den DPs zählten aber auch Kriegsgefangene und Konzentrationslagerhäftlinge. Die Displaced Persons kamen aus weiten Teilen Europas, entstammten rund 20 Nationalitäten mit über 35 verschiedenen Sprachen. Sie unterstanden der direkten Fürsorge der vier alliierten Besatzungsmächte und den von ihnen zugelassenen internationalen Hilfsorganisationen (▸ M1).

Rückführung der „Displaced Persons“ Ursprünglich war es das Ziel der Militärregierungen und Hilfsorganisationen, die DPs so rasch wie möglich zu sammeln und in die jeweiligen Heimatländer zurückzubringen. Das gelang allein in den ersten vier Monaten nach der deutschen Kapitulation im Mai 1945 über fünf Millionen DPs, wobei der Anteil der ehemaligen Zwangsarbeitskräfte, Kriegsgefangenen und Konzentrationslagerhäftlinge aus Westeuropa überproportional hoch war. Schon bis Juli 1945 waren zum Beispiel 99 Prozent aller DPs, die aus Westeuropa stammten, aus Norddeutschland zurückgeführt („repatriiert“) worden oder hatten sich selbstständig auf den Heimweg begeben. Für die DPs aus dem östlichen Europa erwies sich die Rückkehr, nicht zuletzt wegen der Kriegszerstörungen und der deswegen katastrophalen Transportsituation, als schwieriger (▸ M2). Nicht alle DPs waren freiwillig unterwegs: Entsprechend einer Vereinbarung zwischen den Westalliierten und der UdSSR wurden Displaced Persons sowjetischer Staatsbürgerschaft auch zwangsweise repatriiert, wiewohl die westalliierten Behörden wussten, dass sie, als angebliche „Kollaborateure“, mit Lagerhaft und Repressionen, Offiziere vielfach auch mit der Todesstrafe zu rechnen hatten, weshalb nicht wenige anstelle der Deportation den Freitod wählten (▸ M3).

Seit Herbst 1945 verringerten sich die Abtransportziffern immer weiter. Ende 1945 gab es in den drei Westzonen Deutschlands noch etwa 1,7 Millionen DPs. Displaced Persons polnischer Herkunft bildeten in den Westzonen mit rund 800 000 Personen Ende 1945 die stärkste Gruppe unter den noch nicht Repatriierten. Aus dem Baltikum stammten etwa 180 000 DPs, und die sowjetische Staatsbürgerschaft besaßen zu diesem Zeitpunkt rund 55 000 DPs. Zu diesem Zeitpunkt lag die Zahl der Displaced Persons im Gebiet des späteren Landes Niedersachsen bei rund 280 000. Immerhin sechs Prozent der niedersächsischen Gesamtbevölkerung stellten die DPs – mit durchaus erheblichen regionalen Unterschieden: Im Emsland lebten 32 000 DPs bei einer deutschen Einwohnerschaft von 185 000. Noch wesentlich höhere Bevölkerungsanteile gab es zu diesem Zeitpunkt in den Landkreisen Fallingbostel mit 58 Prozent sowie Celle mit 48 Prozent als Spitzenreitern im niedersächsischen Raum.

Im gesamten Jahr 1946 lag die Zahl der Repatriierungen nur noch bei etwa 500 000. Hintergrund für die abnehmenden Transportziffern war die immer geringere Rückkehr-

Internettipp
Über das „Displaced Persons Camp Bergen-Belsen“ informiert folgende Homepage: http://bergen-belsen.stiftung-ng.de/de/geschichte/dp-camp

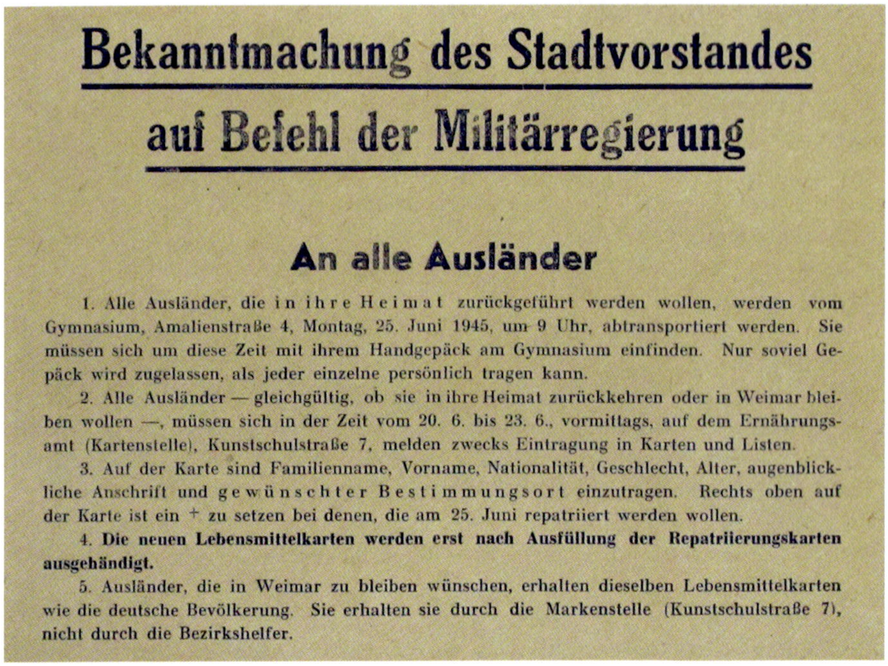

Bekanntmachung des Stadtvorstandes

auf Befehl der Militärregierung

An alle Ausländer

1. Alle Ausländer, die in ihre Heimat zurückgeführt werden wollen, werden vom Gymnasium, Amalienstraße 4, Montag, 25. Juni 1945, um 9 Uhr, abtransportiert werden. Sie müssen sich um diese Zeit mit ihrem Handgepäck am Gymnasium einfinden. Nur soviel Gepäck wird zugelassen, als jeder einzelne persönlich tragen kann.

2. Alle Ausländer — gleichgültig, ob sie in ihre Heimat zurückkehren oder in Weimar bleiben wollen —, müssen sich in der Zeit vom 20. 6. bis 23. 6., vormittags, auf dem Ernährungsamt (Kartenstelle), Kunstschulstraße 7, melden zwecks Eintragung in Karten und Listen.

3. Auf der Karte sind Familienname, Vorname, Nationalität, Geschlecht, Alter, augenblickliche Anschrift und gewünschter Bestimmungsort einzutragen. Rechts oben auf der Karte ist ein + zu setzen bei denen, die am 25. Juni repatriiert werden wollen.

4. **Die neuen Lebensmittelkarten werden erst nach Ausfüllung der Repatriierungskarten ausgehändigt.**

5. Ausländer, die in Weimar zu bleiben wünschen, erhalten dieselben Lebensmittelkarten wie die deutsche Bevölkerung. Sie erhalten sie durch die Markenstelle (Kunstschulstraße 7), nicht durch die Bezirkshelfer.

▸ **Bekanntmachung des Stadtvorstandes Weimar.** *Handzettel vom Juni 1945.*

- *Geben Sie die Auflagen wieder, die den als „Ausländer" bezeichneten Menschen in der Stadt Weimar gemacht werden.*
- *Ordnen Sie den Aufruf der Stadtverwaltung Weimar in den Zusammenhang der Nachkriegsgeschehnisse ein.*

bereitschaft der DPs. Dazu trugen die Errichtung kommunistischer Systeme in den Ländern Ostmittel- und Südosteuropas ebenso bei wie die dortigen territorialen Veränderungen und die schwierige wirtschaftliche Situation. Zahlreiche DPs hatten im Krieg ihre gesamten Familien verloren, ihre Heimatorte waren zerstört, ihre Gesundheit ruiniert. Anknüpfungspunkte für den Aufbau einer neuen Existenz in den Herkunftsländern gab es für viele nicht mehr.

Jüdische „Displaced Persons" Eine besondere Gruppe bildeten im besetzten Deutschland die jüdischen DPs, denn viele unter ihnen hatten sich erst nach Kriegsende in die Obhut der Westalliierten in Mitteleuropa begeben. Vor diesem Hintergrund wuchs unter den DPs seit dem Sommer 1945 der Anteil der Juden deutlich an. Ein großer Teil der polnischen Juden, die nach Kriegsbeginn 1939 in die UdSSR ausgewichen waren, nutzten ihr Herkunftsland nur für die Durchwanderung in Richtung Westen. Insbesondere der Pogrom im südostpolnischen Kielce im Juli 1946 mit 42 Toten und rund 80 Verletzten trieb die Abwanderung von Juden aus Polen weiter an. In der US-Besatzungszone in Deutschland hatte die Zahl der jüdischen DPs im Januar 1946 bei 36 000 gelegen, erreichte im Oktober 1946 dann bereits 141 000. Der deutsche Südosten wurde vor allem deshalb zum bevorzugten Ziel der jüdischen Zuwanderer, weil die US-amerikanische Besatzungsmacht sie unter den DPs privilegierte, indem sie als besonders hilfsbedürftig eingestuft und für sie eigene Lager eingerichtet wurden. Neben die im Umfang dominierenden polnischen Juden traten rund 25 000 ungarische und ca. 20 000 rumänische Juden, die insbesondere 1946 und 1947 die DP-Lager im besetzten Deutschland erreichten.

Internettipp
Über den „Pogrom von Kielce" berichtet ein Artikel des „Spiegel" von 1996: www.spiegel.de/spiegel/print/d-8947483.html

Bis in das Jahr 1947 behinderten die ostmittel- und südosteuropäischen Staaten sowie die UdSSR die Abwanderung der Juden nicht, ließen sich vielmehr auf Verhandlungen mit jüdischen Organisationen ein, die die Abwanderung von Juden förderten, um das Projekt der Gründung eines jüdischen Staates voranzutreiben. Für einen Großteil der jüdischen DPs mündete der mehrmonatige oder mehrjährige Aufenthalt in den Lagern in Westdeutschland in die Abwanderung nach Palästina bzw. Israel, das schließlich mit rund 200 000 Menschen zwei Drittel von ihnen aufnahm. Die USA erreichten ca. 72 000 und Kanada etwa 16 000. Im November 1949 verzeichnete das Gebiet der ehemaligen US-Besatzungszone nur noch 15 000 jüdische DPs in neun Lagern, während es im Januar des Jahres noch fast 65 000 in 48 Lagern gewesen waren. Seit 1952 gab es nur noch das *Lager Föhrenwald* bei München, das jene Juden beherbergte, die Deutschland nicht verlassen wollten oder konnten, häufig weil sie alt und krank waren (▸ M4). Im Februar 1957, fast zwölf Jahre nach Kriegsende, wurde Föhrenwald als letztes Lager für jüdische DPs aufgelöst.

▲ **Holzschild am Eingang des Lagers Föhrenwald.**
Foto von 1951.

Internationale Flüchtlingshilfe Nicht nur für die jüdischen Flüchtlinge, sondern für alle DPs, die nicht in ihre Herkunftsländer zurückkehren konnten oder wollten, bildete die Abwanderung aus dem besetzten Deutschland eine wesentliche Perspektive. Das *Resettlement-Programm* der im Juni 1947 gegründeten *International Refugee Organization (IRO)* (dt.: *Internationale Flüchtlingsorganisation*) erfasste bis 1951 insgesamt ca. 712 000 DPs. Ziele der von der IRO unterstützten DP-Migration waren vor allem die USA (für 273 000 DPs), Australien (136 000) und Kanada (83 000) sowie die westeuropäischen Staaten Frankreich und Großbritannien mit insgesamt 110 000 Menschen. Nur ein kleiner Teil der DPs blieb in Deutschland zurück. Die Gründe dafür waren vielfältig, manche waren bei den Auswanderungsprogrammen nicht berücksichtigt worden, weil sie als zu alt, zu krank oder zu wenig arbeitsfähig galten. Andere wiederum hatten Arbeit und Erwerb gefunden und sahen außerhalb Deutschlands keine besseren Chancen für sich. Als die Westalliierten 1950 die Verantwortung für die DPs an die Bundesregierung übergaben, dürften sich noch rund 150 000 von ihnen im Bundesgebiet aufgehalten haben, von denen etwa ein Drittel immer noch in Lagern lebte.

Vom DP zum „heimatlosen Ausländer" Mit dem „*Gesetz über die Rechtsstellung heimatloser Ausländer im Bundesgebiet*" vom 25. April 1951 wurde in der Bundesrepublik ein spezieller, im Vergleich zum internationalen Flüchtlingsrecht großzügiger Rechtsstatus für die DPs geschaffen. Er glich sie zwar in weiten Bereichen der rechtlichen Position der Bundesbürger an, führte aber eben gerade nicht zu einer vollständigen Gleichstellung mit deutschen Flüchtlingen und Vertriebenen. Entschädigungsansprüche regelte das Gesetz nicht. Das führte angesichts einer restriktiven Wiedergutmachungspraxis deutscher Verwaltungen und Gerichte in der Folgezeit dazu, dass viele „heimatlose Ausländer" keine Entschädigung dafür erhielten, was sie während der nationalsozialistischen Diktatur erlitten hatten.

Das Verhältnis der deutschen Bevölkerung zu den DPs war in der unmittelbaren Nachkriegszeit in aller Regel von Abwehrhaltungen und Vorurteilen geprägt. Die diskriminierende nationalsozialistische Rede von den „Untermenschen" aus dem Osten tat dabei ebenso ihre Wirkung wie die verallgemeinerten und Schrecken verbreitenden Nachrichten über gewalttätige Ausschreitungen und Plünderungen befreiter Zwangsarbeitskräfte nach dem Ende der nationalsozialistischen Diktatur. DPs galten weithin als unter der Obhut der Alliierten stehende Privilegierte, die der deutschen Polizeihoheit entzogen waren. Nur selten ist in der deutschen Nachkriegsgesellschaft in den DPs mehr gesehen worden als ein Besatzungsproblem – ihr Schicksal als Opfer der nationalsozialistischen Herrschaft wurde weithin verdrängt und verschwiegen.

Internettipp
Zum Wortlaut des „Gesetzes über die Rechtsstellung heimatloser Ausländer im Bundesgebiet" von 1951 siehe: www.gesetze-im-internet.de/bundesrecht/hauslg/gesamt.pdf

Lesetipp
Wolfgang Jacobmeyer, Vom Zwangsarbeiter zum heimatlosen Ausländer. Die Displaced Persons in Westdeutschland 1945-1951, Göttingen 1985

▲ **Nach der Eroberung Berlins.**
Foto von Boris Puschkin, Mai 1945.
Ausländische Staatsangehörige begeben sich nach der sowjetischen Eroberung von Berlin zu den Sammelpunkten der Stadt.
▪ *Charakterisieren Sie die Situation der Menschen auf dem Foto.*

M1 Befreiung aus der Zwangsarbeit

Walentina P. Bogatschenko ist in den letzten Kriegsjahren als Zwangsarbeiterin in der Schraubenfabrik in Wiesbaden beschäftigt gewesen. Im Jahr 2001 erinnert sie sich an die Geschehnisse nahe der Stadt Wiesbaden im Frühjahr 1945:

Eines Morgens erklärte man uns, wir sollten uns parat machen und die Abzeichen annähen. Wir wurden losgeschickt – ich weiß nicht mehr wohin. Unsere Kolonne wurde von den [deutschen] Aufsehern bewacht. Wir gingen sehr lange. Dann verschwanden aber die Wachleute, und wir sahen einen amerikanischen Jeep. Wir waren sehr froh. Die Amerikaner gaben uns etwas zu essen und schickten uns weiter. Wir verstanden, dass der Krieg zu Ende war, und kehrten um. Unterwegs schlossen wir uns einigen Tschechen an. Mit denen zusammen kehrten wir auch zurück. In einem Aufnahmelager, wo Leute von verschiedenen Nationen anwesend waren, bekamen die Tschechen und wir zwei Zimmer. [...] Man gab uns gutes Essen, abends spielten wir Fußball, guckten Filme an. Dann kam aber die Zeit der Abreise.

Hedwig Brüchert, Zwangsarbeit in Wiesbaden. Der Einsatz von Zwangsarbeitskräften in der Wiesbadener Kriegswirtschaft 1939 bis 1945, Schriften des Stadtarchivs Wiesbaden, Bd. 8, Wiesbaden 2003, S. 264

1. *Erläutern Sie, inwiefern die geschilderten Erlebnisse beispielhaft für das Geschehen in Deutschland in den Jahren 1945/46 waren.*
2. *Nehmen Sie Stellung zu der Frage, ob es sich hier tatsächlich um eine „Befreiung" handelt.*

M2 Wege und Irrwege nach dem Ende des Zweiten Weltkrieges

Im Folgenden werden zwei Lebenswege jüdischer Überlebender aus Wilna skizziert:

Lily Mazur Margules wurde 1924 im polnischen Wilna geboren und nach dem deutschen Angriff auf die UdSSR 1941 im dortigen Ghetto interniert. Sie überlebte unter anderem das KZ Kaiserwald, die Zwangsarbeit in den Dünawerken (KZ Riga) und das KZ Stutthof. Im März 1945 befreite die Rote Armee sie schwer an Typhus erkrankt in Ostpreußen. Zur

Erholung kam sie in das Ostseebad Zoppot. An eine Rückkehr war nicht zu denken, weil Wilna in der Zwischenzeit Teil der UdSSR geworden war. Im polnischen Lodz traf sie im Herbst 1945 eine Cousine und blieb hier, um sich auf die Migration nach Palästina im Rahmen einer Jugendgruppe vorzubereiten. Ein Jahr später reiste die gesamte Gruppe über Prag und München nach Fürstenbach in Bayern, um hier eine landwirtschaftliche Ausbildung zu durchlaufen. Die nächste Station bildete im Herbst 1946 das DP-Lager Leipheim bei Ulm. Zum Jahreswechsel 1946/47 überquerte die Gruppe illegal die italienische Grenze, erreichte das DP-Lager Grugliacco in der Nähe Turins, wo sie ihren späteren Mann kennenlernte, den sie in Turin heiratete. Ein vor dem Zweiten Weltkrieg nach Buenos Aires ausgewanderter Onkel bezahlte eine Schiffspassage nach Argentinien und kümmerte sich um die Visen. 1956 zog das Ehepaar mit den beiden Söhnen nach New York.

Samuel Bak wurde 1933 in Wilna geboren und war nach der deutschen Besetzung in einem Arbeitslager in der Stadt interniert worden. Nach dessen Auflösung versteckten er und andere Familienangehörige sich 1944 in einem Kloster bei Wilna. Mithilfe überlebender Wilnaer Juden kamen seine Mutter und er nach Lodz, wo Samuel Bak nach vier Jahren erstmals wieder eine Schule besuchte. Hier erfuhr er auch vom Tod des Vaters, der im Ghetto Wilna ermordet worden war. Mithilfe einer zionistischen Organisation kamen Mutter und Sohn über Stettin in das Berliner Aufnahmelager Schlachtensee und von hier aus in das DP-Lager Landsberg in Bayern. Hier heiratete die Mutter einen litauischen Juden, der das KZ Dachau überlebt hatte. Die Familie zog von Landsberg aus 1948 nach Israel. Samuel Bak lebt heute in den USA in der Nähe von Boston.

Zusammengestellt nach: Anna Lipphardt, Vilne. Die Juden aus Vilnius nach dem Holocaust. Eine transnationale Beziehungsgeschichte, Paderborn 2010, S. 147-151

1. *Analysieren Sie die beiden Lebenswege, indem Sie sie mithilfe einer Karte räumlich erschließen.*
2. *Arbeiten Sie heraus, wo sich die Wege von Lily Mazur Margules und Samuel Bak überschneiden, und erläutern Sie, warum es hier zu diesen Überschneidungen kommt.*
3. *Erörtern Sie anhand der beiden Beispiele die Problematik der „Displaced Persons" in den Nachkriegsjahren.*

M3 Zwangsarbeit oder Zusammenarbeit?

1943 wird Wladimir Justschenko als fünfjähriges Kind mit seinen Eltern aus dem Gebiet von Tschernigow in der Ukraine nach Wiesbaden verschleppt. Dort lebt er im Reichsbahnlager „Rudolf". Im Jahr 2002 gibt er Zeugnis von der Rückkehr der Familie in ihre „Heimat":

Ein sowjetischer Major hielt eine pathetische Rede: „Die Heimat wartet auf Euch ...!" Damit war das schöne freie Leben [in der amerikanischen Besatzungszone] zu Ende. Das war eine sehr schöne Zeit gewesen: Gesang, gutes Essen, Freiheit. [...] Wir wurden also in die Heimat zurückgeschickt. Sobald wir die Grenze überschritten hatten zwischen Polen und der Ukraine, merkten wir sofort, dass die schönen Worte des Majors nichts mit der Realität zu tun hatten. Zuerst kehrten wir in das Dorf zurück, da die Großmutter es unbedingt wiedersehen wollte. Da sahen wir, dass es vollständig verwüstet war; überall wuchs Gras, sonst war nichts erhalten geblieben. [...]

1947 wurde mein Vater vor Gericht gestellt. Wer in Deutschland gewesen war, wurde als Feind betrachtet. Er wurde zu zehn Jahren Haft verurteilt, er wusste jedoch nicht wofür. Die Gerichtsverhandlung dauerte zwei Tage. Dann wurde der Vater nach Sibirien verschickt, nach Mariinsk. [...] Nach Stalins Tod gab es eine Amnestie, und mein Vater wurde freigelassen. Als man seinen Fall gerichtlich überprüfte, stellte sich heraus, dass er unschuldig war. Er wurde freigesprochen.

Hedwig Brüchert, a. a. O., S. 280 f.

1. *Geben Sie Wladimir Justschenkos Erlebnisse nach seiner Rückkehr in eigenen Worten wieder.*
2. *Erklären Sie, warum „Displaced Persons" wie Justschenkos Vater in ihren Herkunftsländern häufig verfolgt wurden.*
3. *Beurteilen Sie, ob in Fällen wie dem der Familie Justschenko von einer „Heimkehr" gesprochen werden kann.*

M4 „Föhrenwald – Wartesaal der Unglücklichen"

In der Süddeutschen Zeitung vom 21. Mai 1953 berichtet der Journalist Joachim Steinmayr über das Lager Föhrenwald bei München. Im Vordergrund des Artikels steht ein etwa 50-jähriger jüdischer Schäftemacher[1], der das KZ überlebt hat. Nach der Befreiung geht er nach Haifa (Israel), kann dort jedoch wegen gesundheitlicher Probleme nicht bleiben. Seine weitere Reise führt ihn nach Frankreich. Dort stellt ihm die kanadische Botschaft in Paris eine Einwanderungsbewilligung in Aussicht. Auf diese darf er aber nicht in Frankreich warten, da seine befristete Aufenthaltsgenehmigung nicht verlängert wird. Man befürchtet, dass er dem französischen Staat zur Last fallen könnte. Auf Empfehlung eines französischen Beamten bricht er schließlich nach Deutschland auf:

Also kam der Schäftemacher nach Föhrenwald, dem letzten jüdischen Lager in Deutschland. Er bezog dort als „Illegaler" mit seiner Frau ein kahles Zimmer. Ein Stuhl steht darin und ein halb durchgebrochenes Bett, das nachts durch Anbau der beiden Koffer verbreitert wird. Er bekommt Fürsorgeunterstützung (an die 100 Mark im Monat) und die deutschen Behörden meinen, den Vorschriften nach ganz zurecht, dass das Dasein des Schäftemachers auch in Deutschland nicht in Ordnung ist. [...]
Was den Insassen gesetzlich zusteht, wird von der deutschen Lagerverwaltung und den übergeordneten Behörden peinlich genau erfüllt. Und dennoch bleibt der Zustand in Föhrenwald unbefriedigend, vielleicht gerade deshalb, weil die Verantwortlichen zu sehr auf Korrektheit bedacht sind und darüber manchen Lösungsweg übersehen, den zwar nicht Paragrafen, wohl aber das menschliche Herz eingeben würde.

Wohin mit den Kranken und Leidenden?

Föhrenwald soll aufgelöst werden. Wohin also mit den Tbc-Leuten[2], von den Beauftragten der Auswanderungsländer bisher mit einem bedauernden Blick auf das Röntgenbild abgelehnt? Wohin mit den Siechen, die im Krankenhaus dahindämmern? Wohin mit den „besonderen Fällen", die klagend ihr Schicksal erzählen? Wohin zum Beispiel mit Frau Zaschkewitz, einer Deutschen aus Breslau mit sieben Kindern, deren jüdischer Mann an einer schweren Neurose leidet und nie mehr wird arbeiten können? Frau Zaschkewitz ist deutsche Staatsbürgerin, trotzdem lebt sie im Lager. Man weist ihr keine Wohnung zu, ihre Kinder sind in einem Heim untergebracht. Sie hat nicht das Geld, sie auch nur zu besuchen. [...]
„Wenn man sich um jeden Einzelnen von uns nicht nur nach Versorgungsbestimmungen, sondern, jeden Fall einzeln abwägend, auch nach menschlichen Gesichtspunkten kümmern würde, wenn man nach ganz verschiedenen Wegen suchen würde, dem Einzelnen zu helfen, dem ein Auswanderungspapier, jenem eine Wohnung, diesem einen Platz im Altersheim verschaffen würde, dann könnte das Lager ganz von selbst verschwinden", meint der Schäftemacher aus Haifa und fügt hinzu: Wenn ein paar hundert Menschen vorübergehend ein europäisches Standquartier für ihre Auswanderung suchen, weil ihre östliche Heimat verschlossen ist, sollen es ihnen nicht, auch wenn es gegen die Vorschriften ist, die Deutschen gewähren?
Solange die Leute von Föhrenwald geschlossen in ihrem Lager bleiben und als ein Kollektiv der deutschen Fürsorge zur Last fallen, so lange werden sie, wenn man ihnen etwa vorwirft, im Monat mit 90 000 Mark einen übermäßigen Stromverbrauch zu betreiben, antworten: „Und wie ist das mit dem Strom, der Tag und Nacht durch den Drahtverhau von Auschwitz gejagt worden ist?" Eine solche Antwort muss einem Deutschen die Erwiderung verschlagen. Schon deshalb ist eine Diskussion über Föhrenwald samt seiner Illegalen so schwer.

Joachim Steinmayr, Föhrenwald – Wartesaal der Unglücklichen. Das letzte jüdische Lager in Deutschland. Ein „Illegaler" erzählt sein Schicksal, in: Süddeutsche Zeitung, 21. Mai 1953

1. *Beschreiben Sie das Leben im Lager Föhrenwald.*
2. *Charakterisieren Sie die Eigenart des Lagers Föhrenwald.*
3. *Erläutern Sie die im Artikel thematisierten Probleme der im Lager lebenden „Displaced Persons".*
4. *Nehmen Sie Stellung zum Umgang der deutschen Bevölkerung und Behörden mit den Lagerbewohnern.*
5. *In der Nachkriegszeit hatten viele jüdische „Displaced Persons" Schwierigkeiten, ein Aufnahmeland zu finden. Erörtern Sie die Praxis der Siegermächte bezüglich der DPs.*

[1] Als „Schäfte" bezeichnet man die Oberteile von Schuhen. Das Anfertigen von Schäften ist Bestandteil des Schuhmacherhandwerkes.
[2] „Tbc" steht für die bakterielle Infektionskrankheit Tuberkulose.

Karten analysieren und interpretieren

Kompetenz:
Die räumliche Darstellung von Ereignissen und Entwicklungen beschreiben, analysieren und interpretieren

Karten geben eine Orientierung in Raum und Zeit. Sie informieren sowohl über topografische und geografische Gegebenheiten als auch beispielsweise über Ereignisse und Entwicklungen in bestimmten Gebieten oder sich verändernde Ländergrenzen und Lebensräume von Bevölkerungen.
Prinzipiell lassen sich zwei Arten von Karten unterscheiden. 1. *Historische Karten*: Sie wurden mit den Mitteln und den Erkenntnisinteressen der damaligen Zeit erstellt und zeigen, welche Vorstellungen Menschen bzw. Kartenzeichner und ihre Auftraggeber von der Welt hatten. 2. *Geschichtskarten*: Sie wurden von Historikern oder historisch arbeitenden Geografen angefertigt, um Aussagen über die Vergangenheit besser darstellen zu können.
Karten sind anschaulich und häufig leicht verständlich, bereiten aber auch spezifische Probleme. Bei historischen Karten erschließen sich Bilder, Zeichen und Symbole nicht immer unmittelbar. Darüber hinaus haben sich die Verfahren zur Abbildung geografischer Räume ständig weiterentwickelt, sodass alte Karten oft Verzerrungen enthalten. Zudem sind Karten keine objektiven Darstellungen, sondern bilden subjektive Deutungen der Welt ab. So spiegeln historische Karten immer auch das Wissen und Denken ihrer Entstehungszeit. Moderne Karten sind häufig bewusst angelegt worden, um bestimmte (z.B. politische oder kulturelle) Aussagen zu treffen.
Schließlich sind auch die Darstellungsmöglichkeiten von Karten limitiert. Sie können nur begrenzt zeitliche Entwicklungen und Abläufe zeigen. Schwierig ist es auch, komplexe gesellschaftliche und kulturelle Zusammenhänge abzubilden.
Eine kritische Auseinandersetzung mit Karten erfordert nicht nur grundlegende Kenntnisse über den historischen und thematischen Hintergrund, sondern auch das richtige „Lesen" der Legende, der Zeichen und Symbole.

Formale Kennzeichen

- Um welchen *Kartentyp* handelt es sich?
- Wann und wo wurde die Karte *erstellt* oder *veröffentlicht*?
- Wer hat die Karte entworfen und/oder in *Auftrag* gegeben?

Karteninhalt

- Über welches *Thema* informiert die Karte?
- Welchen *Raum* und welche *Zeit* stellt die Karte dar?
- Zeigt die Karte einen *Zustand* oder eine *Entwicklung*?
- Welche *Darstellungsformen* nutzt die Karte (Symbol, Bild, Text, Farbgebung etc.)?
- Sind die *Informationen* ausreichend für das von der Karte dargestellte Thema?
- Finden sich *Widersprüche* in den Informationen?
- Entspricht die geografische/topografische Darstellung unseren heutigen Kenntnissen?

Historischer/aktueller Kontext

- In welchen historischen/politischen *Zusammenhang* lässt sich die Karte einordnen?
- Welche *Ursachen*, *Entwicklungen* oder *Folgen* lassen sich aus der Karte ablesen?

Bewertung und Intention

- An welchen *Adressatenkreis* wendet sich die Karte?
- Welchen *Zweck*, welche *Funktion* verfolgt sie?
- Auf welche wissenschaftlichen oder politischen Diskussionen geht sie ein?
- Ist eine bestimmte *Sichtweise*, eine politisch-ideologische Zielsetzung erkennbar?
- Welche Fragen kann die Karte beantworten und welche nicht?

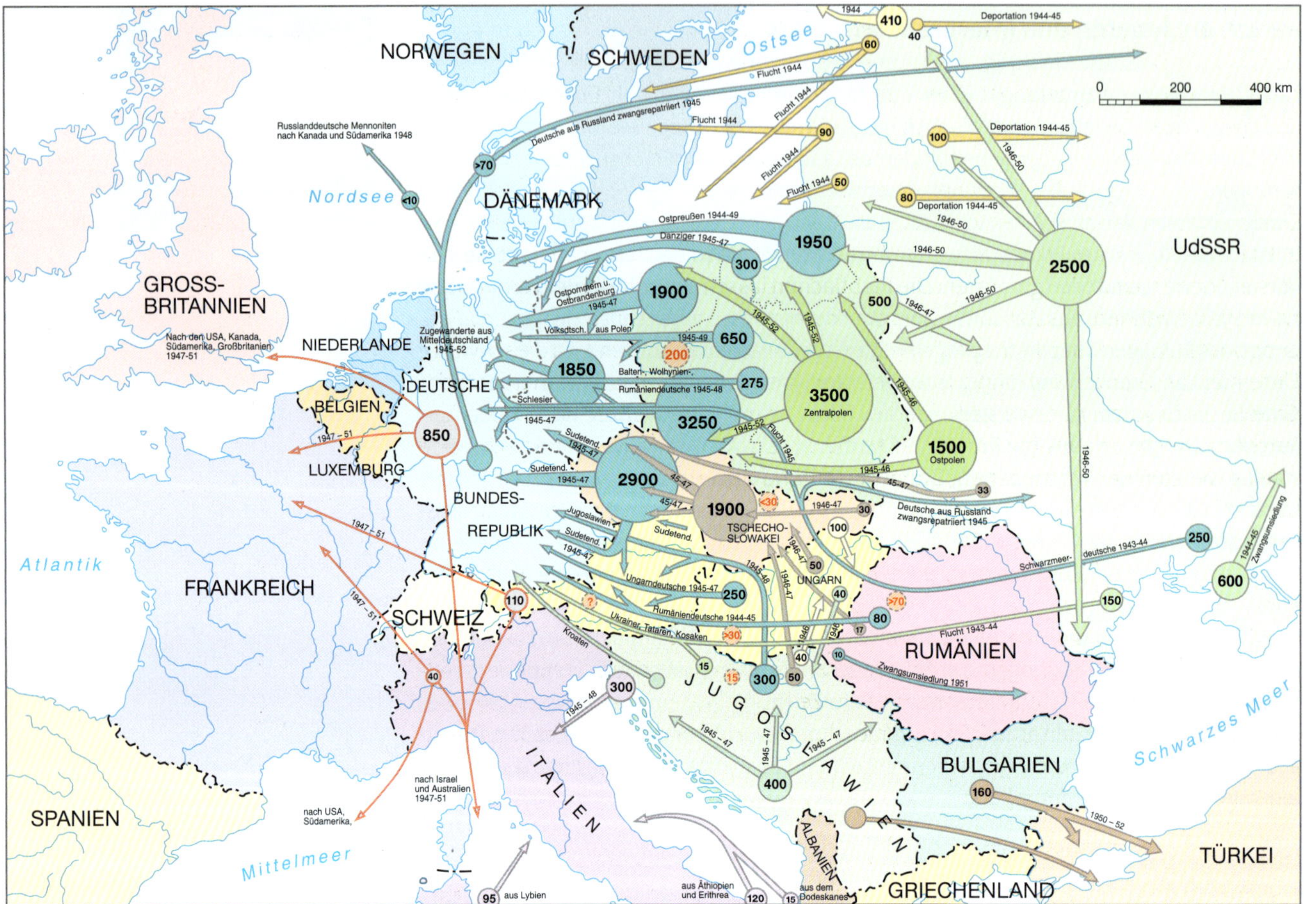

Evakuierung, Flucht, Vertreibung und Abwanderung von Deutschen aus den ostmittel-, südost- und osteuropäischen Ländern, aus den Reichsgebieten östlich der Oder und der sowjetischen Zone Deutschlands, Zwangsumsiedlung von Deutschen aus dem rumänischen Banat in die Bărăgan-Steppe

Finnische Vertriebene

Flucht von Balten vor der Roten Armee und Deportation von Balten nach der sowjetrussischen Besetzung des Baltikums

Flucht von Ukrainern, Tataren, Kosaken, Weißrussen vor der Roten Armee; Zwangsumsiedlung von Krimtataren, Kaukasiern, Kalmüken nach Einzug der Roten Armee; Umsiedlung von Ukrainern aus Polen nach der UdSSR, Ansiedlung von Russen in den baltischen Staaten, im nördlichen Ostpreußen und im ehemaligen Ostpolen

Italienische Flüchtlinge und Vertriebene aus den an Jugoslawien abgetretenen Gebieten und aus den ehemaligen italienischen Kolonien

Umgesiedelte Ungarn aus der Slowakei und Jugoslawien

Ansiedlung von Tschechen und Slowaken aus Böhmen, Mähren, Sudeten, Schlesien, der Slowakei und den Nachbarländern in den zuvor von Deutschen besiedelten Gebieten der Tschechoslowakei

Umgesiedelte Kroaten, Slowenen und Serben aus Ungarn; Ansiedlung von Bosniern, Montenegriniern und Serben in den ehemals deutsch-bewohnten Gebieten Jugoslawiens

Ansiedlung von Polen in den ostdeutschen Reichsgebieten

Neuansiedlung von DP's (Russen,Balten, Polen Serben, Juden etc.) in Westeuropa, Israel und Übersee durch die IRO

Vertreibung von Türken aus Bulgarien in dieTürkei

250 Zahl der Vertriebenen, Deportierten, Ansiedler in Tausend

150 Deportation von Deutschen in die Sowjetunion bis Kriegsende in Tausend

▲ **„Europäische Bevölkerungsbewegungen 1944 - 1952."**
Karte nach: Haus der Heimat des Landes Baden-Württemberg (Hrsg.), Umsiedlung, Flucht und Vertreibung der Deutschen als internationales Problem. Zur Geschichte eines europäischen Irrwegs, Stuttgart [3]2009, S. 72

Formale Kennzeichen Es handelt sich um eine Geschichtskarte, die 2009 in einem Heft zum Thema „Umsiedlung, Flucht und Vertreibung der Deutschen als internationales Problem“ erschienen ist. Das Heft wurde vom Haus der Heimat des Landes Baden-Württemberg herausgegeben.

Karteninhalt Die Karte informiert über die räumlichen Bevölkerungsbewegungen in Europa zwischen 1944 und 1952. Durch die Darstellung der Bewegung von Menschen in einem Zeitraum von neun Jahren zeigt sie eine Entwicklung. Dabei bedient sie sich verschiedener Darstellungsformen: Die Farbflächen lassen die politischen Verhältnisse nach 1945 erkennen, zusätzlich markieren schwarze Linien (die aus Punkten und Strichen bestehen) die Staatsgrenzen. Einen Sonderfall bildet Deutschland, da die schwarze Linie hier die Grenzen von 1990 und eine grau gestrichelte Linie die innerdeutsche Grenze bis 1990 zeigt. Grau gepunktete Linien deuten die Grenzen des Deutschen Reiches von 1937 an. Farbige Kreise stellen durch verschiedene Größen und schwarze Zahlen die Zahl der Vertriebenen, Deportierten und Ansiedler in Tausend dar. Ausgehend von diesen zeigen entsprechend farbige Pfeile die Richtungen der Bevölkerungsbewegungen, die durch kurze Textangaben näher erläutert werden. Hinzu kommen dünne rote Kreise und Pfeile, die die Neuansiedlung von DPs durch die IRO angeben, sowie orangefarbene Kreise und Zahlen, die die Deportation von Deutschen in die Sowjetunion bis Kriegsende in Tausend zeigen. Die Darstellung ist in einigen Teilen nicht unmittelbar verständlich: Bei manchen Farbflächen wird nicht angegeben, welche Staaten dargestellt sind, eine Angabe zum Zeitpunkt der eingezeichneten Grenzen fehlt und Bundesrepublik und DDR sind nicht farblich voneinander abgehoben. Davon abgesehen bietet die Karte jedoch eine hohe Dichte an Informationen und stellt das genannte Thema umfassend dar.

Historischer Kontext Von 1939 bis 1945 wurden 50 bis 60 Millionen Flüchtlinge, Vertriebene und Deportierte zur Migration gezwungen. Nach Kriegsende kamen noch einmal etwa 25 Millionen Menschen hinzu. Die Karte erläutert einen gewichtigen Teil dieser Bevölkerungsbewegungen im Umfeld des Zweiten Weltkrieges. Es wird deutlich, dass fast kein Gebiet in Ostmittel-, Ost-, Südost- und Südeuropa im dargestellten Zeitraum von Flucht, Vertreibung und Umsiedlung verschont blieb.
Hintergrund dessen war der Gedanke des ethnisch gereinigten, von Minderheiten befreiten Nationalstaates. Die Umsetzung dessen führte zu gewaltigen Bevölkerungsverschiebungen, die keineswegs nur Deutsche betrafen, sondern darüber hinaus eine Vielzahl anderer Bevölkerungsgruppen in Europa.

Bewertung und Intention Die Geschichtskarte richtet sich an historisch interessierte Leser. Sie soll die europäische Dimension der Problematik von Flucht, Vertreibung und Umsiedlung im Umfeld des Zweiten Weltkrieges deutlich machen. Dadurch zeigt sich die Karte der internationalen Diskussion um die genannte Problematik verpflichtet.
Fragen nach den Ursachen und Folgen der Bevölkerungsverschiebungen werden zwar nicht beantwortet, doch hätten weitere Informationen wohl auch zu einer Überfrachtung der Karte geführt. Die komplexen Entwicklungen der Bevölkerungsverschiebungen von 1944 bis 1952 werden umfassend und anschaulich abgebildet.

1. *Arbeiten Sie die Gesamtzahlen für die farblich differenzierten Bevölkerungsbewegungen heraus und stellen Sie sie in Form einer Tabelle oder eines Diagramms dar.*
2. *Erörtern Sie, inwiefern es sich bei dem Thema „Flucht, Vertreibung und Umsiedlung im Umfeld des Zweiten Weltkrieges“ um ein internationales Problem handelt.*

Verteilungskonflikte: die Aufnahme von Flüchtlingen und Vertriebenen

Lesetipp
Andreas Kossert, Kalte Heimat. Die Geschichte der deutschen Vertriebenen nach 1945, München 2008

Städte	Kriegszerstörungen (in Prozent)
Düren	99
Paderborn	97
Bocholt	89
Hanau	88
Köln	70
Dortmund	66
Duisburg	65
Kassel	64
Braunschweig	52
Hannover	51

▲ **Wohnungsnot in Deutschland am Ende des Krieges (Schätzungen).**

Verteilung der Flüchtlinge und Vertriebenen in den Besatzungszonen ■ In den vier Besatzungszonen in Deutschland gab es keine gleichmäßige Verteilung der Flüchtlinge und Vertriebenen. Insgesamt war der Osten Deutschlands, also die Sowjetische Besatzungszone (SBZ), von der Zuwanderung von Flüchtlingen und Vertriebenen stärker betroffen als der Westen. Innerhalb der drei westlichen Besatzungszonen waren wiederum die östlichen Gebiete stärker belastet als die westlichen. Ende 1947 lag der Anteil der Flüchtlinge und Vertriebenen an der Gesamtbevölkerung in der SBZ bei 24,3 Prozent. Die US-Zone blieb demgegenüber mit 17,7 Prozent ebenso zurück wie die britische Besatzungszone mit 14,5 Prozent. In der französischen Besatzungszone erreichte der Flüchtlingsanteil an der Gesamtbevölkerung wegen der Weigerung der französischen Besatzungsbehörden, Flüchtlinge und Vertriebene aufzunehmen, sogar nur rund ein Prozent (▸ M1).

Vielen Zeitgenossen schienen die Probleme der Massenzuwanderung in einem durch massive Zerstörungen gekennzeichneten Nachkriegsdeutschland kaum lösbar. Immerhin waren am Ende des Krieges mehr als vier Millionen Wohnungen ganz oder teilweise zerstört, das entsprach mehr als einem Fünftel des gesamten Vorkriegsbestandes und betraf vor allem die Städte. Auch wenn die Wohnungssituation auf dem Lande besser zu sein schien, gab es auch hier kaum freien Wohnraum. Der Bombenkrieg über den deutschen Städten hatte dazu geführt, dass, vor allem zwischen 1943 und 1945, an die zehn Millionen „Evakuierte" zeitweilig oder auf Dauer ihre Heimatstädte verlassen hatten, um freiwillig oder aufgrund der Evakuierungsmaßnahmen auf dem Land Schutz zu suchen. Schon vor Beginn der Zuwanderung von Flüchtlingen und Vertriebenen waren damit die Unterkunftsmöglichkeiten auf dem Lande stark beschränkt.

Niedersachsen als Aufnahmeland ■ Das in der britischen Besatzungszone gelegene Niedersachsen war in den deutschen Westzonen neben Schleswig-Holstein und Bayern eines der Hauptaufnahmegebiete von Flüchtlingen und Vertriebenen („*Hauptflüchtlingsländer*").[1] Vornehmlich die Flüchtlingszuwanderung führte dazu, dass die niedersächsische Bevölkerung trotz der Kriegsverluste um ca. 50 Prozent anwuchs – von 4,5 Millionen im Jahr 1939 auf 6,8 Millionen im Jahr 1950. Innerhalb Niedersachsens ergaben sich in der Verteilung der Flüchtlinge und Vertriebenen klare Ungleichgewichte mit einem sehr deutlichen Ost-West-Gefälle: Die Regierungsbezirke und Kreise im Osten Niedersachsens nahmen wesentlich mehr Flüchtlinge und Vertriebene auf als die mittleren und westlichen. Einheimische stellten 1946 in den westlichsten Regierungsbezirken Aurich und Osnabrück drei Viertel, in den Bezirken Braunschweig, Hannover, Hildesheim, Oldenburg und Stade zwei Drittel, im Regierungsbezirk Lüneburg aber nur noch die Hälfte der Bevölkerung. Dabei gilt für Niedersachsen insgesamt, dass beinahe die Hälfte aller Flüchtlinge und Vertriebenen in Gemeinden mit weniger als 2000 Einwohnern unterkam.

Lesetipps
- *Klaus J. Bade, Hans-Bernd Meier und Bernhard Parisius (Hrsg.), Zeitzeugen im Interview. Flüchtlinge und Vertriebene im Raum Osnabrück nach 1945, Osnabrück 1997*
- *Bernhard Parisius, Viele Flüchtlinge suchten sich ihre neue Heimat selbst. Zur Aufnahme von Flüchtlingen und Vertriebenen im westlichen Niedersachsen, Aurich 2004*

[1] Siehe hierzu die Karte (M1) auf Seite 57.

▲ **Flüchtlinge auf dem Bahnhof von Hannover.**
Foto (Ausschnitt) von Wilhelm Hauschild aus dem Jahr 1946.
Frauen und Kinder waren nach Flucht und Vertreibung oftmals auf sich allein gestellt.

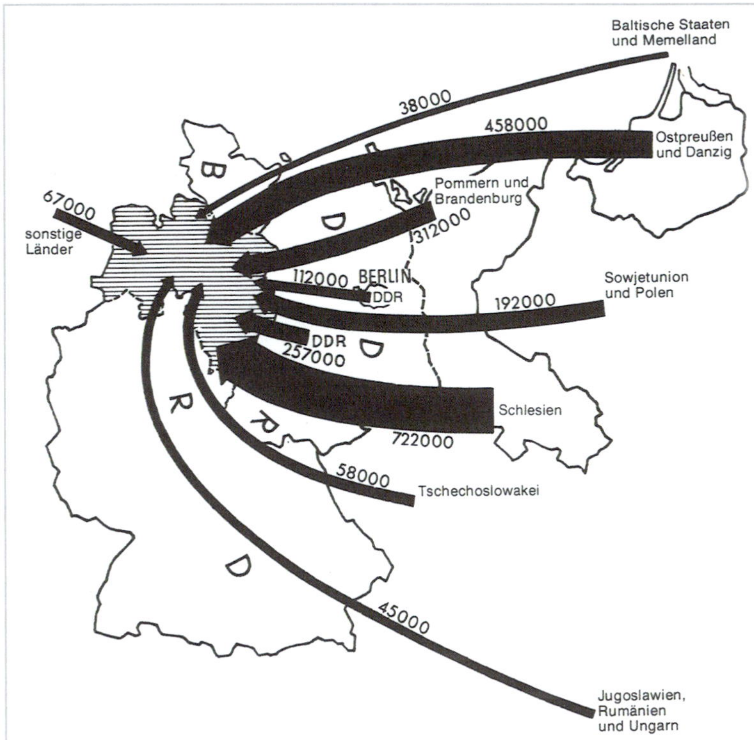

▲ **Herkunftsgebiete der Flüchtlinge und Vertriebenen (Volkszählung 1950).**
Karte nach: Walter Bradatsch und Hansgeorg Loebel, Neue Heimat in Niedersachsen, Alfeld 1979, S. 52

▪ *Analysieren Sie die Karte, indem Sie die dort aufgeführten quantitativen und territorialen Informationen in Form einer Tabelle darstellen.*

Schwierige Wohn- und Lebensbedingungen Spannungen und Konflikte zwischen Einheimischen und Flüchtlingen resultierten zunächst zumeist aus der Unterkunftsfrage. Gab es keine freiwillige Abgabe von Wohnraum, reagierten deutsche und westalliierte Dienststellen – im Laufe der Zeit immer öfter – mit Zwangseinweisungen. Häufig wurden Dienstboten- oder Abstellkammern, Ställe oder andere Funktionsräume mit spartanischer Ausstattung provisorisch und primitiv als Unterkunft ganzer Familien hergerichtet („*Notwohnungen*“). Auseinandersetzungen zwischen Einheimischen und Zuwanderern waren vorprogrammiert: Allein im Jahre 1946 beschwerten sich beispielsweise in der Provinz Brandenburg mehr als 45 000 Flüchtlinge und Vertriebene schriftlich bei der zuständigen Behörde über alltägliche Konflikte mit Einheimischen. Zumeist ging es um Probleme der Wohnungsversorgung. Bei einer repräsentativen Umfrage in den Ländern der US-amerikanischen Besatzungszone äußerten 1949 insgesamt 61 Prozent der befragten Einheimischen, Flüchtlinge und Vertriebene seien „Störenfriede“ in ihrem unmittelbaren Umfeld, darunter 40 Prozent mit Hinweis auf wohnungsbedingte Schwierigkeiten. Verstärkt wurden diese Verteilungskonflikte durch vielfältige kulturelle Grenzziehungen und Auseinandersetzungen: Traditionen, Sitten, Gebräuche oder Handlungsmuster unterschieden sich, Katholiken trafen auf Protestanten, Stadt- auf Landbewohner oder Angehörige deutscher Minderheiten aus Ost-, Ostmittel- und Südosteuropa auf traditionsbewusste Einheimische. Verschärfend wirkten tief verankerte Vorurteile der Einheimischen gegen Menschen aus „dem Osten“, die auf die Flüchtlinge und Vertriebenen projiziert wurden (▸ M2).

Vor allem mit dem Eintreffen der großen Vertriebenentransporte des Jahres 1946 erwies es sich als zunehmend schwieriger, Flüchtlinge und Vertriebene in privaten Haushalten unterzubringen. Seither wuchs die Zahl der Lagerbewohner. Überall entstanden neben den bereits bestehenden Erstaufnahme-, Durchgangs- und Quarantä-

▸ **Ankunft in Friedland.**
Foto von 1945/46.
Das Grenzdurchgangslager Friedland wurde von der britischen Besatzungsmacht in der gleichnamigen Gemeinde im Landkreis Göttingen errichtet. Am 20. September 1945 nahm es seinen Betrieb auf. Internettipp: www.grenzdurchgangslager-friedland.niedersachsen.de Links im Bildhintergrund sind sogenannte „Nissenhütten" zu erkennen. Solche Wellblechhütten waren ursprünglich als billige und schnell zu errichtende Unterkünfte für Soldaten entwickelt worden. Nach dem Zweiten Weltkrieg dienten sie in der britischen und amerikanischen Besatzungszone als Behausung für Tausende von Flüchtlingen und Vertriebenen.

nelagern nun auch regelrechte *Wohnlager*, die der längerfristigen Unterbringung von Flüchtlingen und Vertriebenen dienten. Nicht selten handelte es sich um ehemalige Kriegsgefangenen- und Zwangsarbeiterlager, Kasernenanlagen, Fabrikgebäude, Bunker oder sogar ehemalige nationalsozialistische Konzentrationslager wie beispielsweise das Lager Dachau bei München (▸ M3).

Neben der Unterkunftsfrage war die Versorgung mit Lebensmitteln eine der großen Herausforderungen im Nachkriegsdeutschland. Im Konflikt um die Verteilung mit Lebensmitteln standen Flüchtlinge und Vertriebene gegenüber den Einheimischen in der Regel zurück (▸ M4). Wie sehr eine mangelhafte Versorgung die Gesundheit gefährdete, zeigt eine Untersuchung des Gesundheitsamtes in Göttingen: Im Juni 1947 waren hier 1800 zufällig vorbeigekommene Passanten gewogen worden. Nur 203 hatten ihr Normalgewicht. In 297 Fällen wurde ein Untergewicht von fünf bis zehn Prozent registriert, bei 274 Menschen ein Untergewicht von zehn bis 15 Prozent, im Falle von 375 Personen lag es bei 15 bis 25 Prozent. Bei 322 Passanten galt das Untergewicht als akut gesundheitsgefährdend. 412 Menschen waren bis auf die Knochen abgemagert. In erster Linie handelte es sich bei den Betroffenen um Flüchtlinge und Vertriebene.

Jahr	Durchschnittlicher Kalorienverbrauch in Deutschland (pro Tag/Person)
1939	2435
1948	1382

▴ **Kalorienverbrauch in Deutschland.**

Arbeit Mit der vorrangigen Unterbringung der Flüchtlinge und Vertriebenen in den stark landwirtschaftlich geprägten Gebieten verbanden sich erhebliche Probleme, Arbeit zu finden. Bis zur Währungsreform 1948 arbeiteten viele Flüchtlinge und Vertriebene unentgeltlich, häufig lediglich für Kost und Logis als Hilfskräfte in landwirtschaftlichen Betrieben. Im Oktober 1948 waren unter den Flüchtlingen und Vertriebenen in Niedersachsen 58 Prozent der Arbeiter und 40 Prozent der Angestellten berufsfremd beschäftigt. Es gab zwar eine Arbeitslosenunterstützung, die aber kaum ausreichte und in wertloser Reichsmark ausbezahlt wurde. Lohnarbeit im herkömmlichen Sinne blieb wegen der Wertlosigkeit der Währung beinahe ebenso bedeutungslos. Unterbeschäftigung, Gelegenheitsjobs, legale und illegale Tauschaktivitäten kennzeichneten den Arbeitsalltag. Die Produktivität war niedrig angesichts der schwierigen Ernährungslage, der mangelhaften Versorgung mit Betriebsmitteln und Rohstoffen und des katastrophalen Zustandes der gesamten Infrastruktur.

M1 Flüchtlinge und Vertriebene in Deutschland 1945 bis 1950

Karte nach: Haus der Heimat des Landes Baden-Württemberg (Hrsg.), Umsiedlung, Flucht und Vertreibung der Deutschen als internationales Problem. Zur Geschichte eines europäischen Irrwegs, Stuttgart [3]2009, S. 73

1. *Analysieren Sie die Karte mithilfe der Fragen auf Seite 51 (Methoden-Baustein „Karte“).*
2. *Beurteilen Sie, ob man von einer gleichmäßigen Verteilung der Flüchtlinge und Vertriebenen im angegebenen Zeitraum sprechen kann.*

▲ **Fastnachtsumzug im badischen Lahr.**
Foto um 1950.
▪ *Interpretieren Sie das Foto.*

M2 Ankunft im Westen

Frau F., geboren 1931 in Schlesien, wird mit ihrer Mutter und ihren Geschwistern nach der Flucht im Jahr 1945 in der Nähe von Osnabrück bei einer Försterfamilie einquartiert:

Viele neugierige Einheimische, hiesige Leute sahen uns jetzt, mit Familien, mit kleinen Kindern, wir sahen ja nicht gerade empfangend aus, denn unsere Grundreinigung und Wäscherei, die musste ja erst noch beginnen jetzt von der langen Fahrt. In den Lagern sind wir wohl von Ungeziefern befreit worden, aber dass wir appetitlich aussahen, das konnte man also nicht gerade sagen. Und wenn da eine Mutter mit neun Kindern jetzt hier vor einem Försterehepaar mit einer kleinen, hübschen Tochter steht, die hübsch, niedlich, fein angezogen ist und da kommt nun eine Mutter mit neun Kindern, da kann sich ja jeder ein Bild machen, was die Familie eigentlich für einen Schreck gekriegt hat. Die haben also gedacht, da kommen irgendwelche Wilde an, weiß der Kuckuck woher, ob nun Polacken oder Russen oder sonst was. Also ich hatte das Gefühl – ich war da 14 Jahre und meine kleinen Geschwister – wir hatten das Gefühl und ich hatte das sogar sehr stark, dass Familie T. dachte, wir sind Ausländer. Dafür haben sie uns alle im ersten Moment gehalten. Meine kleinen Geschwister, die hielten meine Mutter an der Hand und das Erste, was sie sagten, „Mama, Hunger!“ Da sagte die Frau T., „ach, Deutsch sprechen könnt Ihr auch!“ Das ist mir also bis heute noch im Gedächtnis geblieben, dass die Familien von hier eigentlich über unser Schicksal bis dahin überhaupt keine Ahnung hatten, dass die über nichts unterrichtet waren, nicht vorbereitet waren, dass die gar nicht wussten, was auf sie zukommt.

Klaus J. Bade, Hans-Bernd Meier und Bernhard Parisius (Hrsg.), Zeitzeugen im Interview. Flüchtlinge und Vertriebene im Raum Osnabrück nach 1945, Osnabrück 1997, S. 125 f.

1. *Geben Sie in Ihren eigenen Worten wieder, welche Erfahrungen Frau F. und ihre Familie nach ihrer Ankunft in Niedersachsen machen.*
2. *Erklären Sie die Reaktion der Familie T. auf die Neuankömmlinge.*
3. *Entwickeln Sie eine Einschätzung zu der Frage, warum Frau F. die Szenen ihrer Ankunft im Osnabrücker Land bis heute im Gedächtnis geblieben sind.*
4. *Erörtern Sie, ob es sich bei der Aufnahme der Flüchtlinge und Vertriebenen im Nachkriegsdeutschland um einen „Kulturkontakt“ im Sinne der Ausführungen auf Seite 122 bis 125 (Theorie-Baustein „Kulturkontakt und Kulturkonflikt“) handelt.*

M3 Flüchtlinge und Vertriebene in Weetzen

Vom Leben der Flüchtlinge in Weetzen, einem Stadtteil von Ronneberg in der Region Hannover, berichtet die Hannoversche Presse am 16. Dezember 1947:

„Warum seid Ihr gekommen? Wir haben Euch nicht gerufen!“ Mit diesen hartherzigen Worten empfing sie ein Beauftragter der Gemeinde Weetzen. Und genauso wie der Empfang war dann auch die Unterbringung der Flüchtlinge. Ein dunkler Raum in einer Gastwirtschaft, dessen Größe wir auf 24 Quadratmeter schätzen, beherbergt nicht weniger als 25 Personen, Frauen, Männer und Kinder. Die Luft ist stickig. Es gibt weder Außenfenster noch eine andere Lüftungsmöglichkeit. Die Wände sind triefnass. Das auf den Fußboden geschüttete Stroh ist feucht, es liegt schon vier Wochen da, neues kann angeblich nicht beschafft werden. Auch die Decken und Kleidungsstücke sind feucht. An diesen Schlafraum schließt sich ein zweiter, größerer, in dem weitere 18 Personen wohnen, an, außerdem ist es der Aufenthalts- und Kochraum. An dem großen Herd kochen bei unserem Eintritt acht Parteien, Wäsche hängt zum Trocknen auf einer Leine. Kinder spielen. In einer Ecke liegt eine Frau mit einem kleinen Mädchen auf Stroh. Seit ihrer Ankunft vor vier Wochen ist sie noch nicht aufgestanden, vielleicht ist sie zu schwach dazu, vielleicht ist ihr aber auch alles gleichgültig geworden. Die anderen versorgen sie notdürftig mit Essen und Trinken.

In den beiden Räumen gibt es keine Glühbirnen. Eine geliehene wurde für eine Rübensaftküche zurückgefordert und nicht wiedergebracht. Holz für den Herd ist nur spärlich vorhanden. Um sich zu waschen, müssen diese 42 Menschen zwischen zwei und 64 Jahren in der Zeit von 7 bis 8:30 Uhr früh in die einen halben Kilometer entfernte Zuckerfabrik gehen, wo es Waschräume gibt.
Eines der Flüchtlingsschicksale möge für alle sprechen. Es handelt sich um eine Frau in mittleren Jahren. Sie wurde von den deutschen Truppen beim Rückzug aus der Ukraine mit nach Polen genommen, in Litzmannstadt [Łódź] 1945 verhaftet, von ihren beiden kleinen Töchtern getrennt, sechs Monate ins Gefängnis gesteckt und dann neun Monate in ein Arbeitslager. Nach einem Jahr Sklavenarbeit bei polnischen Bauern floh sie, brachte monatelang in Lagern zu, bis sie nach Weetzen in diese Flüchtlingsunterkunft eingewiesen wurde. Wie wohlbehütet ist dagegen das Leben der meisten Einheimischen verlaufen!
Als uns einige der Flüchtlinge bis auf die Straße begleiteten, trug man gerade zwei große Plattenkuchen vorbei. Die Flüchtlinge haben sich abgewandt. In wenigen Tagen ist Weihnachten.

Hannoversche Presse, 16.12.1947, S. 2, zitiert nach: Thomas Berger und Karl-Heinz Müller, Lebenssituationen 1945-1948, Hannover 1983, S. 137 f.

1. *Beschreiben Sie die im Artikel dargestellte Situation der Flüchtlinge und Vertriebenen in Weetzen.*

2. *Charakterisieren Sie, was an dieser Situation typisch ist für die Lage der Vertriebenen nach 1945.*

3. *Arbeiten Sie heraus, welche Haltung der Autor des Artikels zum Flüchtlingsproblem einnimmt.*

4. *Der Osteuropa-Historiker Andreas Kossert beschreibt das Nachkriegsdeutschland in Bezug auf die Aufnahme der Flüchtlinge und Vertriebenen als „Kalte Heimat". Erörtern Sie, inwiefern diese Bezeichnung zutreffend ist. Beziehen dabei auch M2 und M3 mit ein.*

5. + *Nehmen Sie in Form eines Essays Stellung zu der Frage, was es bedeutet, die Heimat zu verlieren.*

M4 Die Notlage der Flüchtlinge

Auf einer Dienstbesprechung der Kreisflüchtlingsbetreuer des Kreises Stadthagen am 21. August 1946 wird festgehalten:

Die Flüchtlinge haben bisher eine bewunderungswürdige Geduld gehabt und haben sich die gutgemeinten „Vertröstungen der Kreisflüchtlingsbetreuer" angehört und haben gewartet. Die augenblickliche Not muss aber geradezu katastrophale Formen annehmen, wenn nicht noch vor Beginn des Winters wenigstens ausreichend Herde, Öfen, Betten, Strohsäcke, Decken, Schuhe und auch Kopftöpfe herangeschafft werden ...
Zusammenfassend sei also hiermit festgestellt:
1. Ein Großteil der Flüchtlinge kann unter den augenblicklichen Verhältnissen weder arbeiten noch leben.
2. Wenn keine baldige Hilfe kommt, dann werden Resignation, Abkehr vom politischen Wiederaufbau, Misstrauen gegenüber dem Wesen der Demokratie, Blüte des Schwarzen Marktes, Anwachsen von Vergehen und Verbrechen usw. unvermeidlich sein.
3. Der augenblickliche Zustand darf kein Dauerzustand sein. Vor Beginn des Winters muss wenigstens die größte Not gelindert sein.
Da allgemein bekannt ist, dass zum Teil noch beachtliche Mengen von Verbrauchsgütern gelagert werden, stelle ich hiermit, zugleich im Namen des Kreisflüchtlingsausschusses, die nachdrückliche Forderung, dass alles getan wird, um
1. eine Freigabe der Lagerbestände zu erreichen und
2. eine Erhöhung der Produktion bei den wichtigsten Verbrauchsgütern herbeizuführen.

Niedersächsisches Staatsarchiv Bückeburg, zitiert nach: Klaus Maiwald, Flüchtlinge und Vertriebene im Schaumburger Land, in: Praxis Geschichte, 1989, H. 3, S. 22

1. *Geben Sie die Forderungen des Kreisflüchtlingsausschusses wieder.*

2. *Erklären Sie die Hintergründe für die geschilderte Notlage.*

3. *Entwickeln Sie eine Einschätzung dazu, ob die aufgezeigten Befürchtungen für den Fall, dass keine Hilfe kommen sollte, realistisch sind.*

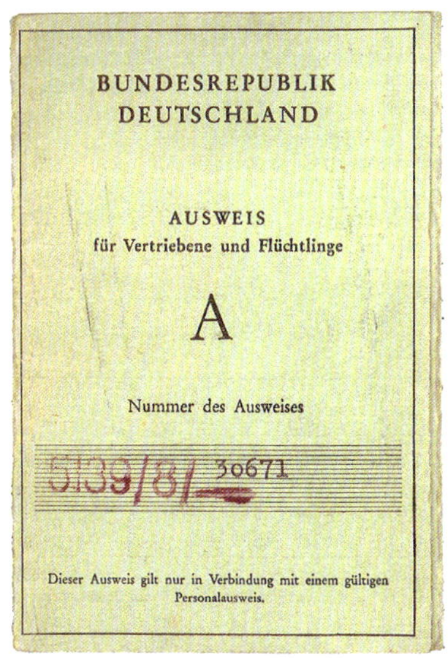

▸ Ausweis für Vertriebene und Flüchtlinge.
Die Ausweise „A" und „B" waren für Vertriebene und Flüchtlinge aus den ehemaligen deutschen Ostgebieten, den Ausweis „C" erhielten „Sowjetzonenflüchtlinge", also als Flüchtlinge anerkannte Abwanderer aus der SBZ bzw. DDR.

Rasche Integration der Flüchtlinge und Vertriebenen?

Statusverlust durch Flucht und Vertreibung Für die Flüchtlinge und Vertriebenen bedeutete die Zwangsmigration auch einen sozialen und wirtschaftlichen Statusverlust. Es dauerte Jahrzehnte, bis er ausgeglichen war und die Flüchtlinge und Vertriebenen im Blick auf die beruflichen Positionen, die finanzielle Ausstattung und die Wohnverhältnisse das Niveau der Einheimischen erreicht hatten. Auch in anderen Bereichen lassen sich viele Faktoren finden, die auf eine lange Dauer der Integration der Flüchtlinge und Vertriebenen hindeuten: So traten Heiratsverbindungen zwischen Flüchtlingen und Vertriebenen einerseits und Einheimischen andererseits viele Jahre relativ selten auf. Erst in der zweiten Generation, also bei den Kindern der Zwangsmigranten, änderte sich dies. Über mentale Belastungen und Traumatisierungen, die die Ereignisse von Flucht und Vertreibung mit sich gebracht hatten, wurde ebenfalls über Jahrzehnte nicht gesprochen.

Wohnungsbau für Flüchtlinge und Vertriebene 1950 hatte gerade einmal ein Viertel der 2,6 Millionen Haushaltungen von Flüchtlingen und Vertriebenen eine eigene abgeschlossene Wohnung. Zwei Drittel aller Flüchtlings- und Vertriebenenfamilien lebten zur Untermiete und ein Zehntel in „Notwohnungen" oder Lagern. Bis 1956 stieg jedoch der Anteil der Flüchtlinge und Vertriebenen mit abgeschlossenen Wohnungen im Vergleich zu 1950 auf das Dreifache an. Anfang der 1960er-Jahre galten die Wohnverhältnisse von einheimischer und zugewanderter Bevölkerung als weithin angeglichen. Hintergrund waren die umfangreichen staatlichen Wohnungsbauprogramme, zinsgünstige Kredite und Steuervorteile sowie insbesondere die Initiative der Flüchtlinge und Vertriebenen selbst. Ihnen gelang es durch Eigenleistungen, Nachbarschaftshilfe oder die Gründung von Siedlungsgenossenschaften, die Wohnungsnot zu überwinden. Nun war nicht nur in einem Großteil der Gemeinden die Siedlungsfläche durch „Ostlandviertel" mit charakteristischen Straßennamen (Königsberger Straße, Breslauer Straße, Danziger Straße etc.) erweitert worden, zum Teil kam es auch zu Gründungen separater Gemeinden bzw. Städte für Flüchtlinge und Vertriebene (z. B. Espelkamp in Nordrhein-Westfalen, Neugablonz und Neutraubling in Bayern).

Arbeitsmarktentwicklung und Sozialhilfe Im September 1948 stellten Flüchtlinge und Vertriebene noch 61 Prozent aller Sozialhilfeempfänger in Niedersachsen. Die Zahl der Erwerbslosen lag in Westdeutschland 1950 unter den Flüchtlingen und Vertriebenen dreifach höher als unter den Einheimischen. Die Weiterwanderungen der Flüchtlinge und Vertriebenen zu den Arbeitsplätzen vor allem nach der Gründung der Bundesrepublik Deutschland und nach dem Beginn der Hochkonjunkturphase Anfang der 1950er-Jahre korrigierten diese Entwicklung: Starke Abwanderungen erfolgten aus den ländlichen Regionen in die städtisch-industriellen Räume und aus den „Hauptflüchtlingsländern" Bayern, Schleswig-Holstein und Niedersachsen in die Bundesländer, die bis dahin eine geringe Flüchtlingszuwanderung erlebt hatten, wie Nordrhein-Westfalen, Baden-Württemberg und Rheinland-Pfalz.

Umsiedlungsprogramme Zwischen 1949 und Ende der 1950er-Jahre wurden in der Bundesrepublik Deutschland auf der Basis von fünf *Umsiedlungsprogrammen* rund eine Million Flüchtlinge und Vertriebene in andere Bundesländer umverteilt. Zeitgleich

siedelten 1,7 Millionen Flüchtlinge und Vertriebene ohne staatliche Unterstützung in andere Bundesländer um. Dazu kamen weitere hunderttausendfache Bewegungen innerhalb der Bundesländer. Die Hochkonjunktur des „Wirtschaftswunders" seit Anfang der 1950er-Jahre erleichterte fundamental die wirtschaftliche und soziale Integration der Flüchtlinge und Vertriebenen. Gleichzeitig bildeten sie ein qualifiziertes Arbeitskräftepotenzial, das das „Wirtschaftswunder" in erheblichem Maße mittrug. Dabei prägte sich allerdings das für viele Einwanderergruppen typische „Unterschichtungsphänomen" aus: Flüchtlinge und Vertriebene übernahmen hauptsächlich statusniedrige berufliche Positionen und verfügten dementsprechend auch über geringere Einkünfte.
Aufstiegsmöglichkeiten gab es für viele von ihnen vor allem in den 1960er-Jahren mit der Zuwanderung von ausländischen Arbeitsmigranten, die ihrerseits dann die niedrigsten Arbeitsmarktpositionen einnahmen. Dennoch war auch Anfang der 1970er-Jahre der durch die Zwangsmigration eingetretene soziale und wirtschaftliche Statusverlust der Flüchtlinge und Vertriebenen weiterhin nicht vollständig kompensiert.

Internettipp
Der Landschaftsverband Westfalen-Lippe informiert über das Thema „Aufbau West – Vertreibung und Wirtschaftswunder" unter www.lwl.org/LWL/Kultur/Aufbau_West/home

„Lastenausgleich" Staatliche Eingriffe trugen nicht nur über die Umsiedlungsprogramme erheblich zur Integration der Flüchtlinge und Vertriebenen bei (▸ M1). Bereits unmittelbar nach Kriegsende etablierte sich eine Sonderverwaltung. Sie sollte die möglichst rasche Integration gewährleisten, für Wohnraum, Versorgungsgüter und Arbeit sorgen. Im Angesicht der schweren Umverteilungskonflikte der unmittelbaren Nachkriegszeit galten vielen Einheimischen aber die Maßnahmen der Flüchtlingsbehörden und die gesetzlichen Sonderregelungen als Privilegierung der Flüchtlinge und Vertriebenen. Mithin hielten sie die ablehnende Haltung der Einheimischen aufrecht oder verstärkten sie gar. Das erklärt auch zum Teil lautstarke Kritik gegenüber Ad-hoc-Maßnahmen wie Sammelaktionen oder Aufrufe zur Hilfe sowie die gesetzliche Verankerung von Unterstützungsleistungen, wie insbesondere das im August 1949 in Westdeutschland verabschiedete *„Soforthilfegesetz"*. Dieses gewährte eine monatlich ausgezahlte Unterhaltshilfe und garantierte erstmals einen Rechtsanspruch auf finanzielle Unterstützung für Flüchtlinge und Vertriebene. Im Mai 1952 kam mit dem *„Lastenausgleichsgesetz"* die Entschädigung von Vermögensverlusten hinzu. In den Lastenausgleichsfonds flossen vor allem Vermögensabgaben der Bevölkerung. Die Auszahlungen begannen in der zweiten Hälfte der 1950er-Jahre, die 60er-Jahre bildeten den Höhepunkt. Bis 2001 beliefen sie sich auf insgesamt rund 145 Milliarden DM, eine staatliche Summe, die keine Vermögensumverteilung bewirkte, aber

▲ **Forderung nach „Lastenausgleich".**
Foto von 1951.
In Bonn demonstrieren Flüchtlinge und Vertriebene für gerechte Entschädigungen.
- *Beschreiben Sie das Foto.*
- *Arbeiten Sie die Argumente heraus, mit denen die Flüchtlinge und Vertriebenen ihre Forderungen untermauern.*
- *Erklären Sie, warum der „Lastenausgleich" für die Vertriebenen und Flüchtlinge eine so hohe Bedeutung hatte und zugleich von vielen Einheimischen abgelehnt wurde.*

Internettipp
Zum „Lastenausgleichsgesetz" von 1952 siehe: www.gesetze-im-internet.de/lag

▲ **SED-Wahlplakat.**
Plakat aus Köthen (Sachsen-Anhalt), um 1946.
- *Beschreiben Sie das Plakat.*
- *Charakterisieren Sie die politische Botschaft an die Flüchtlinge und Vertriebenen.*

die Integration der Flüchtlinge und Vertriebenen erleichterte. Sie verbesserte deren wirtschaftliche und soziale Situation und stellte für die Leistungsempfänger ein Symbol der Anerkennung ihrer besonderen Lage dar.

Sowjetische Besatzungszone/DDR Auch in der Sowjetischen Besatzungszone war eine Sonderverwaltung etabliert worden, auch in der DDR gab es anfänglich Hilfen und zinslose Kredite, allerdings keine Entschädigungsleistungen (▸ M2). Ende der 1940er-Jahre wurden die Sonderbehörden für Flüchtlinge und Vertriebene aufgelöst, Anfang der 1950er alle rechtlichen Sonderregelungen für Flüchtlinge und Vertriebene aufgehoben. Hintergrund war das Bemühen der DDR-Führung, die Integration der „Umsiedler", „ehemaligen Umsiedler" und „Neubürger", wie sie offiziell in der Sowjetischen Besatzungszone bzw. DDR hießen, zu beschleunigen und keine politischen Diskussionen über die neuen Ostgrenzen aufkommen zu lassen. Die Integration der Zwangsmigranten wurde bereits Ende der 1940er-Jahre offiziell für abgeschlossen erklärt. Dem Bestreben, eine homogene sozialistische Gesellschaft zu schaffen, fiel in den 1950er-Jahren schließlich auch der lange als unverdächtig geltende Begriff des „Neubürgers" zum Opfer, sodass kein begrifflicher Bezug auf die Millionen von Kriegsfolgewanderern mehr existierte.

Flucht, Vertreibung und Integration als vielgestaltige Prozesse Flucht und Vertreibung führten zu einem durch vielfältige Konflikte gekennzeichneten und langwährenden Integrationsprozess, bei dem die Frage der Staatsangehörigkeit keine Rolle spielte (▸ M3 und M4). Die Voraussetzungen erwiesen sich dabei sowohl aufseiten der Einheimischen als auch aufseiten der Zuwanderer als vielgestaltig. Die verallgemeinernde Rede von „den" Flüchtlingen und Vertriebenen muss dabei differenziert werden. Die unterschiedliche politische, wirtschaftliche, soziale und kulturelle Situation der Flüchtlinge und Vertriebenen in ihren Herkunftsgebieten führte ebenso zu einer ausgesprochen heterogenen Zusammensetzung der Zuwanderung wie die sehr verschiedenen generationellen und geschlechtsspezifischen Erfahrungen von Flucht und Vertreibung. Für die Integration war nicht nur die Frage von Belang, in welcher Besatzungszone, in welcher Region oder welchem Ort Flüchtlinge und Vertriebene ankamen, sondern auch, zu welchem Zeitpunkt sie flüchteten oder vertrieben wurden oder wie sie in den Herkunftsgebieten bzw. in den Zielgebieten administrativ kategorisiert wurden und welche Belastungen, Chancen oder Rechte sich daraus ergaben.

Lesetipps
- *Henning Burk u.a. (Hrsg.), Fremde Heimat: das Schicksal der Vertriebenen nach 1945, Berlin 2011*
- *Albrecht Lehmann, Im Fremden ungewollt zuhaus. Flüchtlinge und Vertriebene in Westdeutschland 1945-1990, München 1991*

M1 Mahnung an die Flüchtlinge und Vertriebenen

Der Minister für Flüchtlingsangelegenheiten des Landes Niedersachsen, Heinrich Albertz (SPD), in einer Rede vor dem Niedersächsischen Landtag am 4. August 1948:

Eine Landesregierung im deutschen Westen und ein Landesminister für Flüchtlingsangelegenheiten haben im Augenblick nur eine konkrete, allerdings eine sehr bittere und sehr nüchterne Aufgabe: den Millionen Vertriebenen im westdeutschen Raum zu ihren primitivsten Lebensrechten zu verhelfen! Die Forderung auf Rückgabe der deutschen Ostgebiete kostet mich oder irgendeinen verantwortlichen Politiker im deutschen Raum im Augenblick gar nichts. Es kostet mich aber etwas, in Hannover, in Lüneburg, in Stade, in Braunschweig oder sonstwo dafür einzutreten, dass endlich alle Deutschen in unserem Lande vor dem Gesetz gleich sind (Sehr richtig! bei der SPD) und dass diese durch den Gesetzgeber festgestellte Gleichberechtigung aus einer papiernen Fiktion zu einer Wirklichkeit des täglichen Lebens wird. Was ich in dieser Richtung, meine sehr verehrten Damen und Herren, seit der Übernahme meines Amtes in unserem Lande festgestellt habe, ist ebenso erschreckend wie erschütternd. Man hält zwar Flüchtlingsversammlungen ab mit großen Transparenten „Gebt uns unsere Heimat wieder!", aber unter diesen Plakaten verrecken die Menschen. Man wühlt in immer deutlicherer Form nationalistische Leidenschaften auf, aber das soziale Gewissen schweigt oder ist schon längst gestorben.

Darum haben meine Freunde und ich eine sehr deutliche und nüchterne Meinung vom Flüchtlingsproblem im westdeutschen Raum. Wir wollen mit allen nur denkbaren Mitteln die Vertriebenen an die echte soziale und politische Verantwortung heranführen. Der Vertriebene soll seine Heimat niemals vergessen, aber sein Verstand hat hier wach zu sein, und seine tägliche harte und schwere Arbeit hat sich ausschließlich auf den Kampf um seine Existenz im westdeutschen Raum und um die Wiederherstellung der zerstörten sozialen Gerechtigkeit zu richten.

Der Entwurf des Gesetzes über die Bildung eines Parlamentarischen Rates[1], der uns das Grundgesetz einer neuen deutschen Ordnung schenken soll, ist der gegebene Anlass, das mit allem Ernst, aber auch mit aller Schärfe auszusprechen. Obwohl niemand von uns jemals den berechtigten Anspruch auf die Grenzen Deutschlands nach dem Stande von 1937 aufgeben wird, haben wir hier zu leben und zu arbeiten und auch politisch zu handeln, als ob kein einziger der Ostvertriebenen seine Heimat in absehbarer Zeit wiedersehen würde. Gebe Gott, dass dieses Als-Ob eine Illusion bleibt. Solange wir aber der nüchternen Wirklichkeit der augenblicklichen politischen Lage gegenüberstehen, werden wir jedenfalls mit allen Mitteln zu verhindern wissen, dass uns ausgerechnet der entwurzelte ostdeutsche Mensch für einen neuen Nationalismus reif geschossen wird, und zwar lediglich, um die eigene soziale Bequemlichkeit zu schützen. Denn gerade der Vertriebene soll wesentlicher Träger der neuen Ordnung sein, die eine Ordnung der deutschen Armut ist und die die Erfahrungen der Besitzlosigkeit der Ostvertriebenen in sich schließen muss – oder wir gehen alle miteinander zugrunde.

Niedersächsischer Landtag, 1. WP., 42. Sitzung, 4. August 1948, Sp. 2210

[1] **Parlamentarischer Rat**: ein von den Ministerpräsidenten der westdeutschen Länder auf Anordnung der Westalliierten eingesetztes politisches Organ, dessen Hauptaufgabe es war, das Grundgesetz für die Bundesrepublik Deutschland auszuarbeiten

1. *Fassen Sie Albertz' Hauptanliegen zusammen.*
2. *Arbeiten Sie heraus, welche Perspektive Albertz den Flüchtlingen und Vertriebenen in Bezug auf ihre „alte Heimat" bietet.*
3. *Interpretieren Sie die im Text genannten Befürchtungen hinsichtlich eines „neuen Nationalismus" (Zeile 47 f.) unter den Flüchtlingen und Vertriebenen.*

M2 Zur Lage der „Umsiedler" in Deutschland

Der Vorsitzende der Sozialistischen Einheitspartei Deutschlands (SED), Wilhelm Pieck, führt in einer Rede auf der 8. Tagung des Deutschen Volksrates am 22. Juli 1949 in Ost-Berlin zur Situation der „Umsiedler" in Deutschland aus:

Es sind wohl 11 Mio. Menschen, die infolge der Grenzziehung, die von den Besatzungsmächten auf den Konferenzen von Jalta und Potsdam an der Oder und Neiße zwischen Polen und Deutschland vorgenommen wurde, ihre Heimat verloren haben. Mit ihrer Umsiedlung, die auch von den westlichen Besatzungsmächten beschlossen wurde, wurde dem übrigen Deutschland die Verpflichtung auferlegt, den Umsiedlern zu helfen, in dem verkleinerten Deutschland eine neue Heimat und wirtschaftliche Existenz zu finden. Diese Verpflichtung ist auch von der Bevölkerung in der sowjetischen Besatzungszone ehrlich erfüllt worden. Im Westen Deutschlands aber wurde den Umsiedlern nicht geholfen. Es wurde ihnen weder Land gegeben noch eine Existenz verschafft. Sie werden als Ortsfremde behandelt, und jede Gleichberechtigung wird ihnen versagt. Um nun der Empörung der Umsiedler über diese Behandlung zu steuern, sucht man sie mit der Behauptung zu betrügen, dass die Oder-Neiße-Grenze wieder aufgehoben wird und sie in ihre Heimat zurückkehren werden. Das ist ein schamloser Betrug ohnegleichen. Die Leute, die das den Umsiedlern einreden, wissen, dass an dieser Grenze nichts mehr geändert wird, es sei denn, dass der Versuch dazu durch einen neuen Krieg unternommen werden sollte. Aber werden die Umsiedler durch einen neuen Krieg etwas gewinnen? Nein! Sie werden durch einen Krieg in ein noch schlimmeres Elend gestürzt werden!

Stiftung Archiv der Parteien und Massenorganisationen der DDR im Bundesarchiv, DY 16/1747, zitiert nach: Manfred Wille (Hrsg.), Die Vertriebenen in der SBZ/DDR. Dokumente, Bd. 3: Parteien, Organisationen, Institutionen und die Umsiedler 1945-1953, Wiesbaden 1999, S. 367

1. *Setzen Sie Piecks Rede in Beziehung zu Albertz' Ausführungen in M1.*

2. *Überprüfen Sie Piecks Aussagen in Bezug auf die westdeutsche Vertriebenenpolitik.*

M3 Integration der Flüchtlinge und Vertriebenen in Westdeutschland

(Bundes-)Land	Erwerbspersonen in Land- und Forstwirtschaft/Industrie und Handwerk/Handel und Verkehr in % 1946	Beschäftigungsindex (Verhältnis der Beschäftigungsquoten der vertriebenen und der nichtvertriebenen Bevölkerung) 1950	Arbeitslosigkeit unter den Vertriebenen in % 1950/54	Wohnungsindex (Verhältnis von vertriebenen und nichtvertriebenen Wohnparteien in Untermiete) 1950/56	Von 100 Vertriebenen wählten eine Interessenpartei bei Bundestagswahlen 1953/57/61	Konnubtialitätsindex (Verschwägerungsgrad zwischen Vertriebenen und Nichtvertriebenen) 1950/60
Schleswig-Holstein	28,54/33,6/16,4	91	13,1/5,7	2,3/2,1	41/30/14	69/87
Hamburg	3,6/40,0/33,2	121	2,2/3,3	1,7/1,3	24/14/7	77/90
Niedersachsen	34,5/33,4/14,7	88	7,9/4,4	2,5/2,0	42/30/24	70/85
Bremen	4,2/40,1/29,0	114	4,3/3,1	1,9/1,4	29/15/25	78/87
Nordrhein-Westfalen	15,3/50,5/17,3	105	2,1/1,2	2,2/1,4	21/18/6	77/85
Hessen	29,9/37,4/14,8	90	4,9/3,0	2,4/1,7	36/31/22	74/86
Rheinland-Pfalz	42,8/31,2/12,6	84	5,8/2,4	2,8/1,7	20/19/5	74/89
Saarland	–	–	–	–	–	–/97
Baden-Württemberg, darin:	–	88	3,4/1,8	2,8/1,7	34/28/15	58/81
• *Württemberg-Baden*	31,1/39,7/13,6	91	–	–	–	57/–
• *Württemberg-Hohenzollern*	44,8/33,2/8,7	–	–	–	–	61/–
• *(Süd-)Baden*	42,3/30,1/10,9	–	–	–	–	63/–
Bayern	37,2/33,6/13,5	81	7,6/3,9	2,7/2,0	40/35/21	66/85
Bundesgebiet	**29,2/38,6/15,4**	**90**	**6,5/3,1**	**2,5/1,8**	**34/26/15**	**67/83**

K. Erik Franzen und Hans Lemberg, Die Vertriebenen. Hitlers letzte Opfer, Berlin/München 2001, S. 323

Interpretieren Sie die vorliegende Statistik. Inwiefern kann von einem „Integrationserfolg" gesprochen werden?

M4 „Das Eingliederungswunder – Realität und Mythos"

Der Historiker Mathias Beer schreibt 2005 zu Realität und Mythos des angeblichen „Eingliederungswunders":

Vor dem Hintergrund der katastrophalen Bedingungen des Experiments und seines so schnell nicht zu erwartenden Gelingens meldeten sich früh Stimmen zu Wort, die analog zum Wirtschaftswunder von einem Integrationswunder sprachen. Das Bild vom Wunder entwickelte sich bald zu einem Topos[1]. Die Flüchtlinge und Vertriebenen „leben politisch, beruflich und materiell nicht anders als die Deutschen, die hier seit Generationen ansässig sind. Dass das gelingen konnte, ist das eigentliche Wunder unserer Nachkriegsgeschichte", bilanzierte 1979 der zuständige Staatssekretär im Bundesministerium des Inneren. Wie jeder Topos weist das Bild vom Integrationswunder zwei Seiten auf, eine reale und eine, die sich eine Gesellschaft im Laufe der Zeit von dieser Realität zurechtlegt.

Die sich vollziehende wirtschaftliche, soziale und politische Integration der Flüchtlinge und Vertriebenen gab die sozialpolitische Antwort auf die zunächst offene Flüchtlingsfrage. Aus Trümmern wurden in der Tat solide Fundamente. Nicht der befürchtete politische und wirtschaftliche Unruheherd war das Ergebnis, sondern ein im westlichen Bündnis verankertes demokratisches, wirtschaftlich prosperierendes Staatswesen, selbst das Resultat der letztendlich gelungenen Zusammenführung und Verflechtung von Alt- und Neubürgern. Die erheblichen sozialen Spannungen, die dem neuen Staat in die Wiege gelegt worden waren, konnten bald abgebaut werden. [...] Zweifellos, die Eingliederung von Millionen von Flüchtlingen und Vertriebenen war eine beispiellose Leistung, die nicht hoch genug eingeschätzt werden kann.

Darüber darf aber nicht vergessen werden, dass das Bild vom Integrationswunder den Eingliederungsprozess in unzulässiger Weise glorifiziert. Mit Wohnungen und Arbeitsplätzen waren die Flüchtlinge und Vertriebenen relativ rasch versorgt, und sie hatten auch gleichberechtigt an den Segnungen des Wirtschaftswunders teil. Aber aufgrund des vom Anfang der 1970er-Jahre verfügbaren empirischen Materials ist nachvollziehbar, dass auch zu diesem Zeitpunkt noch keine Chancengleichheit zwischen Alt- und Neubürgern bestand. Sieht man sich die individuell und alterspezifisch bestimmte psychologische Seite des Eingliederungsvorgangs an, so zeigt die Integration bis in die Gegenwart ihre Folgen [...]. Es ist auch bei der Eingliederung der Flüchtlinge und Vertriebenen von einem Prozess auszugehen, der drei und mehr Generationen in Anspruch nimmt und der von Beharren und Einfügen gekennzeichnet ist.

Zum Mythos des Integrationswunders gehört auch, dass sich der Eingliederungsprozess von fast einem Viertel der bundesdeutschen Bevölkerung quasi selbstläufig und weitgehend geräuschlos, auf wundersame Weise vollzogen habe. Das positive Ergebnis des Experiments stand weder von Anfang an fest, auch wenn es rückblickend so erscheinen mag, noch verlief es spannungsfrei. Im Gegenteil, es war ein Vorgang, der in einem von Auseinandersetzungen geprägten langen Zeitraum beiden Seiten große Anstrengungen und Anpassungsleistungen abverlangte. Das Zusammenwachsen vollzog sich unter den Bedingungen eines in hohem Maße als „Konfliktgemeinschaft" zu charakterisierenden Gegeneinander, das sich erst allmählich zu einem Nebeneinander entwickelte, um dann zum Zusammen- und schließlich zum Miteinanderleben von Alt- und Neubürgern zu führen.

Mathias Beer, Flüchtlinge und Vertriebene in den Westzonen und der Bundesrepublik Deutschland, in: Stiftung Haus der Geschichte der Bundesrepublik Deutschland (Hrsg.), Flucht, Vertreibung, Integration, Bielefeld 2005, S. 108-123, hier S. 122 f.

1. *Geben Sie in eigenen Worten wieder, was Beer unter Realität und Mythos des „Eingliederungswunders" versteht.*
2. *Setzen Sie Beers Ausführungen mit M1 und M3 in Beziehung.*
3. *Erläutern Sie, welche Maßnahmen und Entwicklungen das Zustandekommen des „Integrationserfolges" in Westdeutschland ermöglichten.*
4. *Erörtern Sie, inwiefern von einem „Eingliederungswunder" gesprochen werden kann.*

[1] **Topos**: feste Wendung, immer wieder gebrauchte Formulierung

Flucht und Vertreibung als Erinnerungsort

▲ **„Kreuz des deutschen Ostens" im niedersächsischen Bad Harzburg.**
Foto vom 22. Februar 2011. Das Kreuz wurde 1950 errichtet und 2000 durch eine neue Konstruktion ersetzt. Die Inschrift lautet heute: „Stätte des Gedenkens an Vertreibung und Heimatverlust. Stätte der Ablehnung jeder Gewaltherrschaft. Kreuz der Verständigung, der Versöhnung und des Friedens."
- *Nehmen Sie Stellung zum Namen des Kreuzes.*
- *Recherchieren Sie, ob es auch in Ihrer Umgebung ein Vertriebenendenkmal gibt, und beurteilen Sie, ob mit Blick auf „Flucht und Vertreibung" von einem Tabuthema gesprochen werden kann.*

An Flucht und Vertreibung öffentlich erinnern ■ Gegenwärtig gibt es schätzungsweise 1500 Denkmäler, die in der Bundesrepublik an Flucht und Vertreibung von Deutschen am Ende des Zweiten Weltkrieges sowie in der unmittelbaren Nachkriegszeit erinnern. Allein diese hohe Zahl an Gedenkorten, die über die Jahrzehnte seit Anfang der 1950er-Jahre entstanden sind, weist auf die erhebliche Präsenz des Themas in der öffentlichen Wahrnehmung hin. Das Reden und Schreiben über Flucht und Vertreibung ist – anders als vielfach in den vergangenen Jahren zu lesen und zu hören war – keineswegs mit einem Tabu besetzt gewesen. Zahlreiche Gedenkveranstaltungen, Debatten im Bundestag, Sonderbriefmarken, wissenschaftliche Publikationenen, Romane, Ausstellungen, Filme, Fernsehdokumentationen und eben auch Denkmäler dokumentieren vielmehr die stete und intensive öffentliche Erinnerung an Flucht und Vertreibung sowie an die Geschichte der Deutschen in den „Vertreibungsgebieten" in der Bundesrepublik seit ihrer Gründung 1949.

Funktionen von Erinnerung ■ Der Inhalt dessen, woran erinnert wurde, änderte sich allerdings erheblich. Öffentliche Erinnerung ist kein Selbstzweck, sondern erfüllt spezifische Funktionen und handfeste Interessen. Mit „Erinnerungen" werden politische Inhalte verbunden. „Erinnern" und „verschweigen" sind aktive Prozesse, die von unterschiedlichen Akteuren vorangetrieben und im Konflikt oder im Konsens ausgehandelt werden. Das „kollektive Gedächtnis" ist nicht einfach vorhanden und fest zementiert. Es ist vielmehr eine gesellschaftliche Konstruktion, die gefüllt ist mit ständig sich wandelnden Selbst- und Fremdbildern. Erinnerung ist immer auch eine Machtfrage, ein Ergebnis politischer Instrumentalisierungen, die dem Ziel folgen, politische Vorstellungen zu dokumentieren sowie innen- und außenpolitische Auseinandersetzungen für sich zu entscheiden.

Flucht und Vertreibung sowie der damit eng verbundene „deutsche Osten" als „Vertreibungsgebiet" wurden in der Bundesrepublik anfänglich vor allem deshalb auf der politische Bühne thematisiert, weil sich damit die Forderung nach einer Revision der deutschen Ostgrenzen und nach der Rückgabe der nach dem Zweiten Weltkrieg verlorenen Ostgebiete des Deutschen Reiches aufrechterhalten ließ. Außerdem lagen die „Vertreibungsgebiete" seit den späten 1940er-Jahren als Teil des „Ostblocks" jenseits des „Eisernen Vorhanges" und gehörten damit zum von der Sowjetunion angeführten Feind im „Kalten Krieg". Deshalb bildete die Erinnerung an Flucht und Vertreibung auch ein Element des die frühe Bundesrepublik prägenden, im Alltag stets präsenten Antikommunismus. Darüber hinaus verfolgte die Erinnerungspolitik das Ziel, die mit vielen politischen, wirtschaftlichen und sozialen Herausforderungen verbundene Integration der Flüchtlinge und Vertriebenen zu begleiten, indem immer wieder die Zugehörigkeit der zugewanderten Zwangsmigranten zur „deutschen Nation" und zur Bevölkerung der Bundesrepublik hervorgehoben wurde (▸ M1). Insbesondere in den 1950er-Jahren war zudem die stete bundesdeutsche Thematisierung von Flucht und Vertreibung mit der Hoffnung verbunden, finanzielle Unterstützung aus dem Ausland für die Integration von Flüchtlingen und Vertriebenen erhalten zu können. Auch später noch sollte der Hinweis auf diese materiellen Belastungen anderen Staaten deutlich machen, dass die Aufnahme von Asylsuchenden aus Europa und anderen Teilen der Welt die Bundesrepublik überfordere.

In den Reden bundesdeutscher Politiker und in den medialen Diskussionen der 1950er- und 60er-Jahre begannen Flucht und Vertreibung mit dem Vormarsch der Roten Armee über die Reichsgrenzen im Osten. Der Zweite Weltkrieg, die Bedingungen, Formen und Folgen der deutschen Eroberungszüge seit 1939 blieben demgegenüber meist unerwähnt. Und wenn Deutsche mit den Ereignissen des Zweiten Weltkrieges und mit deutschen Massenmorden konfrontiert wurden, dann sollte der Hinweis auf „Vertreibungsverbrechen“ und auf von Deutschen erlittenes Unrecht relativierend wirken und ein moralisches Gegengewicht bieten.

▲ **„Die Flucht der Deutschen.“** *Titelbild einer Spezialausgabe des Magazins „Der Spiegel“, Nr. 2 von 2002.*

▪ *Recherchieren Sie verschiedene Formen von Erinnerung zum Thema „Flucht und Vertreibung der Deutschen“. Gestalten Sie dazu ein Plakat.*

Politische Instrumentalisierungen Im Kontext der politischen Instrumentalisierung der Flüchtlinge und Vertriebenen als Opfer und als Objekte für politische Forderungen blieb wenig Raum für deren persönliche Erinnerungen und Erfahrungen: Erst seit den 1980er-Jahren haben sich mancherlei Initiativen entwickelt, die die biografische Dimension ernst nahmen und damit das Handeln von Flüchtlingen und Vertriebenen als Individuen, die ihr Leben gestalteten, Flucht und Vertreibung individuell erinnerten, verarbeiteten, bewältigten und mitteilten. Bis dahin war die persönliche Erinnerung an Flucht und Vertreibung, aber auch an die eigene Geschichte in den Herkunftsgebieten und die individuelle Bindung an eine emotionale Heimat vornehmlich eine private Angelegenheit geblieben. Und kaum jemals in den Fokus der Erinnerungspolitik geriet auch die Aufnahme und Integration von Flüchtlingen und Vertriebenen, denen die Aufnahmebevölkerung anfangs nur selten solidarisch, tolerant und hilfsbereit begegnete, sodass Ausgrenzung für die Zuwanderer zum Alltag gehörte. Damit blieb die öffentliche Erinnerung an Flucht und Vertreibung aus politischen Gründen insgesamt ausgesprochen selektiv: Das, woran in der Öffentlichkeit als Flucht und Vertreibung erinnert wurde, hatte durch das Verschweigen der Bezüge zum Zweiten Weltkrieg keine Vorgeschichte und durch das Verschweigen der Probleme der Integration auch keine Folgen. Sie hatte nicht einmal Menschen zum Gegenstand, sondern nur Opfer (▸ M2).

Die Erinnerung an Flucht und Vertreibung in der DDR und in Ostmittel- und Südosteuropa nahm andere Züge an. In der Sowjetischen Besatzungszone und in der frühen DDR waren politische Diskussionen um die neuen Grenzziehungen im Osten und um die ehemaligen deutschen Ostgebiete politisch unerwünscht. Nicht zuletzt deshalb lag es im Bemühen der SED-Führung, keine öffentliche Erinnerung an Flucht und Vertreibung zuzulassen.[1] Auch in den Staaten Ostmittel- und Südosteuropas gab es über viele Jahrzehnte kein amtliches Interesse an einer Erinnerung an die Zwangsmigration und die vormalige Anwesenheit von Deutschen.

▲ **„Zehn Jahre Vertreibung 1945-1955.“** *Sonderbriefmarke der Deutschen Bundespost von 1955.*

[1] Siehe hierzu ausführlich Seite 62.

▸ **„Zentrum gegen Vertreibung."**
Karikatur von Walter Hanel, September 2003.

- *Analysieren Sie die Karikatur. Informieren Sie sich dazu im Vorfeld über die Stiftung „Zentrum gegen Vertreibungen" des Bundes der Vertriebenen und über die Debatte die darüber geführt wurde. Internettipp: www.zeitgeschichte-online.de/themen/materialien-zur-debatte-um-das-zentrum-gegen-vertreibungen*

Lesetipps

- *Eva und Hans Henning Hahn, Die Vertreibung im deutschen Erinnern. Legenden, Mythos, Geschichte, Paderborn 2011*
- *Jan M. Piskorski, Vertreibung und deutsch-polnische Geschichte. Eine Streitschrift, Osnabrück 2005*

Internettipp

Ende August 2013 unterzeichneten die Ministerpräsidenten von Bayern und Hessen eine Proklamation zur Einführung eines Gedenktages für die Opfer von Flucht, Vertreibung und Deportation. Der Gedenktag soll in Bayern und Hessen erstmals am 14. September 2014 begangen werden. Siehe hierzu: www.bayern.de/presse4mitteilungen-.1255.10449097/index.htm

Erinnerungspolitischer Wandel In der Bundesrepublik setzten erinnerungspolitische Veränderungen in den frühen 1970er-Jahren ein. Mit der bundesdeutschen „Neuen Ostpolitik" begann eine neue Phase: Weil sich die Bundesregierung um eine Verständigung mit den Staaten Ost-, Ostmittel- und Südosteuropas bemühte, sah sie keinen Raum mehr für das regierungsamtliche Herausstellen von „Vertreibungsverbrechen" und das Beharren auf einer Revision der deutschen Grenzen im Osten (▸ M3). Das Thema wurde aber nicht grundsätzlich in der öffentlichen Diskussion tabuisiert, vielmehr traten andere erinnerungspolitische Akteure deutlich stärker in den Vordergrund. Darunter sind insbesondere die staatlich weitreichend finanzierten und privilegierten Interessenverbände von Flüchtlingen und Vertriebenen mit dem „Bund der Vertriebenen" an der Spitze zu nennen. Zugleich begann mit der zunehmenden geschichtswissenschaftlichen Auseinandersetzung mit der nationalsozialistischen Diktatur, dem Zweiten Weltkrieg und der unmittelbaren Nachkriegszeit eine intensive Einordnung der Geschehnisse von Flucht und Vertreibung in die Gewaltgeschichte des 20. Jahrhunderts.

Mit dem Zusammenbruch der autoritären kommunistischen Systeme im Osten Europas und der Öffnung des „Eisernen Vorhanges" 1989/90 kam es schließlich zu einer verstärkten Europäisierung der Geschichte von Flucht, Vertreibung und Umsiedlung im Umfeld des Zweiten Weltkrieges. Die Zwangsmigrationen der Deutschen werden heute

- als Ereignis und Ergebnis des Zweiten Weltkrieges verstanden,
- aus der Geschichte der nationalsozialistischen Expansionspolitik heraus erklärt,
- als europäisches, schließlich auch globales Phänomen und Problem der Entwicklung nationalstaatlicher Homogenisierungsvorstellungen verortet und
- als ein zentrales Ereignis in die Geschichte der Zwangsmigrationen im Europa des 20. Jahrhunderts gefügt (▸ M4 und M5).

M1 „Charta der deutschen Heimatvertriebenen“

Am 5. August 1950 unterzeichnen die Sprecher der Vertriebenenverbände bzw. ostdeutschen Landsmannschaften die sogenannte „Charta der deutschen Heimatvertriebenen“. Am folgenden Tag wird sie bei einer Massenkundgebung in Stuttgart-Bad Cannstatt verkündet. Darin heißt es:

1. Wir Heimatvertriebenen verzichten auf Rache und Vergeltung. Dieser Entschluss ist uns ernst und heilig im Gedenken an das unendliche Leid, welches im Besonderen das letzte Jahrzehnt über die Menschheit gebracht hat. **2.** Wir werden jedes Beginnen mit allen Kräften unterstützen, das auf die Schaffung eines geeinten Europa gerichtet ist, in dem die Völker ohne Furcht und Zwang leben können. **3.** Wir werden durch harte, unermüdliche Arbeit teilnehmen am Wiederaufbau Deutschlands und Europas. Wir haben unsere Heimat verloren. Heimatlose sind Fremdlinge auf dieser Erde. Gott hat die Menschen in ihre Heimat hineingestellt. Den Menschen mit Zwang von seiner Heimat trennen, bedeutet, ihn im Geiste töten. Wir haben dieses Schicksal erlitten und erlebt. Daher fühlen wir uns berufen zu verlangen, dass das *Recht auf die Heimat* als eines der von Gott geschenkten Grundrechte der Menschheit anerkannt und verwirklicht wird. [...]
Die Völker der Welt sollen ihre Mitverantwortung am Schicksal der Heimatvertriebenen als der vom Leid dieser Zeit am schwersten Betroffenen empfinden. Die Völker sollen handeln, wie es ihren christlichen Pflichten und ihrem Gewissen entspricht. Die Völker müssen erkennen, dass das Schicksal der deutschen Heimatvertriebenen, wie aller Flüchtlinge, ein Weltproblem ist, dessen Lösung höchste sittliche Verantwortung und Verpflichtung zu gewaltiger Leistung fordert. Wir rufen die Völker und Menschen auf, die guten Willens sind, Hand anzulegen ans Werk, damit aus Schuld, Unglück, Leid, Armut und Elend für uns alle der Weg in eine bessere Zukunft gefunden wird.

www.hdg.de/lemo/html/dokumente/JahreDesAufbausInOstUnd West_erklaerungCharta DerHeimatvertriebenen/index.html (Zugriff: 4. März 2014)

1. *Gliedern Sie die „Charta“ nach Erklärungen und Forderungen und geben Sie deren zentrale Inhalte wieder.*
2. *Ordnen Sie die Quelle in den historischen Kontext ein, indem Sie insbesondere auf die Vorgeschichte von Flucht und Vertreibung eingehen.*
3. *Interpretieren Sie den Verzicht auf „Rache und Vergeltung“ (Zeile 1 f.).*

▲ **Verkündung der „Charta“.**
Foto von 1950.
Am 6. August 1950 wird die „Charta der deutschen Heimatvertriebenen“ auf einer Kundgebung von rund 70 000 Heimatvertriebenen vor dem Neuen Schloss in Stuttgart verkündet.

M2 „Opfergeschichten“

Der Historiker Philipp Ther schreibt zu den Opfern „ethnischer Säuberungen“:

Opfergeschichten haben in jüngster Zeit eine globale Konjunktur. Dies ist begrüßenswert, denn es vervollständigt die Kenntnisse über Gruppen, deren Schicksal der öffentlichen Aufmerksamkeit lange Zeit entgangen ist. Doch mit der Anerkennung vergangenen Leids verbinden sich politische Interessen. Außerdem impliziert der Begriff des Opfers eine Dichotomie[1] mit Tätern. Vor allem bei den deutschen Vertriebenen, aber auch in vielen anderen Fällen funktioniert diese Gegenüberstellung nicht. Man muss grundsätzlich zur Kenntnis nehmen, dass die Opfer ethnischer Säuberungen oft Partei in einem länger anhaltenden Konflikt genommen oder sogar selbst Gewalt angewandt hatten.
Diese Feststellung beinhaltet nicht, dass man keine Empathie empfinden sollte. Jede Reise auf dem Flüchtlingstreck, jedes erfrorene Kind und jeder erschossene Familienangehörige, die Aufnahme im Flüchtlingslager, der mühsame Beginn eines neuen Lebens fern der alten Heimat bedeutete großes Leid. Doch diese vielfältigen Traumata erschweren häufig den Blick auf Betroffene jenseits der eigenen Gruppe. [...] Außerdem liegt in der Konzentration auf die Opfer die Gefahr, dass

[1] **Dichotomie**: Zweiteilung

die Erklärung der Ursachen ethnischer Säuberungen [...] in den Hintergrund rückt.

Philipp Ther, Die dunkle Seite der Nationalstaaten. „Ethnische Säuberungen" im modernen Europa, Göttingen 2011, S. 17

1. *Geben Sie wieder, was es nach Ther bei der Beschäftigung mit „Opfergeschichten" zu bedenken gilt.*
2. *Setzen Sie M1 und M2 (siehe Seite 69 f.) miteinander in Beziehung.*
3. *Nehmen Sie Stellung zu der in M1 zum Tragen kommenden Auffassung, dass die Flüchtlinge und Vertriebenen die vom Leid jener Zeit am schwersten Betroffenen seien (vgl. Zeile 18 bis 20).*

M3 Annäherung zwischen Polen und Deutschen

Polnische Bischöfe verweisen in einem Brief an ihre deutschen Amtsbrüder vom 18. November 1965 auf beiderseitige Opfer:

Die Belastung der beiderseitigen Verhältnisse ist immer noch groß und wird vermehrt durch das sogenannte „heiße Eisen" dieser Nachbarschaft. Die polnische Westgrenze an Oder und Neiße ist, wie wir wohl verstehen, für Deutschland eine äußerst bittere Frucht des letzten Massenvernichtungskrieges – zusammen mit dem Leid der Millionen von Flüchtlingen und vertriebenen Deutschen (auf interalliierten Befehl der Siegermächte – Potsdam 1945 – geschehen). [...] Für unser Vaterland, das aus dem Massenmorden nicht als Siegerstaat, sondern bis zum Äußersten geschwächt hervorging, ist es eine Existenzfrage (keine Frage „größeren Lebensraumes"!); es sei denn, dass man ein über 30-Millionen-Volk in den engen Korridor eines „Generalgouvernements" von 1939 bis 1945 hineinpressen wollte – ohne Westgebiete; aber auch ohne Ostgebiete, aus denen seit 1945 Millionen von polnischen Menschen in die „Potsdamer Westgebiete" hinüberströmen mussten. Wo sollten sie auch damals hin.
Und trotz alledem, trotz dieser fast hoffnungslos mit Vergangenheit belasteten Lage, gerade aus dieser Lage heraus, hochwürdige Brüder, rufen wir Ihnen zu: Versuchen wir zu vergessen! Keine Polemik, kein weiterer kalter Krieg, aber der Anfang eines Dialogs. [...]
In diesem allerchristlichsten und zugleich sehr menschlichen Geist strecken wir unsere Hände zu Ihnen hin [...], gewähren Vergebung und bitten um Vergebung.

Im Antwortschreiben der deutschen Bischöfe vom 5. Dezember 1965 heißt es:

Millionen von Polen mussten aus dem Osten in die ihnen zugewiesenen Gebiete übersiedeln. Wir wissen wohl, was darum für das heutige Polen diese Gebiete bedeuten. Aber auch Millionen Deutsche mussten ihre Heimat verlassen, in der ihre Väter und Vorfahren lebten. Diese waren nicht als Eroberer in das Land gezogen, sondern im Laufe der Jahrhunderte durch die einheimischen Fürsten gerufen worden. Deshalb müssen wir Ihnen in Liebe und Wahrhaftigkeit sagen: Wenn diese Deutschen von „Recht auf Heimat" sprechen, so liegt darin – von einigen Ausnahmen abgesehen – keine aggressive Absicht. Unsere Schlesier, Pommern und Ostpreußen wollen damit sagen, dass sie rechtens in ihrer alten Heimat gewohnt haben und dass sie dieser Heimat verbunden bleiben. Dabei ist ihnen bewusst, dass dort jetzt eine junge Generation heranwächst, die das Land, das ihren Vätern zugewiesen wurde, ebenfalls als ihre Heimat betrachtet.

Erster Text: Edith Heller, Macht, Kirche, Politik. Der Briefwechsel zwischen den polnischen und deutschen Bischöfen im Jahre 1965, Köln 1992, S. 211 f.; zweiter Text: Edith Heller, a. a. O., S. 217

1. *Fassen Sie die Botschaften der Briefe zusammen.*
2. *Erläutern Sie, welche Schritte der Annäherung zwischen Polen und Deutschen hier vollzogen werden.*
3. *Setzen Sie die Quellen M1 und M3 auf Seite 69 und 70 in Beziehung.*
4. *Im Zwei-plus-Vier-Vertrag wurden die Ostgrenzen des vereinigten Deutschland im Jahr 1990 endgültig festgeschrieben. Beurteilen Sie, was dies für das von den Vertriebenen geforderte „Recht auf Heimat" einerseits und für die deutsch-polnischen Beziehungen andererseits bedeutete.*

M4 Vertreibungen als europäisches Thema

Der Historiker Bernd Faulenbach legt dar, warum Flucht und Vertreibung am Ende des Zweiten Weltkrieges und danach heute zu einem europäischen Thema geworden sind:

Zwangsmigrationen, Flucht, Vertreibungen, Deportationen und Ähnliches waren im 20. Jahrhundert ein verbreitetes Phänomen, das nach Schätzungen verschiedener Historiker 50 bis 70 Millionen Menschen betraf, von denen etwa 14 Millionen Deutsche waren. Auf jeden vertriebenen Deutschen entfallen mithin mindestens zwei weitere Vertriebene anderer Nationalität, die ein vergleichbares Schicksal erlitten

haben. In jedem Fall war für die betroffenen Menschen – ungeachtet ihrer Nationalität – Vertreibung mit Leid vielfältiger Art verbunden. Häufig bedeutete sie auch den Tod.
Vertreibungen fanden in Europa im Wesentlichen in drei Wellen statt, von den Balkankriegen bis zum griechisch-türkischen „Bevölkerungsaustausch" 1923/24 ging die erste Welle, die zweite setzte am Vorabend des Zweiten Weltkrieges ein und erstreckte sich bis Ende der 1940er-Jahre, die dritte hat in unserer Gegenwart in den 1990er-Jahren stattgefunden. Die zweite umfasste bei Weitem die meisten Menschen, Millionen kamen in dieser Zeit bei den Vertreibungen um.
Aufs Ganze gesehen spielten der Nationalismus und das Ziel, ethnisch „reine" Nationalstaaten zu schaffen, eine zentrale Rolle als Triebkräfte der Vertreibungen, doch waren auch machtpolitische und imperialistische Kalküle bedeutsam. Hierbei waren in der Regel Kriege und Kriegsfolgen die Voraussetzung von Vertreibungen, wenn sie nicht sogar den wesentlichen Inhalt des Krieges mit ausmachten. [...]
Der europäische Zusammenhang der Vertreibung der Deutschen ist damit offensichtlich. Keine Frage: Bei den Deutschen handelte es sich um die größte der vertriebenen Gruppen; bei ihrer Vertreibung kam eine beträchtliche Zahl von Menschen ums Leben, [Norman M.] Naimark geht von mehr als zwei Millionen aus. Und doch ist die Vertreibung der Deutschen nur ein Teil der europäischen Tragödie.

Bernd Faulenbach, Vertreibungen – ein europäisches Thema, in: Stiftung Haus der Geschichte der Bundesrepublik Deutschland (Hrsg.), Flucht, Vertreibung, Integration, Bielefeld 2005, S. 188-195, hier S. 189 f.

1. *Beschreiben Sie, was Flucht und Vertreibung nach Faulenbach zu einem europäischen Thema macht.*
2. *Ordnen Sie die NS-Politik in Osteuropa und die Flucht und Vertreibung der Deutschen in den skizzierten europäischen Zusammenhang ein.*

M5 „Erst die deutschen Hausaufgaben machen"

Die Historiker Eva und Hans Henning Hahn schreiben 2003 zu einer Europäisierung der Erinnerung an die Vertreibung der Deutschen aus Osteuropa:

Wichtigster Stein des Anstoßes [...] ist [...] die Verschleierung historischer und politischer Zusammenhänge durch das Schlagwort „ethnische Säuberungen". Es suggeriert, die Sehnsucht nach ethnischer Homogenität sei der Hauptgrund dafür gewesen, dass die Gegner Hitlerdeutschlands während des Zweiten Weltkrieges auf die Idee gekommen seien, deutsche Minderheiten aus Osteuropa auszusiedeln. Die Chimäre[1] des monoethnischen Staates sei die Ursache dafür gewesen, warum sie die furchtbaren Umsiedlungen sanktioniert hätten. [...]
Die Vertreibung, 1945 durchgeführt und in Potsdam sanktioniert, war die Frucht einer Ratlosigkeit angesichts des Krieges und seiner Vorgeschichte. Dies mit dem Schlagwort ethnische Säuberung zu europäisieren, ist keine adäquate historische Interpretation. Es verschleiert, verdeckt, vernebelt und führt letztlich dazu, den Nationalsozialismus und seine Praxis „ebenbürtig" zu machen.
Für die Vertriebenenverbände und ihre seit über 50 Jahren als ready-made angebotene Argumentationsfigur erweist sich die Vokabel „ethnische Säuberung" heute als höchst dienlich. Wäre es nicht an der Zeit, zunächst die deutschen Hausaufgaben zu erledigen, bevor man daran geht, das europäische Gedächtnis an die Vertreibungen zu gestalten? [...]
Der notwendigen und erkenntnisfördernden Polyphonie[2] historischer Erinnerungen, Perspektiven und Interpretationen werden Schlagworte übergestülpt. Davor kann nur gewarnt werden. Eine angestrebte gemeinsame gesamteuropäische Gedächtniskultur darf nicht nationale Erinnerungsprobleme europäisch verwässern und entsorgen. Eine neue europäische Erinnerungskultur darf nicht darin bestehen, sich auf eine gemeinsame Interpretation im Sinne des kleinsten gemeinsamen Nenners zu einigen.

Eva und Hans Henning Hahn, Erst die deutschen Hausaufgaben machen, in: Frankfurter Rundschau vom 25. Juli 2003

1. *Geben Sie wieder, welche Gefahren die Autoren in einer Europäisierung des Erinnerns an die Vertreibung der Deutschen aus Osteuropa sehen.*
2. *Erläutern Sie die Bedeutung „ethnischer Säuberungen" in der europäischen Geschichte.*
3. *Setzen Sie M1 (Seite 69) und M5 in Beziehung, indem Sie erläutern, in welcher Form die im Text angesprochene „Argumentationsfigur" der Vertriebenenverbände in der „Charta" auftaucht.*
4. *Erörtern Sie, ausgehend von M4 (Seite 70 f.) und M5, die Chancen und Gefahren eines europäischen Gedenkens.*

[1] **Chimäre**: Trugbild, Hirngespinst
[2] **Polyphonie**: Mehrstimmigkeit

Pilgerfahrten und Kreuzzüge

◂ **Christus führt ein Heer an.**
Französische Buchmalerei, Anfang des 14. Jahrhunderts.
Die Miniatur spielt auf die Offenbarung des Apostels Johannes im Neuen Testament der Bibel an: „[...] und sein Name heißt: ‚Das Wort Gottes'. Die Heere des Himmels folgten ihm auf weißen Pferden; sie waren in reines, weißes Leinen gekleidet. Aus seinem Munde kam ein scharfes Schwert; mit ihm wird er die Völker schlagen." (Offb. 19, 13-15).
Oben links in der Ecke erscheint die Gestalt Gottes, die die Reiter segnet.

- *Arbeiten Sie die Symbole des Krieges und des christlichen Glaubens heraus.*
- *Charakterisieren Sie auf Grundlage Ihrer Ergebnisse aus der ersten Aufgabe das Zusammenwirken von religiöser und militärischer Symbolik innerhalb des Bildes.*
- *Stellen Sie ausgehend von der Bildaussage Hypothesen zum Charakter von Kreuzzügen auf.*

Pilgerfahrten und Kreuzzugsbewegung	**4. Jh.**	Christliche Pilger unternehmen erste Reisen nach Jerusalem.
	634-640	Muslimische Araber erobern die Provinzen des christlichen Byzantinischen Reiches in Palästina und Syrien.
	1054	Die Kluft zwischen lateinischer Kirche (Rom) und griechischer Kirche (Byzanz) vertieft sich („Großes Schisma").
	1064	Der „Große Pilgerzug" führt mit angeblich über 7000 Teilnehmern nach Jerusalem.
	1071	Das byzantinische Heer unterliegt den muslimischen Seldschuken in der Schlacht von Manzikert, die Pilgerwege nach Jerusalem werden unterbrochen.
	März 1095	Der byzantinische Kaiser Alexios I. Komnenos bittet Papst Urban II. um Militärhilfe.
	27. Nov. 1095	Konzil von Clermont: Papst Urban II. ruft zum Kreuzzug auf.
Der Erste Kreuzzug	**April 1096**	Aufbruch zum sogenannten „Volkskreuzzug"; dieser endet im Oktober mit einer vernichtenden Niederlage der Kreuzfahrer in Kleinasien.
	Frühjahr/ Sommer 1096	Pogrome gegen Juden; viele bedeutende Judengemeinden im Rheinland, Südfrankreich und Böhmen werden vernichtet.
	ab Aug. 1096	Ritterheere aus Westeuropa ziehen in den Orient.
	15. Juli 1099	Der Erste Kreuzzug endet mit der blutigen Einnahme Jerusalems.
Kreuzfahrerherrschaften und Ritterorden	**1098-1109**	Vier Kreuzfahrerherrschaften entstehen: Grafschaft Edessa (1098), Fürstentum Antiochia (1098), Königreich Jerusalem (1100), Grafschaft Tripolis (1109).
	1119	Der Ritterorden der Templer wird zum Schutz der Pilger gegründet.
	um 1135	Die aus der Bruderschaft des Spitals in Jerusalem hervorgegangenen Johanniter übernehmen auch militärische Aufgaben.
Weitere Kreuzzüge in den Vorderen Orient	**1145-1148**	Der zweite Kreuzzug beginnt nach dem Verlust der Grafschaft Edessa.
	1187	Sultan Saladin besiegt die Kreuzfahrer (Schlacht bei Hattin); Jerusalem fällt.
	1188-1192	Der Dritte Kreuzzug endet mit der Rückeroberung Akkons durch die Kreuzfahrer.
	1202-1204	Der Vierte Kreuzzug richtet sich auf Initiative Venedigs gegen Konstantinopel, das erobert und geplündert wird.
	1291	Akkon fällt an die Muslime zurück: die Herrschaft der „Kreuzfahrer" endet.

Eine tief verwurzelte Frömmigkeit, die Hoffnung auf Erlösung von Sünden, aber auch auf Genesung von Krankheit und andere irdische Verbesserungen veranlassten viele Christen im europäischen Mittelalter dazu, weite und anstrengende Reisen an für sie heilige Orte zu unternehmen. Als *Pilger* besuchten sie die letzten Ruhestätten von *Heiligen* oder deren sterblichen Überresten (*Reliquien*), gaben Spenden und beteten für ihr Seelenheil. Heilige galten als Fürsprecher vor Gott. Sie selbst, so war man sich sicher, konnten zu ihren Lebzeiten und noch danach Wunder vollbringen.

Die Pilger setzten sich unterwegs Hunger, den Wetterbedingungen sowie der Gefahr von wilden Tieren oder Überfällen aus. Im Laufe der Zeit entstanden vor allem entlang großer Pilgerstrecken Herbergen und Hospitäler. Als europaweit bedeutende Pilgerziele galten *Rom* und *Santiago de Compostela* auf der Iberischen Halbinsel. Die angesehenste *Pilgerfahrt* war jedoch die nach *Jerusalem*, dem Ort des biblischen Heilsgeschehens. Ende des 11. Jahrhunderts nahmen muslimische *Seldschuken* die Stadt ein und eroberten Syrien und Palästina. Damit war der Landweg nach Jerusalem für christliche Pilger gefährdet. Ein militärisches Hilfegesuch des byzantinischen Kaisers nutzte Papst *Urban II.* dazu, am Rande einer Kirchenversammlung im französischen *Clermont* 1095 zu einer „bewaffneten Wallfahrt" gegen die Feinde des christlichen Glaubens und zur Befreiung Jerusalems aufzurufen. Dies war der Beginn einer „Kreuzzugsbewegung", die zunächst das *Heilige Land*, später aber auch Gebiete in Europa zum Ziel hatte. Für die Unternehmungen spielten religiöse, machtpolitische und wirtschaftliche Gründe eine Rolle.

Im Heiligen Land wurden im Zuge des Ersten Kreuzzuges, der 1099 mit der Eroberung Jerusalems endete, vier *Kreuzfahrerherrschaften* errichtet. Sie waren von der Unterstützung des Westens abhängig und durch muslimische Angriffe bedroht. Die Folge war eine Militarisierung des Kreuzzugsgedankens: *Ritterorden* entstanden, die neben der Krankenpflege auch militärische Aufgaben übernahmen.

In den Kreuzfahrerherrschaften lebten Christen, Muslime und Juden gemeinsam – aber nicht gleichberechtigt. So kam es neben den kulturellen Kontakten auch zu Konflikten. Bis Ende des 12. Jahrhunderts ließen sich in den eroberten Gebieten etwa 100 000 „Lateiner" nieder. Sie waren jedoch gegenüber den Muslimen in der Minderheit. Italienische Stadtstaaten wie *Venedig*, *Pisa* und *Genua* errichteten in den Herrschaftsgebieten Niederlassungen. Sie profitierten vom Transport der „Kreuzfahrer". Die *Kreuzzüge* ins Heilige Land und die Kreuzfahrerherrschaften blieben allerdings eine Episode – Muslime eroberten das Land bis 1291 in mehreren Etappen vollständig zurück.

In der Erinnerung des Abendlandes waren die Kreuzzüge stets präsent. Dagegen wurden sie in der Geschichtskultur des Islam lange nur als Kämpfe unter vielen wahrgenommen. Erst seit dem 19. Jahrhundert verglichen einige muslimische Historiker die mittelalterlichen Kreuzzüge mit dem europäischen Imperialismus. Die mittelalterliche Vertreibung der Europäer aus dem Nahen Osten sollte zum Kampf für einen arabischen Nationalstaat motivieren. Seither ist die Metapher vom „Kreuzzug" in der politischen Rhetorik fest verankert.

Wichtige Namen
- Alexios I. Komnenos
- Imad ad-Din Zengi
- Jesus von Nazareth
- Mohammed
- Saladin
- Urban II.

Wichtige Begriffe
- Ablass
- Konzil von Clermont
- „Gerechter Krieg"
- Gottesfrieden
- Heiliges Land
- Kreuzzug
- Pilger
- Pilgerfahrt
- Reliquienkult
- Ritterorden
- Seldschuken

Wichtige Orte/Gebiete
- Akkon
- Genua
- Jerusalem
- Konstantinopel
- Kreuzfahrerherrschaften
- Levante
- Outremer
- Pisa
- Venedig

In diesem Kapitel erwerben Sie die **Kompetenz**,
- Voraussetzungen von Pilgerfahrten und Kreuzzügen zu analysieren und zu erklären,
- Jerusalem als heilige Stadt dreier Weltreligionen zu charakterisieren,
- wirtschaftliche und machtpolitische Aspekte von Pilgerfahrten und Kreuzzügen zu erläutern.

Zur Methoden-Kompetenz siehe Seite 96 bis 99 („Rede").

Frömmigkeit und Heiligenverehrung Natur und Klima bestimmten in der Zeit des frühen und hohen Mittelalters (ca. 500-1250) das tägliche Leben der Menschen in Europa deutlich stärker als heute. Kälteperioden und nasse Sommer führten oft zu Ernteausfällen, Unterernährung und Hungersnöten. Eine mangelnde Hygiene begünstigte Seuchen und Krankheiten, die die Zeitgenossen weder heilen noch eindämmen konnten. Konflikte zwischen lokalen Herrschern und Raubzüge bedrohten das Leben der Menschen zusätzlich. Die Bevölkerung glaubte fest daran, dass Gott die Menschen mit derartigen Schicksalsschlägen für ihr sündhaftes Verhalten bestrafe. Zudem sahen die Christen ihr Verweilen auf der Erde nur als Durchgangsstation zur Erlösung (Paradies) oder Verdammnis (Hölle). Das den Menschen vor dem Jüngsten Gericht auferlegte irdische Dasein galt als Bewährungsprobe für ein ewiges Leben im Jenseits. So entwickelten die Gläubigen aus ihrer *Gottesfurcht* heraus Strategien, um Gott gnädig zu stimmen und auf diese Weise sowohl irdischen Bestrafungen zu begegnen als auch das eigene Seelenheil nach dem Tode zu erlangen. Eine besondere Rolle kamen dabei der Verehrung von **Reliquien** und dem sich daraus entwickelnden *Reliquienkult* zu. Nach der christlichen Vorstellungswelt stellte der bußfertige Mensch, wenn er die Reliquie berührte oder in ihrer Nähe betete, Kontakt zum betreffenden *Heiligen* her. Dieser galt als Fürsprecher vor Gott und erwirkte für den Bittenden zum Beispiel die Heilung von einer Krankheit oder die Verbesserung der eigenen Lebenssituation. Die Heiligen – so besagt die Kirchenlehre – haben durch ihr Wirken einen überreichen Schatz an Gnade zusammengetragen. Diesen kann die Kirche als **Ablass** zeitlicher Sündenstrafen den Gläubigen zukommen lassen. Ein solcher Ablass war für die Menschen von unschätzbarem Wert.

Reliquien (von lat. reliquiae: Zurückgelassenes, Überbleibsel): Überreste vom Körper eines Heiligen oder Gegenstände, mit denen dieser in Berührung gekommen war, z.B. Kleidungsstücke

Ablass: Bestandteil der katholischen Bußlehre. Die Kirche kann Sündern (unter Auflagen: Reue, Buße) die jenseitigen Konsequenzen der Sünde erlassen oder mildern. Die Vergebung der eigentlichen Schuld, die über das ewige Leben entscheidet, bleibt jedoch allein Gott vorbehalten.

Pilgerfahrten Um zu Orten zu gelangen, an denen sich Reliquien befanden, unternahmen Christen seit dem 4. Jahrhundert oft weite Reisen. Der Sinn dieser unbewaffneten *Wallfahrten* (von mhdt. wallen: unterwegs sein) ging aber auch über die Heiligenverehrung hinaus. *Jesus Christus* und seine Jünger waren bei der Verbreitung der neuen Religionslehre ihr Leben lang unterwegs gewesen. Der *Pilger* (von lat. peregrinus: fremd) unternahm nun in der Nachfolge Christi (*imitatio Christi*) ebenso eine beschwerliche Reise über weite Strecken und setzte sich der Gefahr von Überfällen, Unwettern und Hunger aus. Diese Strapazen waren dabei bereits ein Bußakt, der einen Sündenablass in Aussicht stellte. Neben religiösen Motiven für eine *Pilgerfahrt* kamen teilweise auch Abenteuerlust und Neugierde hinzu, sich einmal aus dem eigenen begrenzten geografischen Umfeld zu lösen und neue Orte und Menschen kennenzulernen (▸ M1).

Die Pilgerfahrten erlebten ihren Höhepunkt vom 11. bis zum 13. Jahrhundert. Geistliche, Adlige und sogar Könige begaben sich ebenso auf die Reise wie einfache Bauern und Bürger. Neben Männern gingen auch Frauen und Kinder auf die Wanderschaft. Im Laufe der Zeit wuchs entlang großer Pilgerstrecken die Zahl von Herbergen, Pferdewechselstationen und Hospitälern. Eine Pilgerfahrt war allerdings nicht billig. Mittellose Pilger baten beispielsweise bei Verwandten, Freunden, Nachbarn, Bruderschaften oder Zünften um Spenden, um die Kosten für Reise, Unterbringung und **Votivgaben** bestreiten zu können. Gingen reiche Adlige auf weite Pilgerfahrten, hatten sie die Verwaltung ihres Besitzes und ihren Nachlass – für den Fall, dass sie nicht lebend zurückkehrten – zu regeln. Auch war es möglich, stellvertretend für eine andere Person eine Pilgerfahrt zu unternehmen. Manche Wohlhabende entsandten daher gar mehrere Personen zu unterschiedlichen Pilgerorten.

Reisende	Kilometer pro Tag
Fußwanderer	20-40
Reiter bei längerem Tourenritt	30-50
„Durchschnittsreisende", wenig eilig, mit Gefolge und Gepäck, z.B. Kaufleute	30-45
Eilige, rüstige Reiter	50-70
Kuriere, mit Pferdewechsel	50-80
Hochseegängiges Segelschiff	120-200

▲ **Reisegeschwindigkeiten im Mittelalter.**
Nach: Norbert Ohler, Reisen im Mittelalter, Düsseldorf/Zürich [4]2004, S. 111 (Auszug)

Votivgaben (von lat. votum: Gabe) symbolisches Opfer (Geldspende, Objekte aus Wachs), das an der heiligen Stätte für einen Ablass oder eine Bitte an den Heiligen dargebracht wird

▲ **Der Pilgerort Santiago de Compostela in Galicien/Spanien.**
Das linke Foto (Ausschnitt) aus dem Jahre 1990 zeigt einen Pilger bei seiner Ankunft am Pórtico de la Gloria („Ruhmesportal“) in der Kathedrale von Santiago de Compostela. Auf dem rechten Foto (Ausschnitt) vom August 2011 ist eine Gruppe von Pilgern mit ihren Pilgerausweisen zu erkennen.

- *Analysieren Sie, welche Aussagen über das heutige Pilgerwesen in beiden Fotos deutlich werden.*
- ✚ *Setzen Sie Ihre gewonnenen Eindrücke in Beziehung zu M1, M2 und M3 (Seite 85 bis 87) und erläutern Sie, inwiefern sich diese in den Materialien nachweisen lassen.*
- ✚ *Vergleichen Sie die Fotos aus der heutigen Zeit mit mittelalterlichen Bildern in Bezug auf ähnliche und divergierende Aussagen über das Pilgerwesen. Nutzen Sie dazu die Abbildungen in diesem Kapitel oder das Internet.*

Pilgerziele Zu den beliebtesten Pilgerzielen zählten *Rom* (Apostel Peter und Paul), *Santiago de Compostela* (Apostel Jakob) und *Jerusalem*, der Schauplatz des biblischen Heilsgeschehens. Daneben gab es auch viele kleinere Orte, die Reliquien erlangt hatten und die die Reisenden – manchmal als Zwischenstationen – aufsuchten. Der Besuch der Gläubigen brachte ihnen wirtschaftlichen Nutzen und steigerte ihre Bedeutung. Pilger brachten ihrerseits neue kulturelle Eindrücke und Ideen von ihren oft weiten Reisen mit in ihre Heimat. Doch unzureichende Kenntnisse fremder Sprachen und zahlreiche Vorurteile behinderten oft gründliche Kontakte (▸ M2 und M3).

Jerusalem: „Heilige Stadt“ der Christen, Juden und Muslime Der Horizont der Europäer war im Mittelalter räumlich auf drei Kontinente beschränkt: Europa, Afrika und Asien. Letzterer galt als besonders bedeutsam, nahm er doch in ihrer Vorstellung die gesamte Osthälfte der als bewohnbar geltenden Erdoberfläche ein. Außerdem beherbergte Asien zugleich zentrale Stätten des *Christentums*: Jesus Christus hatte sein Leben im Heiligen Land verbracht, war in Jerusalem gestorben. Nach mittelalterlichem Glauben galt die Stadt als Zentrum der Welt. Dort konnten Pilger bedeutende heilige Stätten wie die *Grabeskirche* an der Stelle der Kreuzigung und des Grabes Jesu besuchen.

Jerusalem bildete als Ort des Tempels des biblischen Königs *Salomon* auch die heilige Stadt des *Judentums*. Die Babylonier zerstörten das Gebäude zwar im 6. Jahrhundert v. Chr. und verbannten die Jerusalemer Oberschicht, doch wurde ihnen unter persischer Herrschaft über Palästina im Jahr 539 v. Chr. erlaubt, zurückzukehren und den Tempel wiederzuerrichten. Im Zuge eines großen Aufstandes gegen die spätere römische Herrschaft (*Jüdischer Krieg*, 66-74) zerstörte im Jahre 70 der römische Feld-

Ein Pilgerführer aus der Mitte des 12. Jahrhunderts enthält eine Predigt zur Pilgerfahrt zum Grab des hl. Apostel Jakob in Santiago de Compostela. Dort heißt es:

Die heilige Tugend des Apostels, die von der Jerusalemer Gegend übertragen wurde, erstrahlt im galicischen Vaterland durch göttliche Wunder. Bei seiner Basilika werden nämlich immer wieder vom Herrn [Gott] durch ihn göttliche Wunder gewirkt. Kranke kommen und werden geheilt, Blinde sehend gemacht, Lahme aufgerichtet, Stummen wird die Sprache geschenkt, vom Teufel Besessene werden befreit, Traurige werden getröstet, was jedoch noch bedeutender ist: die Gebete der Gläubigen werden erhört, die schweren Lasten der Vergehen genommen und die Fesseln der Sünder gelöst.

Zit. nach: Der Jakobsweg. Ein Pilgerführer aus dem 12. Jahrhundert. Übersetzt und kommentiert von Klaus Herbers, Stuttgart 2008, S. 16

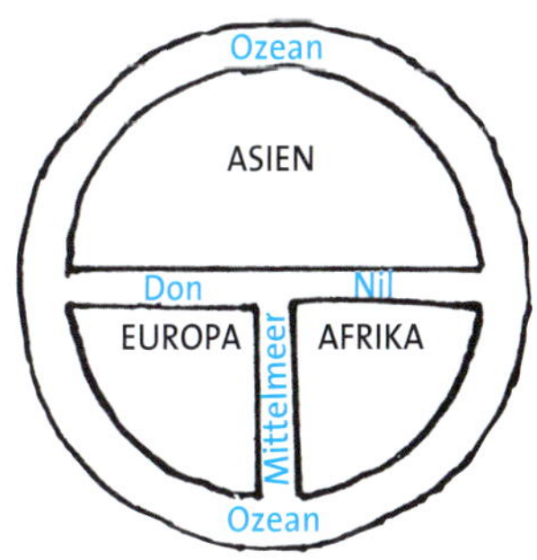

▲ **Mittelalterliches Schema der Erdoberfläche.**
Dieses Kartenschema tauchte erstmals um 600 in einer Schrift des Gelehrten Isidor von Sevilla auf.

Heiliges Land: religiöse Bezeichnung für das historische Land Israel

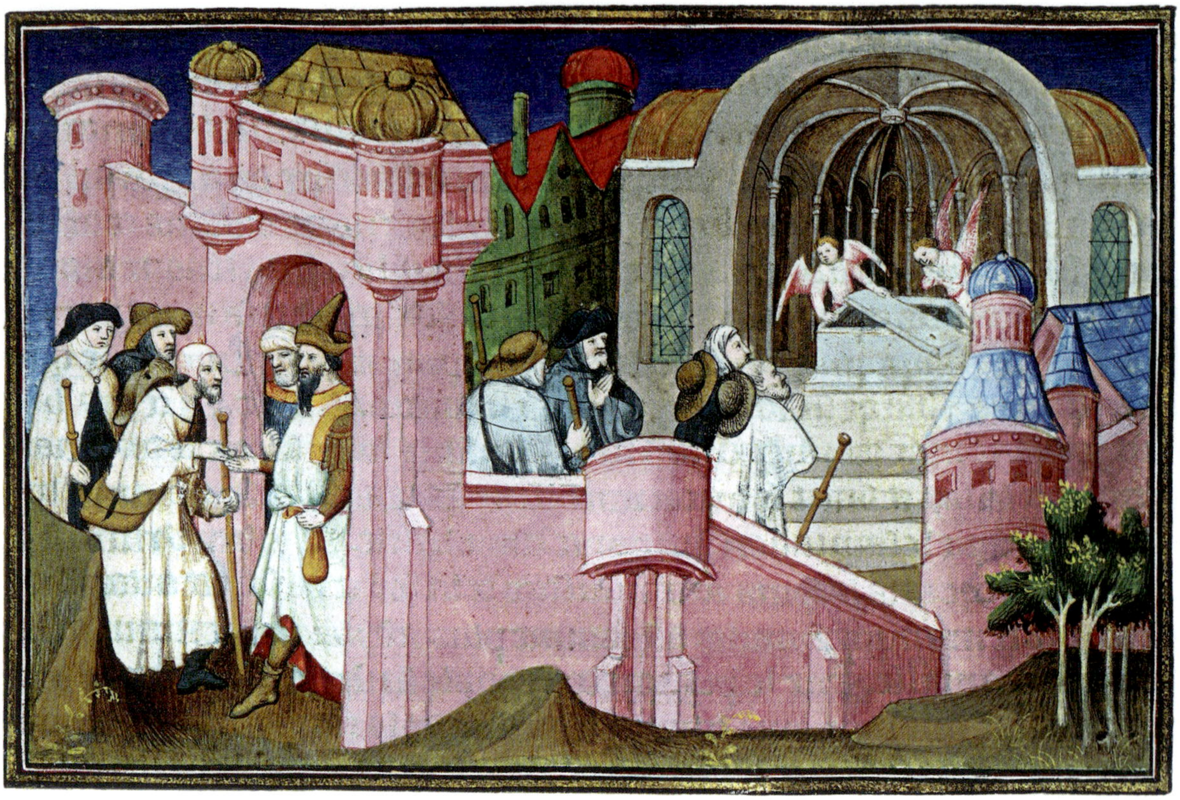

▲ **Christliche Pilger besuchen die Grabeskirche in Jerusalem.**
Illustration aus dem „Liber Peregrinationis" des Missionars Ricoldo da Monte di Croce (1243 - 1320), gedruckt um 1500.

- *Beschreiben Sie die Buchmalerei.*
- *Setzen Sie die Bildelemente in Beziehung zu M1 auf Seite 85 f. Erläutern Sie mithilfe der Textquelle den Inhalt der Miniatur.*
- *Beurteilen Sie, inwieweit die Miniatur mittelalterliche Pilgerfahrten repräsentativ darstellt. Berücksichtigen Sie dazu auch M1, M2 und M3 (Seite 85 bis 87).*

Lesetipp
Simon Sebag Montefiore, Jerusalem: die Biografie, Frankfurt am Main 2012

Byzantinisches Reich: Bezeichnung für die östliche, griechisch-orientalisch geprägte Hälfte des christlichen Römischen Reiches. Es bestand von 395 bis 1453 als eigenständiges Reich und kontrollierte in seiner Blütezeit Griechenland, Kleinasien und Teile Nordafrikas.

Mohammed (um 570 - 632): Gründer des Islam, Herrscher über weite Teile Arabiens. Mit seiner Auswanderung von Mekka nach Medina 622 begann die arabische Zeitrechnung.

herr *Titus* (39 - 81) den zweiten Tempel. Damit verloren die Juden ihr politisches und religiöses Zentrum. Viele Einwohner verließen daraufhin Jerusalem und Palästina und gründeten jüdische Gemeinden in der *Diaspora* (Verbannung). Nach weiteren Unruhen ging der römische Kaiser *Hadrian* (76 - 138) im Jahre 130 sogar so weit, den Juden zu verbieten, auf dem Gebiet von Jerusalem zu leben, was auch die Herrscher des späteren christlichen **Byzantinischen Reiches** aufrechterhielten. Dennoch blieb und bleibt Jerusalem und die vom zweiten jüdischen Tempel erhaltene *„Klagemauer"* bis heute ein wichtiges Pilgerziel für gläubige Juden aus aller Welt.

638 eroberten Muslime die Stadt. Sie erlaubten der jüdischen Bevölkerung sich wieder innerhalb der Stadt anzusiedeln. Ebenso durften die orientalisch-christlichen Gemeinden ihren Glauben ungestört praktizieren, mussten aber wie die jüdische Bevölkerung besondere Steuern zahlen. Auch für den *Islam* hatte und hat Jerusalem eine zentrale religiöse Bedeutung. Der Prophet **Mohammed** soll von hier aus in den Himmel aufgefahren sein, dort mit Propheten gesprochen haben und schließlich Gott selbst begegnet sein. Im 7. Jahrhundert errichteten arabische Herrscher mit dem *Felsendom* den ältesten muslimischen Sakralbau an der Stelle, an der sich diese Begebenheit ereignet haben soll. So wurde Jerusalem für den gläubigen Muslim zum drittwichtigsten Pilgerort neben *Mekka* und *Medina* (Geburts- und Sterbeort Mohammeds).

Europa und der Orient um 1095 Die erfolgreiche arabisch-islamische Expansion ging im 7. Jahrhundert von der arabischen Halbinsel aus. Vor dem Beginn der Kreuzzüge umfasste die islamische Herrschaft Territorien von der Straße von Gibraltar im Westen bis zum indischen Subkontinent im Osten. Bis zum 11. Jahrhundert zerfiel allerdings die muslimische Einheit in mehrere Machtblöcke, von denen sich zwei im Gebiet der **Levante** gegenüberstanden: Die türkischen **Seldschuken** kontrollierten große Teile Kleinasiens, das heutige Kasachstan bis zum Roten Meer und den Iran. Sie gehörten der islamischen Glaubensrichtung der **Sunniten** an. Die andere große Glaubensrichtung des Islam bildeten die **Schiiten**. Zu ihren Anhängern zählte die arabische Dynastie der *Fatimiden*. Ihr Herrschaftsbereich umfasste Ägypten, die libysche Küste und Tunesien. 1071 gelang es den Seldschuken, den Fatimiden vorläufig Palästina und Jerusalem zu entreißen. Jedoch schwächten innere Machtkämpfe beide Gruppen, sodass keine von beiden ihre Herrschaft über die Levante dauerhaft absichern konnte.

Trotz aller religiösen und machtpolitischen Konflikte blieb das Mittelmeer ein Wirtschaftsraum, in dem Christen und Muslime lukrativen Handel miteinander trieben. Insbesondere die italienischen Küstenstädte wie *Amalfi*, *Pisa*, *Genua* und *Venedig*[1] profitierten von ihrer guten Lage und erwarben großen Reichtum. Über die Hafenstädte gelangten Luxusgüter aus dem Osten wie Stoffe, Gewürze oder Elfenbein ins westliche Europa, das auf politischer Ebene allerdings stark zersplittert war. Königreiche wie Frankreich und England oder das Heilige Römische Reich waren keine modernen Staaten im heutigen Sinn, sondern bestanden aus vielen kleinen Territorien, die von Grafen und Herzögen beherrscht wurden. Sie waren ihrem König zwar formal zur Treue verpflichtet, konnten aber weitgehend unabhängig in ihren Gebieten handeln. Um ihre Herrschaft durchzusetzen, bedienten sich die lokalen Machthaber berittener Kämpfer, die für sie den Kriegsdienst bestritten und Verwaltungsaufgaben erfüllten. Diese *Ritter* (*milites*) errichteten allerdings auch eigenmächtig Burgen, unterdrückten willkürlich die bäuerliche Bevölkerung und führten untereinander Rachekriege (**Fehden**), um ihre Territorien zu erweitern. Es existierte keine wirksame Zentralgewalt, die solchen gesetzlosen Zuständen begegnen konnte.

Gottesfrieden, „gerechter Krieg" und das Papsttum Die Raub-, Verwüstungs- und Plünderungszüge der Ritter richteten sich nicht nur gegen die Bevölkerung, sondern auch gegen geistliche Besitzungen. Französische Bischöfe beschlossen daher Ende des 10. Jahrhunderts, bestimmte Personengruppen wie Witwen, Waisen und Pilger sowie Orte wie Kirchen und Klöster unter besonderen Schutz zu stellen. Gegen diese Personen und an solchen Orten durfte keine Gewalt angewendet werden. Hier sollte der sogenannte *Gottesfrieden* (*pax Dei*) eingehalten werden. Auf späteren *Kirchenversammlungen* (*Synoden*) wurden auch bestimmte Wochentage und Zeitspannen (*treuga Dei*) zu fehdefreien Zeiten erklärt. In ihnen sollte Waffenstillstand zwischen den Fehdeparteien herrschen. Friedensbruch war mit dem Ausschluss aus der Glaubensgemeinschaft (*Exkommunikation*) bedroht.

Die Bewegung verpflichtete auch adlige Herrscher, gegen Friedensbrecher militärisch vorzugehen. Dies verstieß eigentlich gegen die ursprüngliche Lehre Jesu, die den Einsatz von Gewalt strikt ablehnte. Die Geistlichen vertraten aber die Ansicht, dass sogar ein Krieg gerechtfertigt sei, um die Unschuldigen und Wehrlosen zu schützen. Die Idee von einem *„gerechten Krieg"* (*bellum iustum*) lässt sich bereits im 5. Jahrhundert bei Bischof *Augustinus von Hippo* (354-430) nachweisen. Auch Päpste griffen

[1] Zur Rolle der italienischen Städte zur Zeit der Kreuzzüge siehe auch Seite 82 f.

Levante (lat. levare: erheben; ital. Name für Sonnenaufgang): geografische Bezeichnung für die heutigen Staaten Syrien, Libanon, Israel, Jordanien und die palästinensischen Autonomiegebiete

Seldschuken (nach dem Stammesfürst Seldschuk): türkisches Volk aus der Steppe von Kasachstan, trat um 1000 zum Islam über. Sie leiteten die türkische Dominanz in Asien ein.

Sunniten: Sie machten neben dem Koran, der Heiligen Schrift der Muslime, die Sunna, eine im 8. Jh. aufgezeichnete Sammlung aller von Mohammed überlieferten Aussprüche, Entscheidungen und Verhaltensweisen, zum Maßstab ihres Handelns. Sie bilden heute die Mehrheit der Muslime.

Schiiten: Sie erkannten nur die Nachkommen des 661 ermordeten Ali als Nachfolger (Kalifen) des Propheten Mohammed an. Er war ein Cousin und Schwiegersohn Mohammeds.

Fehde (mhd. vehede: Feindschaft, Streit): gewaltsame Auseinandersetzung zwischen streitenden Parteien. Als Rechtsmittel stand sie nur Rittern zu. In der Regel wurde der Besitz der Betroffenen durch Raub, Plünderung und Brandstiftung geschädigt.

◄ **Papst Urban II. ruft 1095 zum Kreuzzug auf.**
Holzschnitt aus einem 1482 entstandenen Druck einer deutschen Übersetzung der Kreuzzugsgeschichte „Historia Hierosolymitana" von Robert dem Mönch (um 1055-1122).
Auf dem Spruchband (Bildmitte) steht „Deus volt!" („Gott will es!").

- *Gliedern Sie das Bild in verschiedene Bereiche und beschreiben Sie diese.*
- *Ordnen Sie die Bildaussage inhaltlich in den Kontext des Konzils von Clermont ein.*
- *Der Holzschnitt entstand rund 400 Jahre nach dem Aufruf des Papstes. Interpretieren Sie die Aussage des Künstlers, die er wohl mit seiner Darstellung über das Konzil von Clermont vermitteln wollte.*

darauf zurück, um ihre Ziele durchzusetzen und eine stärkere Unabhängigkeit und Autorität der geistlichen Gewalt gegenüber der weltlichen Macht zu erreichen. So rief beispielsweise Papst *Leo IX.* (1002-1054) im Jahre 1053 zum „bellum iustum" gegen die süditalienischen Normannen auf, die den Kirchenstaat bedrohten.

Das Konzil von Clermont Das Verhältnis des Papsttums zum Byzantinischen Reich gestaltete sich im 11. Jahrhundert als schwierig. Die Unterschiede zwischen den griechisch sprechenden Christen im Osten und der lateinischen (katholischen) Kirche im Westen waren im Laufe der Zeit immer größer geworden. Im Jahr 1054 exkommunizierte ein päpstlicher Gesandter in Konstantinopel den dortigen obersten Erzbischof (*Patriarch*) und dieser umgekehrt den Legaten. Dies war nur der bisher offensichtlichste Ausdruck einer immer tiefer werdenden Kluft. Sie führte schließlich zum **Schisma**: zur Trennung der Ostkirche von Rom.

Ende des 11. Jahrhunderts sah sich der byzantinische Kaiser *Alexios I. Komnenos* (1048-1118) angesichts der vordringenden Seldschuken allerdings gezwungen, den Papst um militärische Hilfe zu bitten. Die Muslime hatten 1071 die Byzantiner in der *Schlacht von Manzikert* besiegt und sie nach und nach aus Kleinasien verdrängt. Papst **Urban II.** (um 1035-1099) erkannte in dem Hilferuf aus dem Osten eine Chance, die Beziehungen zu Byzanz wieder zu verbessern. Einige Historiker gehen sogar davon aus, dass er hoffte, die Union zwischen griechisch-orthodoxer und lateinischer Kirche unter seiner Führung wiederherzustellen. Konnte er zudem die vereinte militärische Stärke der Ritter durch seine Autorität gegen einen äußeren Feind lenken, würde die Position des Papsttums gegenüber den weltlichen Mächten gestärkt werden.

Am 27. November 1095 sprach Urban II. auf einem Feld außerhalb der französischen Stadt Clermont am Rande einer Synode zu einer großen Menschenmenge. Er rief dazu auf, das Heilige Land, das unter der Herrschaft der Muslime geknechtet würde, mit Waffengewalt zu erobern und die bedrohten Christen zu befreien (▸ M4). Allen Teilnehmern versprach er einen Ablass. Noch während seiner Predigt, so berichtet ein Chronist, rief die mitgerissene Menge „Deus lo vult!" („Gott will es!"). Nach der Ansprache gelobten viele Anwesende, dem Aufruf zu folgen.

Der Erste Kreuzzug Nach der Kirchenversammlung verbreiteten Bischöfe, aber auch Wanderprediger den Aufruf des Papstes. Einer der bekanntesten von ihnen war *Peter von Amiens* (um 1050-1115). Er sammelte innerhalb von sechs Monaten ein Heer von

Schisma (griech. schisma: Spaltung, Trennung): allgemein: die Trennung einer Glaubensgemeinschaft in Gruppen mit unterschiedlichen Glaubenssätzen. – speziell: das „große (morgenländische) Schisma" von 1054, in dem sich die römische (lateinische) und griechisch-orthodoxe Kirche trennten (Gründe: Gottesdienstsprache, Glaubensbekenntnis, Papsttum)

Urban II. (um 1035-1099): Zunächst Kleriker in Reims, später kurze Zeit Prior im Reformkloster Cluny. In dessen Auftrag nach Rom gesandt. Mitarbeiter vom Reformpapst Gregor VII. 1084/85 als Gesandter in Deutschland. 1088 zum Papst gewählt, musste sich gegen einen „Gegenpapst" Kaiser Heinrichs IV. behaupten.

schätzungsweise 20 000 Mann um sich, das vorwiegend aus den ärmeren Bevölkerungsschichten, aber auch aus einigen Adligen bestand. Im Frühjahr 1096 brachen sie in Richtung Konstantinopel auf. Während dieses sogenannten *„Volkskreuzzuges“* kam es in den Bischofsstädten Köln, Mainz, Speyer und Worms, in Regensburg und Prag sowie Südfrankreich zu gewaltsamen Ausschreitungen gegen die jüdische Bevölkerung, nicht zuletzt, um sich mit Geld und Proviant zu versorgen. Viele bedeutende jüdische Gemeinden wurden dabei vernichtet. Die Zahl der Opfer wird auf 5 000 geschätzt. Kurz nachdem das Heer im September 1096 Kleinasien erreicht hatte, wurde es jedoch von seldschukischen Truppen aufgerieben.

Dieser ersten Welle von *Kreuzfahrern* folgten im Sommer 1096 mehrere Heere aus Nordfrankreich, Lothringen, Flandern, der Normandie, der Provence und dem von den Normannen beherrschten Süditalien. Angeführt wurden die Truppen von hochrangigen, kriegserfahrenen Adligen. Schätzungen gehen von insgesamt ca. 50 000 bis 70 000 Teilnehmern dieses **Kreuzzuges** aus, darunter etwa 7 000 Ritter, 14 000 Knappen und 20 000 Fußsoldaten. Auch zogen Frauen, Kinder, Bauern und Geistliche mit. Von den Muslimen und Byzantinern wurden sie alle „Franken“ genannt.

Zwischen Spätherbst und Mai 1097 trafen die Heere auf verschiedenen Wegen in Konstantinopel ein. Fast alle ritterlichen Anführer leisteten gegenüber dem byzantinischen Kaiser einen Treueid. Sie versprachen ihm, alle Gebiete zu übergeben, die sie von den Muslimen zurückerobern würden. Im Gegenzug erhielten die Kreuzfahrer Geld, Proviant und Unterstützung.

▲ **Ausrüstung um 1100, Modell eines Kreuzritters.**

Die Heere eroberte im Mai 1097 *Nicäa*, im Juni schlugen sie bei *Dorylaion* seldschukische Truppen. In der Sommerhitze benötigten die Kreuzfahrer fast drei Monate, bis sie die Stadt *Antiochia* erreichten, die seit 1084 unter der Herrschaft der Seldschuken stand. Erst im Juni 1098 erlag die Stadt dem Ansturm der Christen.

Die langen Kämpfe, aber auch die Hitze, die mangelhafte Versorgung und ausbrechende Krankheiten hatten die Truppenstärke deutlich reduziert. Nur etwa 20 000 erreichten im Juni 1099 Jerusalem, das erst im Vorjahr durch die Fatimiden von den Seldschuken zurückerobert worden war. Die nun folgende Belagerung dauerte etwa fünf Wochen und endete mit der Eroberung und Plünderung der Stadt am 15. Juli 1099 (▸ M5 und M6). Die Kreuzfahrer richteten dabei ein Blutbad unter Muslimen, Juden und orientalischen Christen an, das in der jüdischen und vor allem islamischen Welt für Entsetzen sorgte.

Kreuzzug: Der Begriff wurde Mitte des 13. Jh. erstmals verwendet. Er steht für einen vom Papst ausgerufenen Krieg gegen die Feinde des christlichen Glaubens und der römisch-katholischen Kirche.

Kreuzfahrerherrschaften Die „Befreiung“ Jerusalems sahen viele Christen als Erfolg, der mit Gottes Hilfe erreicht worden war. Ihre Toten galten als Zeugen des Glaubens (*Märtyrer*). Schätzungsweise nur 14 000 Teilnehmer überlebten den *Ersten Kreuzzug*. Viele von ihnen zogen zu ihren Familien zurück, meist nicht mit materiellen Reichtümern, aber mit Reliquien und Andenken aus dem Heiligen Land.

Bereits während des Kreuzzuges hatten einige der adligen Anführer ihren Eid gegenüber dem byzantinischen Kaiser gebrochen. Sie verfolgten eigene Interessen und hatten sich Gebiete gesichert, die den Weg zur Gründung dauerhafter Herrschaften bereiteten. Schließlich wurden vier unabhängige christliche *Kreuzfahrerherrschaften* errichtet: die *Grafschaft Edessa* (1098), das *Fürstentum Antiochia* (1098), das *Königreich Jerusalem* (1100) und die *Grafschaft Tripolis* (1109), die in der historischen Forschung

Lesetipps

- *Die Zeit der Kreuzritter. 1096 - 1291: Der Kampf um das Heilige Land, Geo Epoche, Nr. 59 (2013)*
- *Nikolas Jaspert, Die Kreuzzüge, Darmstadt [6]2013*
- *Peter Thorau, Die Kreuzzüge, München [4]2012*

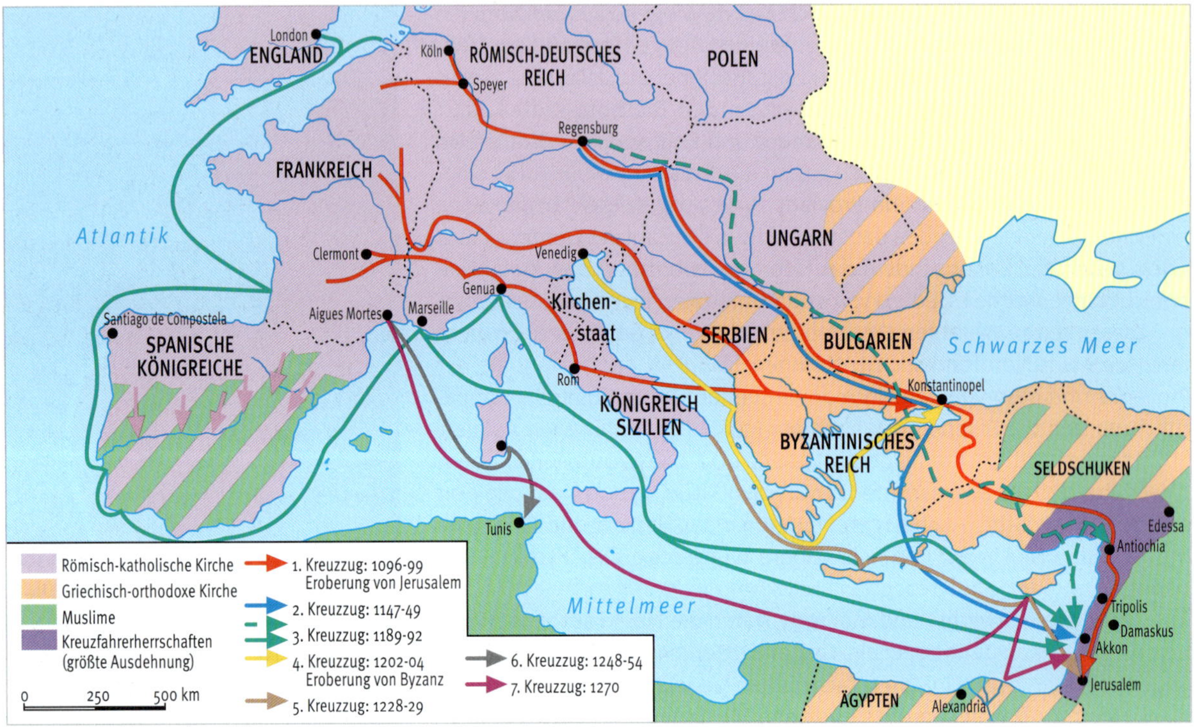

▲ **Die Kreuzzüge in den Vorderen Orient.**

- *Charakterisieren Sie mithilfe der Darstellungstexte die Machtbereiche, die die Karte aufführt, und erläutern Sie diese differenziert.*
- *Beurteilen Sie Nutzen und Grenzen der kartografischen Darstellung für das Verständnis des Zeitalters der Kreuzzüge ins Heilige Land.*

Outremer (von altfrz. outre mer: jenseits des Meeres): anderer Name für die Kreuzfahrerherrschaften. Die neutrale Bezeichnung „Outremer" beschreibt die Realität besser, da nur ein Teil der Bewohner „Kreuzritter" waren.

Filmtipps

- *Arn – Der Kreuzritter, Schweden u.a. 2007, Regie: Peter Flinth (Historienfilm)*
- *Die Kreuzzüge. Das historische Ringen der Religionen, Großbritannien 2012, Regie: Chris Wilson u.a. (dreiteilige BBC-Dokumentation)*

auch unter dem Begriff **Outremer** zusammengefasst werden. Die neuen christlichen Herrscher erkannten schnell, dass ihre militärischen Mittel vor Ort nicht ausreichten, um die eroberten Gebiete dauerhaft zu sichern. Daher schlossen sie Nichtangriffspakte und zum Teil auch Bündnisse mit lokalen muslimischen Herrschern.

Weitere Kreuzzüge Im westlichen Europa führte der große Erfolg, den Papst Urban II. durch seinen Aufruf erzielt hatte, dazu, dass auch spätere Päpste zu weiteren Kreuzzügen aufriefen. Sie führten nicht mehr nur ins Heilige Land, sondern erfolgten auch gegen die muslimische Herrschaft in Spanien, gegen heidnische Slawenstämme im Ostseeraum oder gegen christliche Abweichler von der offiziellen kirchlichen Lehre (*Häretiker*). Bis zum Ende des 13. Jahrhunderts zogen „Kreuzritter" ins Heilige Land. Neben kleineren Kreuzzügen fanden noch sechs große, von Königen ausgeführte Kreuzzüge statt. Sie sollten die Kreuzfahrerherrschaften unterstützen oder verlorengegangene Gebiete zurückerobern.

Um eine Kreuzzugsteilnahme zu finanzieren, verkauften oder verpfändeten viele ihren Besitz an Geldgeber, die diesen im Fall des Todes oder bei Zahlungsunfähigkeit der Kreuzfahrer erhielten. Im Laufe des 12. Jahrhunderts erhoben die Könige von England und Frankreich sogar Kreuzzugssteuern, darunter den *„Saladinzehnten"*[1]. Diesen hatten alle Nicht-Kreuzfahrer auf ihre Einnahmen zu entrichten. Auch von päpstlicher Seite kam es zu Steuerhebungen für Kreuzzugszwecke. Darüber hinaus wurden in Kirchen und Klöstern Kästen für Kreuzzugsspenden aufgebaut. Die Gläubigen konnten durch ihre Spenden einen Ablass erhalten.

[1] Zu Saladin siehe Seite 83.

Zusammenleben in den Kreuzfahrerherrschaften Nach der Eroberung Jerusalems wuchs die Zahl der Pilger ins Heilige Land. Schätzungen gehen von mehreren tausend Gläubigen im Jahr aus. Es zogen auch Siedler aus religiösen und wirtschaftlichen Gründen in die Kreuzfahrerherrschaften. Vermutlich ließen sich dort bis Ende des 12. Jahrhunderts rund 100 000 abendländische Siedler nieder, darunter Adlige, Kaufleute, Handwerker und Bauern.

Das Herrschaftssystem innerhalb der Kreuzfahrerherrschaften orientierte sich an westeuropäischen Verhältnissen. Im Königreich Jerusalem stand der König an der Spitze und verfügte selbst über beträchtlichen Landbesitz. Seine adligen *Kronvasallen* waren verpflichtet, ihn zu beraten und militärisch zu unterstützen. Im Gegenzug erhielten sie dafür Geldzahlungen oder Land als *Lehen*, das sie wiederum an *Untervasallen* weiter vergeben konnten.

Die neuen Herrscher ließen die einheimischen orientalischen Christen weitgehend in Ruhe, ersetzten aber viele ihrer geistlichen Würdenträger durch römisch-katholische Bischöfe. Die zahlenmäßig größte Gruppe der Untertanen bildeten aber die Muslime. Die Kriegsgefangenen unter ihnen blieben Sklaven, die zur Arbeit eingesetzt oder verkauft wurden. Die übrigen „freien" Muslime durften dagegen weiterhin ihren Glauben praktizieren und kleinere Rechtsfälle an eigenen Gerichtshöfen verhandeln, an denen der *Koran* (Heilige Schrift des Islam) als verbindliche Rechtsgrundlage galt. Allerdings gab es auch deutliche Einschränkungen: Weder Muslime noch Juden durften bis in die zweite Hälfte des 12. Jahrhunderts Jerusalem auch nur betreten. Zudem mussten beide Gruppen eine Kopfsteuer zahlen. Darüber hinaus wurden viele Moscheen zu Kirchen umgebaut. Trotz dieser Diskriminierungen beließen die Kreuzfahrer die bereits vorhandenen Verwalter in ihren Ämtern, um die Abgaben aus den Ländereien, Dörfern und Städten für die lateinischen Herrscher eintreiben zu können. Städte wie *Akkon* und *Tyrus* an der levantinischen Küste wurden zu Zentren des Handels und der Kommunikation zwischen den Kreuzfahrern und den Muslimen. Insgesamt bewegte sich das Zusammenleben in den Kreuzfahrerherrschaften so immer in einem Spannungsverhältnis zwischen *Kulturkontakt* und *-konflikt*[1] (▸ M7-M9).

Die Ritterorden Die im Heiligen Land lebenden Siedler und die Pilger bedurften des Schutzes. Aus diesem Grund bildeten sich neuartige Ordensgemeinschaften heraus, die *Ritterorden*. Sie verbanden das Ideal des Rittertums mit dem Mönchtum: Aufgenommen wurden ausschließlich Ritter, die bereit waren, sich durch ein Gelübde zu einer mönchsähnlichen Lebensform (Gehorsam, Armut, Ehelosigkeit) zu verpflichten.

Als erster Ritterorden wurden die *Johanniter* gegründet. Sie gingen aus einem von Christen geführten Pilgerhospital hervor, das schon im 11. Jahrhundert in Jerusalem errichtet worden war. Die Johanniter sorgten nach der Eroberung Jerusalems gleichermaßen für christliche, muslimische und jüdische Verletzte. Viele Kreuzritter schlossen sich der Hospitalgemeinschaft an. 1113 wurde der so entstandene Ritterorden vom Papst anerkannt. Um 1135 übernahmen die Johanniter neben der Krankenversorgung auch militärische Aufgaben.

Der zweite Ritterorden war der *Templerorden*, der nach seinem Hauptsitz auf dem Jerusalemer Tempelberg benannt ist. Er wurde 1119 von einem französischen Adligen gegründet. Sein Ziel war der Schutz der Pilger auf ihrem Weg nach Jerusalem.

▲ Wappen vom Johanniterorden (oben) und Templerorden (unten).

▪ *Recherchieren Sie in Fachbüchern und/oder im Internet zur Geschichte dieser beiden Ritterorden. Gestalten Sie Ihre Ergebnisse in Form eines Plakates.*

[1] Zum Theorie-Baustein „Kulturkontakt und Kulturkonflikt" siehe Seite 122 bis 125.

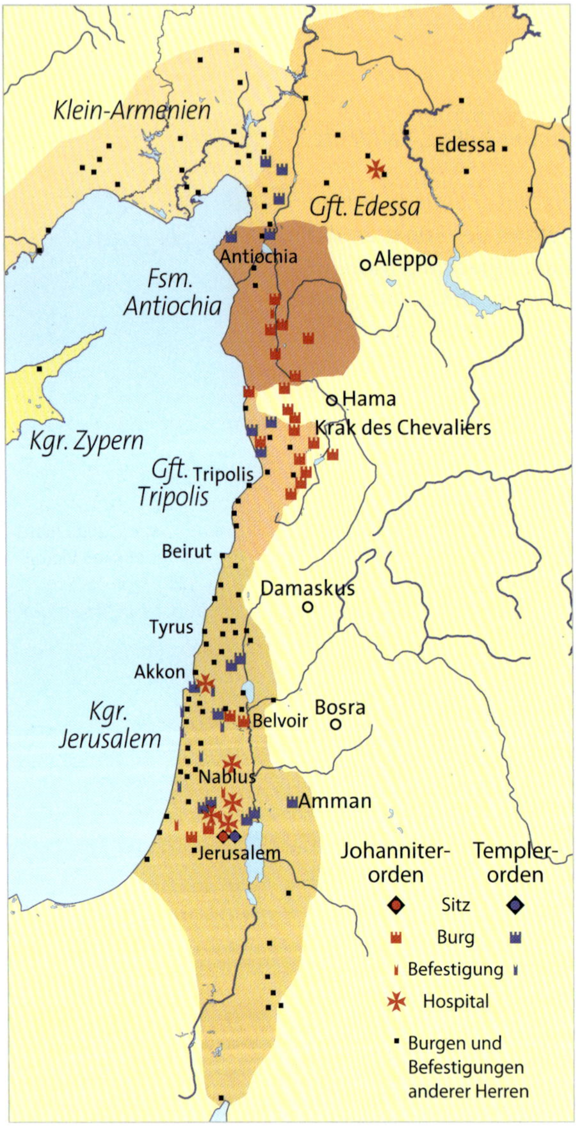

◂ **Die Kreuzfahrerherrschaften.**
Das Königreich Zypern wurde während des Dritten Kreuzzuges gegründet. Erobert wurde die Mittelmeerinsel durch den englischen König Richard I. Löwenherz. Von 1192 bis 1489 wurde sie von „Lateinern" beherrscht.
- *Erläutern Sie anhand der Karte die Bedeutung*
  a) der Küstenstädte und
  b) der Ritterorden für die Kreuzfahrerherrschaften.

▴ **Krak des Chevaliers (Syrien).**
Foto von 2002.
Diese Kreuzritterburg kam 1142 in den Besitz des Johanniterordens. Er ließ sie nach 1170 ausbauen. 1271 eroberten muslimische Truppen die Festungsanlage. Seit 2006 gehört sie zum Weltkulturerbe der UNESCO.
- *Diskutierten Sie, welche Rückschlüsse sich a) über das Leben in den Kreuzfahrerherrschaften und b) über die Rolle der Ritterorden aus der Gestalt der Burganlage ziehen lassen.*

Einfluss der Ritterorden Viele Adlige unterstützten die Ritterorden mit großzügigen Geldspenden, schenkten ihnen Landgüter oder übertrugen ihnen Gerichts-, Zoll- und Münzrechte. Johanniter und Templer gelangten so zu großem Vermögen und konnten überall innerhalb des christlichen Europa und in seinen Grenzgebieten gut befestigte Niederlassungen gründen, die von Adligen und Händlern auch als sichere Depots von Wertgegenständen genutzt wurden. Die Ritterorden unterstützten die Kreuzfahrerherrschaften in der Levante maßgeblich, da sie die geografischen Gegebenheiten und Taktiken ihrer muslimischen Gegner kannten. Auch der König von Jerusalem erkannte die wichtige militärische Bedeutung der Ritterorden und band sie als Berater in seine Herrschaft ein. Er übte aber auch Einfluss auf die Wahl ihrer Ordensvorsteher aus, um sich ihre Treue zu sichern.

Die Rolle der italienischen Seestädte Das Binnenland der Kreuzfahrerherrschaften bot nur wenige Möglichkeiten, wichtige Rohstoffe zur Versorgung wie Holz oder Getreide zu gewinnen. Die Eroberung der Küstenstädte mit ihren Häfen bildete daher eine wichtige Voraussetzung dafür, dass die Herrschaft in Outremer bestehen konnte.

Dies gelang allein durch die Hilfe der italienischen Stadtstaaten Venedig, Genua und Pisa. Sie übernahmen den Handel und versorgten die Kreuzfahrerherrschaften mit Nahrung, Kriegsgeräten und Baustoffen. Außerdem transportierten sie Kreuzfahrer, Pilger und Siedler ins Heilige Land.

Die italienischen Seestädte engagierten sich auch im militärischen Bereich. So unterstützte beispielsweise Genua die Eroberung Antiochias 1098 und erhielt dafür eine Handelsniederlassung (*fondaco*) innerhalb der Stadt. Venedig wurden 1123 für seine Hilfe bei der Einnahme von Tyrus in einem Vertrag weitreichende wirtschaftliche Privilegien in der Stadt und im gesamten Königreich Jerusalem zugesichert (▸ M10). Die italienischen Städte gewannen so in allen wichtigen Hafenstädten Outremers Niederlassungen, die als Drehscheibe für den Handel mit dem gesamten Orient dienten. Exotische Gewürze, Farb- und Duftstoffe, Elfenbein oder Baumwolle kamen so nach Europa, während orientalische Händler feine Stoffe, Holz oder Waffen erhielten. Dabei zögerte Venedig auch nicht, diese an die muslimischen Gegner der Kreuzfahrer zu verkaufen.

Der politische Einfluss der italienischen Seestädte wuchs (▸ M11). Venedig überredete im Verlauf des *Vierten Kreuzzuges* (1202-1204) die Kreuzritter vor dem Zug ins Heilige Land dazu, Byzanz, seinen wirtschaftlichen und politisch mächtigsten Gegner, anzugreifen. Die „Lateiner" zerstörten und plünderten das christliche Konstantinopel. Sie stürzten den byzantinischen Kaiser und errichteten 1204 ein *Lateinisches Kaiserreich von Konstantinopel*, das allerdings nur bis 1261 Bestand hatte.

Die Konkurrenz zwischen den italienischen Staatstaaten übertrug sich auch auf die Situation im Heiligen Land und schwächte die Kreuzfahrerherrschaften. Im Jahr 1256 weiteten sich beispielsweise Streitigkeiten zwischen Genua und Venedig über Besitzansprüche in der Hafenstadt Akkon zu einem bewaffneten Konflikt aus, in dem auch Pisaner, lokale Adlige und Ritterorden hineingezogen wurden. Dieser *Krieg von Saint-Sabas* richtete große Zerstörungen innerhalb Akkons an und dehnte sich auch auf das Umland aus.

▲ **Die Pferde vom Markusdom in Venedig.**
Foto (Ausschnitt) vom Juli 2012.
Die lebensgroßen vergoldeten Pferdebronzeplastiken gelangten im Zuge der Eroberung Konstantinopels 1204 nach Venedig. Herkunft und Entstehungszeit des antiken Viergespanns sind umstritten. In Konstantinopel befand es sich wohl im Hippodrom (Pferderennbahn).

Saladin (1137-1193): kurdischer sunnitischer Feldherr. Seit 1171 Sultan von Ägypten, ab 1174 Emir von Damaskus. Seine militärischen Erfolge 1187 (Hattin, Jerusalem) führten zu dramatischer Verkleinerung der Kreuzfahrerherrschaften.

Rückzug nach 200 Jahren Langfristig gewannen die islamischen Herrscher Outremer vollständig zurück. Kriegsherren wie der Seldschuke *Imad ad-Din Zengi* (1087-1146) und der kurdische Sultan **Saladin** (1137-1193) konnten bis 1189 weite Teile der Kreuzfahrerherrschaften und das Königreich Jerusalem einschließlich der Heiligen Stadt erobern. 1291 endete die Herrschaft der Kreuzfahrer mit der Einnahme Akkons durch die Muslime endgültig.

Kreuzzüge und Mythen Im christlichen Mittelalter galt der erfolgreiche Erste Kreuzzug als mythisches Vorbild. Er spornte spätere Kreuzfahrer dazu an, den „Helden" der ersten Unter-

▸ **Saladin-Denkmal in der syrischen Hauptstadt Damaskus.**
Foto von 2009.
Saladin wurde nach dem Sieg über die Kreuzfahrer und die Eroberung Jerusalems zum größten Helden der muslimischen Welt und zum vorbildhaften Herrscher verklärt. In Damaskus erinnert ein Denkmal an seine Erfolge. Es wurde 1993 anlässlich des 800. Todestages von Saladin vom syrischen Diktator Assad feierlich eingeweiht.
Die Figuren hinter dem Reiter stellen besiegte Kreuzfahrerherrscher dar, den König von Jerusalem und den Fürsten von Antiochia, die beide in der Schlacht von Hattin 1187 gefangen genommen wurden.

▸ **„Königreich der Himmel."**
Historienfilm, USA/Spanien/Großbritannien/Deutschland 2005, Regie: Ridley Scott.
- *Beschreiben Sie den ersten Eindruck, den das Standbild vermittelt.*
- *Analysieren Sie das Standbild. Berücksichtigen Sie dabei: Personen, Umgebung, Ausstattung, Kameraperspektive, Beleuchtung und Bildaufbau.*
- ✚ *Vergleichen Sie die Abbildung mit anderen Darstellungen von Kreuzrittern in diesem Kapitel hinsichtlich Ähnlichkeiten und Unterschieden.*
- *Erörtern Sie, ob das Standbild Ausdruck einer Mythisierung der „Kreuzzüge" ist. Erweitern Sie die Erörterung durch die Analyse des Films „Königreich der Himmel" unter derselben Fragestellung.*

▲ **Cover des Computerspiels „Stronghold Crusader".**
In dem 2002 veröffentlichten Strategiespiel kann der Spieler in die Rolle eines christlichen oder muslimischen Fürsten zur Zeit der Kreuzzüge schlüpfen.

nehmung mit vollem Einsatz nachzueifern, und bewegte sie dazu, das Heilige Land für das Christentum durch weitere Züge zu erhalten bzw. zurückzugewinnen. Dieses positive Bild wandelte sich im 18. Jahrhundert. Die kirchenkritischen Vertreter der *Aufklärung* sahen die Kreuzzüge als rückschrittliche und intolerante Bewegung, die den fortschrittlichen Gedanken in Europa entgegengewirkt hätten. Im 19. Jahrhundert passten die Kreuzzüge als religiös-koloniale Unternehmung dagegen wieder in das Bild der Zeit des Imperialismus. Das verklärte Ideal des christlichen Ritters, der in einer exotischen Umgebung fremdartigen Feinden trotzt, stand dabei im Mittelpunkt. Bis in die Dreißiger- und Vierzigerjahre des 20. Jahrhunderts instrumentalisierten Regierungen und Militärs den Begriff als „selbstlosen Kampf für höhere Ideale gegen einen bösen, scheinbar übermächtigen Gegner" (*Nikolas Jaspert*).

Erst in der Nachkriegszeit änderte sich das Kreuzzugsbild noch einmal deutlich. Die Kreuzzüge standen nun für ungerechtfertigte, brutale koloniale Eroberungen. Einige Historiker sahen sogar direkte Verbindungen zwischen den Judenpogromen dieser Zeit und dem *Holocaust*. Innerhalb der islamischen Welt betrachteten Politiker, Literaten und Teile der Forschung die Kreuzzüge als Zeichen westlicher Arroganz und Expansion und bezeichneten auch den 1948 gegründeten Staat Israel wiederholt als modernen Nachkommen der christlichen Kreuzfahrerherrschaften. Gleichzeitig idealisierten einige von ihnen die muslimische Gegenwehr Saladins und nahmen diese als Ansporn, Opfer zu bringen, um politische Ziele zu erreichen.

In den gegenwärtigen westlichen Gesellschaften tritt neben die kritische Interpretation der Kreuzzüge inzwischen auch ein positives Verständnis des Begriffes. Politiker, Journalisten, Künstler und andere gesellschaftliche Gruppen bezeichnen militärische, politische und gesellschaftliche Projekte als „Kreuzzüge", um ihnen Nachdruck zu verleihen.[1] Der Begriff „Kreuzzug" steht erneut für Opferbereitschaft und den Einsatz für höhere Ziele, wobei der religiöse Aspekt in den Hintergrund tritt.

[1] Siehe hierzu auch den Methoden-Baustein „Rede" auf Seite 96 bis 99.

M1 Eine Reise nach Jerusalem

970 unternimmt der aus Westeuropa stammende Mönch Bernhard mit zwei weiteren Geistlichen eine Pilgerreise nach Jerusalem. Im Anschluss daran verfasst er folgenden Bericht:

Wir [...] fuhren sechs Tage [auf dem Fluss] nach Süden und kamen zur Stadt Babylon von Ägypten [...]. Als wir aber [...] an Land gingen, führten uns die Wächter dieser Stadt zum Fürsten, [...] ein Sarazene, der von uns den genauen Grund unserer Reise zu erfahren suchte, und von welchen Fürsten wir Schreiben hätten. Deshalb zeigten wir ihm unsere Briefe[1] [...]. Dies nützte uns nichts, sondern wir wurden von ihm ins Gefängnis geworfen, bis wir nach sechs Tagen [...] mit Gottes Hilfe freikamen, indem jeder Einzelne für sich [dreizehn] Denare bezahlte [...]. [...]
Es ist in dieser Stadt ein Patriarch[2], der Herr Michael, der durch die Gnade Gottes über den Kreis aller Bischöfe und Mönche und Christen von ganz Ägypten herrscht. Diese Christen haben bei den Heiden[3] ein solches Gesetz, dass sie sicher und frei leben, sobald sie für jede einzelne Person für jedes Jahr dem vorher genannten Fürsten einen Tribut zahlen. [...] Wenn einer jedoch so gestellt ist, dass er diese dreizehn Denare nicht zahlen kann, sei es, dass er ein einheimischer oder ein fremder Christ ist, wird er ins Gefängnis geworfen, bis er entweder durch die Gnade Gottes durch seinen Engel befreit wird oder von anderen guten Christen freigekauft wird. [...]
[...] [Dann] kamen wir zur Stadt Ferama [...]. In dieser Stadt gibt es eine große Zahl Kamele, welche die Fremden von den Einwohnern jener Region um Geld mieten, um ihnen das Gepäck durch die Wüste zu tragen, was eine Reise von sechs Tagen erfordert. [...] Auf halbem Weg befinden sich zwei Herbergen, [...] in welchen von Christen und Heiden Kaufgeschäfte getätigt werden, die für die Reisenden notwendig sind. [...]
[...] [Schließlich] gelangten wir zur heiligen Stadt Jerusalem und wurden in der Herberge des äußerst ruhmreichen Kaisers Karl[4] empfangen, in welcher alle aufgenommen werden, die aus Frömmigkeit jenen Ort aufsuchen und die romanische Sprache sprechen. [...]

▲ **Jerusalem zur Zeit der „Kreuzfahrer".**

- *Ordnen Sie die auf dem Grundriss eingezeichneten religiösen Stätten dem Christentum, dem Islam und dem Judentum zu.*
- *Verorten Sie – so weit möglich – in dem Grundriss die religiösen Stätten, die in M1 erwähnt werden.*
- *Diskutieren Sie auf Grundlage des Stadtplans denkbare Konfliktpunkte, aber auch Verständnismöglichkeiten beim Zusammenleben der drei Weltreligionen in Jerusalem.*

Innerhalb dieser Stadt treten [...] vier Kirchen hervor, die sich gegenseitig mit den Mauern berühren. Eine nämlich [...], an dem das Kreuz des Herrn gefunden wurde, [...] liegt im Osten, eine andere im Süden, eine dritte, in deren Mitte sich die Grabstätte unseres Herrn befindet [...], im Westen. [...] Immerhin ist so viel zu sagen, dass am Karsamstag, welcher der Tag vor Ostern ist, [...] in dieser Kirche [...] [,] nachdem das Offizium beendet worden ist, das „Kyrie eleison" gesungen wird, bis ein Engel kommt und Licht in den Lampen, welche über der vorher genannten Grabstätte hängen, entzündet, von welchem der Patriarch den Bischöfen und dem übrigen Volk gibt, damit es jedem Einzelnen in seiner Heimstätte leuchten möge. [...] Zwischen den vorher genannten vier Kirchen befindet sich ein nicht abgedeckter Innenhof, dessen Wände golden schimmern. Der Fußboden aber ist mit einem äußerst wertvollen Stein ausgelegt und hat vier in seiner Mitte verbundene Ketten, die von den vier genannten Kirchen herauslaufen. In diesem soll sich der Mittelpunkt der Welt befinden.

[1] Es handelt sich hier um Empfehlungsschreiben der Fürsten der Stadt Bari und Alexandria.
[2] **Patriarch**: Kirchenoberhaupt einer christlichen Gemeinde
[3] Der Begriff „Heide" bezeichnet im Text die Muslime. Die Formulierung enthält hier aber keine abwertende Bedeutung.
[4] Karl der Große (747 - 814) stiftete die Herberge.

Es gibt in dieser Stadt nach Süden hin außerdem eine andere Kirche, auf dem Berg Syon [Zion], die Sankt Simeon genannt wird, wo der Herr die Füße seiner Jünger wusch, in der die Dornenkrone des Herrn zur Stellvertretung hängt und in der die heilige Maria gestorben sein soll. [...] Nach Norden hin liegt der Tempel Symeons, der eine Synagoge der Sarazenen[5] beherbergt. [...]
[...] Im Tal Josaphat besteht auch eine Kirche [...], in welcher, wie berichtet wird, unser Herr zum Jüngsten Gericht erscheinen wird. [...]
Zuletzt erzähle ich euch, auf welche Weise die Christen sowohl in Jerusalem als auch in Ägypten das Gesetz Gottes halten. Die Christen und Heiden aber haben dort eine solche Übereinkunft unter sich getroffen, dass, wenn ich eine Reise machen sollte und auf dieser Reise mein Kamel oder mein Esel [...] sterben sollte und ich dort allen meinen Besitz ohne Wache zurücklassen und zur nächsten Stadt wegen eines anderen gehen müsste, ich bei meiner Rückkehr allen meinen Besitz unberührt finden würde. [...] Aber wenn sie in einer Stadt oder auf dem Meer oder auf irgendeinem Weg [...] einen Reisenden gefunden haben, der nicht irgendeinen Schein oder ein Siegel irgendeines Königs oder Fürsten jenes Landes hat, wird sofort befohlen, ihn ins Gefängnis zu werfen, solange bis [...] er Rechenschaft ablegen kann, ob er ein Spion ist oder nicht.

Zit. nach: Josef Ackermann, Das „Itinerarium Bernardi Monachi“. Edition, Übersetzung, Kommentar, Hannover 2010, S. 129-132, 134 f.

1. *Analysieren Sie die Quelle arbeitsteilig in Hinblick auf a) die Gefahren und Hindernisse, aber auch auf die gewährte Unterstützung während der Reise, b) die Bedeutung von Wundern, Zeichen, Reliquien und „heiligen“ Orten.*
2. *Tragen Sie die Ergebnisse aus der ersten Aufgabe zusammen und charakterisieren Sie die Pilgerreise in ihren verschiedenen Facetten in einem Schaubild. Gehen Sie dabei auch auf die Bedeutung von Jerusalem ein, die im Bericht dargestellt wird.*
3. *Arbeiten Sie aus dem Text das Verhältnis zwischen Christen und Muslimen im islamischen Herrschaftsraum heraus. Kategorisieren Sie das Verhältnis mithilfe Ihnen bekannter Theorien zum Kulturkontakt und Kulturkonflikt. Siehe hierzu auch den Theorie-Baustein auf Seite 122 bis 125.*
4. *Der Historiker Friedrich Prinz spricht bei den Pilgerfahrten des frühen Mittelalters von „religiösem Tourismus“. Beurteilen Sie ausgehend vom Text diese Einschätzung.*

[5] Gemeint ist entweder der Felsendom oder die al-Aqsa-Moschee. Siehe hierzu Seite 89, Fußnote 2 und 4.

M2 Pilgerfahrten und Reliquien

Die Archäologin Andrea Rottloff schreibt 2007 über den Heiligen- und Reliquienkult des Mittelalters:

Eigentlicher Anstoß zur großen Beliebtheit der Pilgerfahrten war der Aufschwung des Heiligenkultes und der Reliquienverehrung [...]. Man glaubte an die Wundertätigkeit der körperlichen Überreste von Heiligen. Diese „Macht“ des Heiligen und der Reliquie musste allerdings zuvor durch Wunder legitimiert werden, erst dann erfolgte die Verehrung durch die Gläubigen. [...] Da der mittelalterliche Mensch an die körperliche Anwesenheit eines Heiligen oder Märtyrers am Ort seiner Verehrung glaubte, war das Grab nicht nur das Grab, sondern der dauerhafte Wohnsitz der oder des Heiligen. Man pilgerte daher zu dessen „Wohltaten“ und versprach sich dadurch einen Anteil daran.
Die Sitte der Reliquienentnahme aus einem solchen Heiligengrab stammt aus dem Ostmittelmeerraum, wo zunächst nur einzelne Partikel entnommen wurden. Erst später dann teilte und zerstückelte man Körper in großem Stil. [...] Spätestens ab karolingischer Zeit herrschte auch im Westen immenser Bedarf an Reliquien, denn jede neu geweihte Kirche „brauchte“ sie und konnte (nur) so ihrerseits wieder zum Pilgerziel werden; galten doch die Reliquien des Schutzheiligen als wertvollster Besitz einer Kirchengemeinde. Daher verwundert es nicht, dass man versuchte, sie sich auf jede nur mögliche – legale oder illegale – Art und Weise zu beschaffen, was bis hin zum Raub [...] gehen konnte. [...] Manche Heilige sind dementsprechend „weit gereist“ so der Heilige Stefan von Jerusalem nach Nordafrika und Menorca, der Heilige Jakobus von Jerusalem nach Santiago.
Der zwangsläufige Engpass an authentischen Heiligen Leibern wurde durch das Aufkommen der Sekundär- oder Berührungsreliquien wie Wachstropfen, Erdpartikel oder Textilreste vom Heiligengrab nur teilweise gedeckt; außerdem durch willkürliche Benennungen, „Taufen“, „Erkennungen“, also Zuweisungen unidentifizierbarer Skelette an bekannte, verehrte Heilige. [...] Im Endeffekt waren solche „Reliquiengeschäfte“ aber vor allem eine Machtfrage. Wer besaß die heilkräftigsten Reliquien? Hatte der eigene Ort „mehr“ aufzuweisen als die Nachbargemeinde, wodurch Pilger eher hierhin als dorthin reisten? Der Besitz wichtiger Reliquien und der damit einhergehende Ausbau eines Pilgerzieles waren bedeutende (kirchen)politische und wirtschaftliche Komponenten für einen Ort oder die ganze umliegende Region. Daher kam es natürlich häufig zu „Fälschungen“ [...].

Andrea Rottloff, „Stärker als Männer und tapferer als Ritter“. Pilgerinnen in Spätantike und Mittelalter, Mainz 2007, S. 17 f.

M3 Wirkungen des Pilgerwesens

Über die Bedeutung des mittelalterlichen Pilgerwesens notiert 2005 der Historiker Norbert Ohler:

▲ **Verschiffung einer Kreuzreliquie von Jerusalem nach Frankreich.**
Detail eines Reliquienkästchens der Kirche Saint-Sernin in Toulouse, zwischen 1176 und 1198.
Das Bild zeigt den Transfer einer Partikel des Heiligen Kreuzes von Jerusalem nach Europa. Die Reliquie ist von einem goldenen Reliquiar in Form eines Doppelkreuzes (sog. Patriarchenkreuz) umschlossen, das in Jerusalem gefertigt wurde.

Im Lauf des Mittelalters wurde Europa mit einem Netz von Wegen überzogen, die auch Pilgern dienten [...]. Wallfahrer haben Klöster und Städte gefördert; unterwegs und während ihres Aufenthalts haben sie Dienstleistungen nachgefragt, sodass sich ein eigenes Beherbergungsgewerbe entwickeln, Schiffer, Fähr- und Fuhrleute sich und ihre Familie mit ihrer Arbeit ernähren konnten. [...]

Eigens für Pilger wurden Brücken und Spitäler gegründet, die später auch anderen Reisenden zugutekamen. In Nordspanien begünstigte das Kommen und Bleiben von Pilgern die Wiederbesiedlung von Landstrichen, die während der Kriege zwischen Muslimen und Christen entvölkert worden waren.[1] Dank der Gaben von Nord- und Ostdeutschen konnte das Münster des heiligen Theobald in Thann[2] [...] fertig gestellt werden. Das Geld reichte sogar für einen reichen Fenster- und Figurenschmuck.

Aufgeschlossen für Bereiche der materiellen Kultur, sind manche Wallfahrer mit offenen Augen durch fremde Länder gezogen. [...] Nach ihrer Heimkehr erzählten sie von dem, was sie unterwegs Neues gesehen hatten, veranlassten Handwerker, ähnliche Werke herzustellen oder sich in der Fremde kundig zu machen – etwa hinsichtlich der Nutzung von Wasser- und Windenergie, der Herstellung von Papier und Druckerzeugnissen. [...]

Was Wallfahrer nachgefragt, was Handwerker und Künstler geschaffen haben, erlaubt Europa heute, sich seines Erbes und damit auch seiner Identität bewusst zu werden. Der Camino Francés, der mehr 700 Kilometer lange, von ehrwürdigen Denkmäler gesäumte Pilgerweg durch Nordspanien nach Santiago, wurde im Jahre 1987 vom Europarat zur ersten europäischen Kulturstraße erhoben und 1993 als Weltkulturerbe unter den Schutz der UNESCO gestellt.

Nicht anders als im Mittelalter bilden Pilger heute einen ernst zu nehmenden Wirtschaftsfaktor. [...] „Alternative" Touristen teilen die Mühen einer langen Radfahrt mit Jungen und Alten, die Hunderte von Kilometern zu Fuß zurücklegen wollen – wie die Apostel. Pilger haben dazu beigetragen, dass sich im Abendland Gemeinsamkeiten ausbildeten, die langfristig stärker waren als Gräben zwischen Konfessionen, stärker als Grenzen der Nationalstaaten, stärker schließlich als der Eiserne Vorhang, dessen Fall wir erleben durften.

Norbert Ohler, Dass Gott mir barmherzig sei. Pilgern und Pilger im Mittelalter, in: Klaus Herbers u. a., Pilgerwege im Mittelalter, Darmstadt 2005, S. 9-26, hier S. 26

1. *Fassen Sie M2 und M3 in eigenen Worten zusammen.*
2. *Analysieren Sie die Materialien hinsichtlich religiöser, politischer, wirtschaftlicher und kultureller Aspekte der Heiligenverehrung und des Pilgerwesens. Stellen Sie Ihre Ergebnisse in einem Schaubild dar.*
3. *Weisen Sie die von Ihnen in Aufgabe 2 erarbeiteten Aspekte in dem Pilgerbericht des Mönchs Bernhard (M1) nach. Diskutieren Sie anschließend, inwieweit das Schaubild (aus Aufgabe 2) noch ergänzt werden müsste.*
4. *Nehmen Sie Stellung zu der Bedeutung, die Norbert Ohler dem mittelalterlichen Pilgerwesen für die europäische Gegenwart zuschreibt (siehe Zeile 28-44).*

[1] Vom 8. bis 15. Jahrhundert herrschten Muslime auf der Iberischen Halbinsel.

[2] **Münster zu Thann**: Kirche in der elsässischen Stadt Thann aus dem 14. Jh.

M4 „Christus aber befiehlt es“

Der französische Geistliche Fulcher von Chartres (1059 - 1127) nimmt 1095 am Konzil von Clermont und später am Ersten Kreuzzug teil. Er bleibt in Jerusalem und verfasst dort um 1100 eine Chronik des Kreuzzuges. In seinem Werk überliefert er auch die Rede, die Papst Urban II. am 27. November 1095 außerhalb der französischen Stadt Clermont vor einer großen Menge von Geistlichen und Laien gehalten haben soll:

Ihr Söhne Gottes, wenn Ihr auch mannhafter als gewöhnlich versprochen habt, bei Euch Friede zu halten und die Rechte der Kirche getreulich zu bewahren, bleibt es noch der Mühe wert, dass Ihr eben noch gestärkt durch göttliche Ermahnung darüber hinaus noch die Stärke Eurer Tapferkeit bei einer weiteren Aufgabe Gottes und Eurer selbst unter Beweis stellt.

Es ist nämlich nötig, dass Ihr Euren Mitbrüdern im Orient, die Eurer schon so oft erbetenen Hilfe bedürfen, unverzüglich diese Hilfe bringt. Wie den meisten von Euch schon gesagt worden ist, sind nämlich die Türken, ein persischer Stamm, bis hin zum Mittelmeer, bis zum sogenannten Georgsarm [Bosporus] eingefallen; diese Türken haben von den Grenzen Romaniens[1] an die Gebiete der Christen mehr und mehr besetzt, die siebenfach besiegten Christen überwunden, wobei sie viele töteten oder gefangen nahmen, Kirchen zerstörten und das Reich Gottes verwüsteten. Jedenfalls, wenn Ihr sie [die Türken] noch eine Zeitlang so gewähren lasst, werden sie die Gläubigen Gottes noch viel weiter überrennen.

Darum ermahne ich Euch flehentlich, nein nicht ich, sondern der Herr ermahnt Euch als Herolde Christi, dass Ihr allen Menschen jeglichen Standes, Rittern wie Fußsoldaten, Reichen wie Armen durch häufige Bekanntmachung ratet, bei der Vertreibung dieses nichtswürdigen Stammes aus unseren Gebieten den Anbetern Christi rasch zu helfen.

Den Anwesenden sage ich es, den Abwesenden lasse ich es sagen, Christus aber befiehlt es. Allen aber, die dorthin gehen, wird die sofortige Vergebung ihrer Sünden zuteil, gleichgültig ob sie auf dem Marsch oder bei der Fahrt über das Meer oder auch im Kampf gegen die Heiden ihr an den Tod gefesseltes Leben beenden. Dies sichere ich allen zu, die gehen werden, da ich von Gott mit dieser Gabe ausgestattet bin.

Oh, welche Schande, wenn eine so verabscheuungswürdige Menschenart, verkommen und Dienerin der Dämonen, das Volk des allmächtigen Gottes, das mit der Gabe des Glaubens beschenkt ist und im Namen Christi erstrahlt, in dieser Weise überwältigt! Oh, wie viele Sünden werden Euch vom Herrn selbst angerechnet werden, wenn Ihr denen nicht helft, die zum christlichen Bekenntnis gezählt werden, ebenso wie Ihr. Es sollen, fuhr er fort, zum Kampf gegen die Ungläubigen, der es wert ist, nun begonnen zu werden, und der siegreich beendet werden wird, alle die antreten, die sonst leichtfertig lang andauernde Fehden[2] sogar gegen Gläubige zu führen pflegten. Nun sollen Soldaten Christi werden, die gerade noch Räuber waren. Jetzt sollen rechtmäßig die gegen Barbaren kämpfen, die einst gegen Brüder und Blutsverwandte stritten. Jetzt sollen ewigen Lohn erhalten, die eben noch für ein paar Münzen Söldner waren. Für doppelte Ehre sollen sich anstrengen, die sich (bislang) zum Schaden für Leib und Seele abmühten. Vielmehr: Auf der einen Seite werden die Traurigen und Armen, auf der anderen aber die Fröhlichen und Reichen[3] sein, hier die Feinde des Herrn, dort aber seine Freunde. Nichts aber soll die Reisewilligen aufhalten, sondern nach Verpachtung ihrer Eigentümer und nach Beschaffung des nötigen Reisegeldes sollen sie, wenn der Winter weicht und der Frühling folgt, unter Führung des Herrn tatkräftig die Fahrt antreten.

Fulcheri Carnotensis Historia Hierosolymitana (1059 - 1127), mit Erläuterungen und einem Anhange, hrsg. von Heinrich Hagenmeyer, Heidelberg 1913, S. 132 f. (übersetzt von Gisbert Gemein), in: Gisbert Gemein (Hrsg.), Kulturkonflikte – Kulturbegegnungen: Juden, Christen und Muslime in Geschichte und Gegenwart, Bonn 2011, S. 199 f.

1. *Analysieren Sie die Rede arbeitsteilig hinsichtlich*
   a) der Gottesfriedensbewegung,
   b) der Idee des Pilgerns,
   c) des „gerechten Krieges“.
2. *Diskutieren Sie das Zusammenwirken der verschiedenen in Aufgabe 1 erarbeiteten Aspekte und ordnen Sie die Intention der Rede in den historischen Kontext ein.*
3. ✚ *Entwickeln Sie anhand des Quellentextes eine Definition des Begriffes „Kreuzzug“.*
4. ✚ *Überprüfen Sie Ihre in Aufgabe 3 erarbeitete Definition mithilfe eines Lexikons auf ihre Tragfähigkeit hin. Ergänzen Sie ggf. Ihre Definition sinnvoll.*
5. ✚ *Versetzen Sie sich mit Ihrem Sitznachbarn in die Rolle eines Menschen aus dem westeuropäischen Mittelalter (Adliger, Geistlicher oder Bauer), die vom Aufruf Papst Urbans II. gehört haben. Entwickeln Sie aus Ihrer Rolle heraus einen Dialog darüber, ob man den Kreuzzug antreten sollte oder nicht. Beziehen Sie dabei die Argumente des Papstes mit ein und verbinden Sie diese mit den persönlichen Motiven der von Ihnen verkörperten Charaktere in ihren zeitgenössischen Werthaltungen und ihrer Lebenssituation.*

[1] Gemeint ist das Byzantinische Reich; siehe Seite 76.

[2] Zum Begriff „Fehde“ siehe Seite 77.

[3] „Arm“ und „Reich“ bezieht sich hier auf die Frömmigkeit der Personen, nicht auf das materielle oder finanzielle Vermögen.

M5 Ein Kreuzzugsteilnehmer berichtet

In den um 1100 verfassten „Gesta Francorum" (dt.: „Taten der Franken") heißt es nach dem Bericht eines Augenzeugen über die Eroberung Jerusalems am 15. Juli 1099:

Am Freitag aber griffen wir in aller Frühe die Stadt von allen Seiten an, aber wir konnten ihr keinen Schaden zufügen, und wir waren alle darüber erstaunt und in großer Furcht. Als aber die Stunde kam, da unser Herr Jesus Christus es nicht verschmähte, für uns am Holz des Kreuzes zu leiden, kämpften unsere Ritter [...] mit vermehrter Kraft auf dem Belagerungsturm.
Dann gelang es einem unserer Ritter [...] auf die Mauer der Stadt zu steigen. Alsbald flohen alle Verteidiger der Stadt über die Mauern und durch die Stadt, und die Unseren setzten ihnen sofort nach, sie tötend und verstümmelnd, bis zum Tempel Salomos; dort fand ein so großes Morden statt, dass die Unseren mit ihren Füßen bis zu den Knöcheln in Blut wateten. [...]
Alsbald liefen sie [die Kreuzzugsteilnehmer] durch die ganze Stadt und brachten Gold und Silber, Pferde und Maultiere und ganze Häuser mit allen Gütern an sich. Danach aber kamen alle Unsrigen jubelnd und vor übergroßer Freude weinend zum Grab unseres Erlösers Jesus, um zu beten, und kamen so ihm gegenüber ihrer eigentlichen [Pilger-]Pflicht nach. Am Morgen danach stiegen die Unseren vorsichtig auf das Dach des Tempels, überfielen die Sarazenen, Männer und Frauen, und enthaupteten sie mit blanken Schwertern; andere aber stürzten sich vom Tempel. Als Tankred[1] das sah, wurde er sehr zornig.

Peter Thorau, Die Kreuzzüge, München ^{4}2012, S. 9 f.

1. *Arbeiten Sie Motive für die Handlungen der Kreuzfahrer heraus.*
2. *Erläutern Sie, wie es am Ziel des Kreuzzuges zu einem derartigen Gewaltausbruch kommen konnte.*
3. *„Das Vorgehen der Kreuzfahrer bei der Eroberung Jerusalems ist eine direkte Folge der Botschaft des Kreuzzugsaufrufs durch Papst Urban II." (siehe M4). Erörtern Sie diese These.*

[1] **Tankred von Tiberias** (1072-1112): Anführer der italienischen Normannen. Er wurde nach dem Ersten Kreuzzug Herrscher des Fürstentums Antiochia.

▲ **Belagerung und Einnahme von Jerusalem 1099.**
Buchmalerei aus einer Kreuzzugschronik, Frankreich, 14. Jh.
Das Bild zeigt links Peter von Amiens, den Anführer des „Volkskreuzzuges", und in der Mitte Gottfried von Bouillon, der nach der Einnahme erster Herrscher über das neue „Königreich Jerusalem" wurde.
- *Die Miniatur entstand etwa 250 Jahre nach den Ereignissen. Prüfen Sie, was dem Maler nach so langer Zeit wichtig erschien und was nicht.*

M6 Aus einem arabischen Geschichtsbuch

Der arabische Geschichtsschreiber Ibn al-Athīr (1160-1233) schreibt etwa 100 Jahre nach dem Fall Jerusalems:

Die Einwohner wurden ans Schwert geliefert, und die Franken blieben eine Woche in der Stadt, während der sie die Einwohner mordeten. Eine Gruppe von diesen suchte Schutz in Davids Bethaus[1], verschanzte sich dort und leistete einige Tage Widerstand. Nachdem die Franken ihnen das Leben zugesichert hatten, ergaben sie sich; die Franken hielten den Vertrag, und sie zogen des Nachts in Richtung Askalon und setzten sich dort fest.
In der al-Aqsa-Moschee[2] dagegen töteten die Franken mehr als 70 000 Muslime[3], unter ihnen viele Imame, Religionsgelehrte, Fromme und Asketen, die ihr Land verlassen hatten, um in frommer Zurückgezogenheit an diesem heiligen Ort zu leben. Aus dem Felsendom[4] raubten die Franken mehr als

[1] **Davids Bethaus**: Davidsturm, ein Rest der römischen Stadtbefestigung Jerusalems
[2] **al-Aqsa-Moschee**: Moschee auf dem Tempelberg, errichtet um 710
[3] Neuere Forschungen haben ergeben, dass die Zahl der getöteten Muslime wohl kaum über 3 000 lag.
[4] **Felsendom**: Moschee auf dem Tempelberg; Ort der Himmelfahrt Mohammeds

vierzig Silberleuchter, [...], außerdem von den kleineren Leuchtern 150 silberne und mehr als 20 goldene, und andere unermessliche Beute.

Die Flüchtlinge erreichten Bagdad. [...]. Am Freitag kamen sie in die Hauptmoschee und flehten um Hilfe; sie waren in Tränen und rührten zu Tränen bei der Erzählung, was die Muslime in dieser erhabenen heiligen Stadt erlitten hatten: die Männer getötet, Frauen und Kinder gefangen, alle Habe geplündert. Wegen der Schwere des Unglücks, das sie erduldet hatten, brachen sie sogar das Fasten.

[...] Die muslimischen Fürsten lagen untereinander im Streit [...], so konnten die Franken das Land besetzen.

Nach: Francesco Gabrieli, Die Kreuzzüge aus arabischer Sicht, München [2]1976, S. 49 f. (gekürzt und vereinfacht)

1. *Arbeiten Sie heraus, welche Taten al-Athīr besonders verabscheut.*
2. *Vergleichen Sie diesen Bericht mit demjenigen in M5.*

\+ *Siehe hierzu Seite 89.*

M7 „Der Löwe und das Rind sollen gemeinsam Stroh fressen"

Fulcher von Chartres (siehe M4) berichtet in seiner um 1100 verfassten Chronik über das Leben der Christen im Heiligen Land:

Wir, die wir Abendländer waren, sind Orientalen geworden; derjenige, der Römer[1] oder Franke war, ist in diesem Land Galiläer oder Bewohner Palästinas geworden; jener, der in Reims oder Chartres wohnte, ist nun ein Bürger von Tyrus oder Antiochia geworden. Wir haben schon unsere Geburtsorte vergessen; für viele von uns sind sie schon fremd geworden oder werden nicht mehr erwähnt. Manche von uns besitzen bereits in diesem Land Häuser und Diener, die ihnen gehören wie nach Erbrecht; manche haben Frauen geheiratet, die keine Landsleute sind, sondern Syrierinnen oder Armenierinnen[2] oder sogar Sarazeninnen, die die Gnade der Taufe empfangen haben; mancher hat seinen Schwiegersohn oder seine Schwiegertochter bei sich oder seinen Schwiegervater oder seinen Stiefsohn; er ist umgeben von seinen Neffen oder sogar Großneffen; der eine bebaut Weingärten, der andere Felder; die Leute sprechen verschiedene Sprachen, um sich zu verstehen. Die verschiedensten Sprachen sind jetzt der gemeinsame Besitz der einen wie der anderen Nation geworden und gegenseitiges Vertrauen vereint jene, denen ihre Herkunft nicht mehr bekannt ist. Es steht in der Bibel geschrieben: „Der Löwe und das Rind sollen gemeinsam Stroh fressen." Derjenige, der als Fremder geboren wurde, ist nun wie einer, der hier geboren wurde; derjenige, der als Ausländer geboren wurde, ist ein Einheimischer geworden. Unsere Verwandten und Eltern schließen sich uns von Zeit zu Zeit an und opfern, wenn auch zögernd, alles auf, was sie einst besaßen. Jene, die im Abendland arm waren, macht Gott in diesem Lande reich. Jene, die dort wenig Geld hatten, nennen hier unzählige Goldmünzen ihr Eigen, und jene, die kein Landhaus hatten, besitzen hier durch das Geschenk Gottes eine ganze Stadt.

Warum also sollte jemand ins Abendland zurückkehren, der einen Orient wie diesen vorgefunden hat? Gott will nicht jene leiden lassen, die sich aufopferten, Ihm mit ihrem Kreuz zu folgen, bis zum Ende ihrer Tage nicht.

Ihr seht also, dass dies ein großes Wunderwerk ist, und zwar eines, welches die ganze Welt bewundern sollte. Wer hat je Ähnliches gehört? Gott wünscht uns alle zu bereichern und uns zu Ihm als Seine teuersten Freunde hinzuziehen. Und weil Er es will, begehren auch wir es aus freien Stücken; und was Ihn zufriedenstellt, tun wir mit liebenden und ergebenen Herzen, damit wir mit Ihm bis in alle Ewigkeit regieren dürfen.

Fulcher of Chartres, A History of the Expedition to Jerusalem, 1095-1127, hrsg. von Harald S. Fink, New York 1973, S. 270 f. (übersetzt von Stephan Kohser)

[1] **Römer**: Gemeint sind die Bewohner Roms oder Italiens.

[2] **Syrierinnen/Armenierinnen**: Gemeint sind die orientalischen Christen aus Syrien und Armenien.

1. *Geben Sie die Hauptaussagen des Textes in eigenen Worten wieder.*
2. *Charakterisieren Sie, welche Push- und Pull-Faktoren – also abstoßende und anziehende Faktoren – für eine Migration in die Kreuzfahrerherrschaften Fulchers Text aufzeigt. Analysieren Sie dazu auch die Intention des Autors.*
3. \+ *Beurteilen Sie M7 und M8 in Hinblick auf ihre Aussagekraft über Formen des Kulturkontaktes und Kulturkonfliktes zwischen Kreuzfahrern und Einheimischen in Outremer.*

M8 Bericht eines arabischen Reisenden

Der in Spanien geborene arabische Geograf und Dichter Ibn Jubayr (1145-1217) unternimmt in den Jahren 1183 bis 1185 eine Pilgerreise, die ihn durch Nordafrika, Saudi-Arabien, den Irak und Syrien führt. Dabei durchquert er auch die Kreuzfahrerherrschaften und besucht die Städte Akkon und Tyrus. In einem Reisebericht gibt er seine Eindrücke vom Zusammenleben der „Franken" und Muslime wieder:

Unser Weg führte uns über viele Bauernhöfe, deren Einwohner allesamt Muslime waren und die friedlich mit den Franken zusammenlebten. Möge Gott uns vor solchen Verführungen bewahren. Sie überlassen den Franken zur Erntezeit die Hälfte ihres Ertrages und bezahlen darüber hinaus noch eine Kopfsteuer von einem Dinar und fünf Quirats für jede Person. Abgesehen davon mischt man sich nicht in ihre Angelegenheiten ein, außer einer kleinen Steuer auf die Früchte der Bäume. Ihre Häuser und ihre gesamten Güter verbleiben vollständig in ihrem Besitz. Alle Küstenstädte, die von den Franken besetzt sind, werden in dieser Art und Weise verwaltet; die ländlichen Bezirke, die Dörfer und Bauernhöfe, gehören den Muslimen. Die Herzen dieser Muslime werden verführt, da sie beobachten, wie ihre Brüder in den muslimischen Ländern – anders als sie selbst – nicht in Ruhe und Behaglichkeit unter ihren muslimischen Herrschern leben. [...] Die muslimische Gemeinschaft beklagt die Ungerechtigkeit eines Grundherrn ihres eigenen Glaubens und bejubelt die Leitung ihres Feindes und Gegners – des fränkischen Grundherrn – und ist an seine Gerechtigkeit gewöhnt. [...]

Akkon ist die bedeutendste Stadt der fränkischen Städte in Syrien. [...] Sie ist ein Sammelpunkt für Schiffe und Karawanen und der Treffpunkt für muslimische und christliche Händler aus allen Regionen. [...] Unglaube und Unfrömmigkeit brennen dort wild und Schweine[1] und Kreuze sind dort reichlich vorhanden. [...] Moscheen wurden [nach der Eroberung durch die Kreuzfahrer] zu Kirchen und Minarette[2] zu Glockentürmen. Aber Gott ließ einen Teil der größten Moschee unbefleckt; dieser verblieb als eine kleine Moschee in der Hand der Muslime. Dort können Fremde für die verpflichtenden Gebete zusammenkommen. [...]

Während unseres Aufenthaltes in Tyrus blieben wir in einer der Moscheen, die in muslimischer Hand verblieben sind. Einer der älteren Muslime aus Tyrus erzählte uns, dass ihnen die Stadt 1124 nach einer langen Belagerung und einer großen Aushungerung entrissen worden sei. [...] Damals hätten sie beschlossen, ihre Frauen und Kinder in der großen Moschee zu versammeln und sie lieber dem Schwert zu überantworten, als dass sie den Christen gehören sollten. [...] Aber Gott traf eine unwiderrufliche Entscheidung und einige ihrer frommen Männer hielten sie von dieser Tat ab. Daher entschieden sie, die Stadt zu verlassen und zu entkommen. So geschah es und sie verstreuten sich über muslimische Lande.

Aber es gab einige, deren Liebe zu ihrer Heimat sie dazu brachte, zurückzukehren und unter den Bedingungen eines schriftlichen Schutzversprechens unter den Ungläubigen zu leben. [...]

Es kann in Gottes Augen für einen Muslim keine Entschuldigung geben, in einem ungläubigen Herrschaftsgebiet zu verweilen, außer wenn man auf der Durchreise in Richtung muslimischer Lande ist.

Ronald J.C. Broadhurst (Hrsg.), The Travels of Ibn Jubayr, Neu Dehli 2013, S. 316 f. (übersetzt von Stephan Kohser)

[1] Gemeint sind damit die Christen.
[2] **Minarett**: Moscheeturm für den Gebetsrufer

▲ **Christ und Muslim spielen Schach.**
Buchmalerei aus Spanien, 13. Jh.
Das Schachspiel stammt wohl aus Indien. Es war im arabischen und abendländischen Kulturraum verbreitet und galt als königliches bzw. ritterliches Strategiespiel.

■ ✚ *Diskutieren Sie auf Basis Ihrer Ergebnisse der Bearbeitung der Materialien M7 bis M9, inwieweit die Buchmalerei als Zeichen für das Zusammenleben zwischen Christen und Muslimen in den Kreuzfahrerherrschaften verwendet werden kann.*

1. *Fassen Sie den Bericht von Ibn Jubayr in eigenen Worten zusammen.*
2. *Arbeiten Sie aus dem Reisebericht heraus, wie sich das Verhältnis zwischen „Franken" und Muslimen gestaltete. Differenzieren Sie dabei nach verschiedenen Bevölkerungsgruppen.*
3. ✚ *Analysieren Sie Ibn Jubayrs Haltung zu den Kreuzfahrern und vergleichen Sie diese mit der von Fulcher von Chartres (siehe M7). Berücksichtigen Sie auch den jeweiligen Hintergrund des Autors.*
4. ✚ *Charakterisieren Sie unter Einbeziehung von M7, welche Form der Kulturbegegnung zwischen Muslimen und Kreuzfahrern vorliegt.*

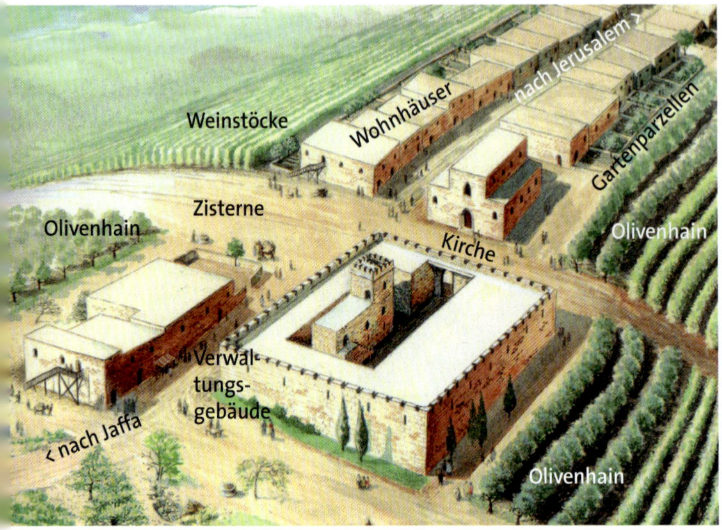

◂ Parva Mahumeria – ein Siedlerdorf des 12. Jh.
Teilrekonstruktion des Dorfes aus dem Jahr 1990.
Das Dorf folgt einem Bauplan, der zeitgleich auch in Europa bei Siedlungen in neu erschlossenen Räumen verwendet wurde. Keltern und Pressen in den Kellern der Häuser belegen, dass im Ort Wein und Olivenöl produziert wurde.
Die Einwohner waren zu jährlichen Geldzahlungen und zur Abgabe eines Teils der Ernteerträge an die Stiftsherren (Kanoniker) der Grabeskirche von Jerusalem verpflichtet, nicht aber, wie europäische Bauern, zur Ableistung von Diensten. Ob Parva Mahumeria ein rein europäisches Siedlungsdorf war oder auch syrische Einwohner hatte, ist nicht eindeutig geklärt. Die Bewohner des Ortes gingen jedenfalls sowohl mit den Münzen christlicher Herrscher als auch mit arabischen Münzen um, wobei letztere das geläufige „Kleingeld" darstellten. Das Verwaltungsgebäude (curia) war auch der Sitz eines Statthalters, der die Abgaben der Bauern einzog.

- ➕ *Charakterisieren Sie, welches Bild vom Leben eines europäischen Siedlers im Heiligen Land durch die Abbildung und den Text vermittelt wird und setzen Sie Ihre Ergebnisse in Beziehung zu M7, M8 und M9.*

M9 Migration ins Heilige Land?

Der Historiker Nikolas Jaspert schreibt 2003 über die christlichen Siedler in den Kreuzfahrerherrschaften:

Die Besiedlung Palästinas und Syriens durch die Lateiner gehört in den größeren Zusammenhang der sogenannten europäischen Expansion, denn auch in anderen Grenzbereichen wie an der Ostsee oder auf der Iberischen Halbinsel ließen sich zu dieser Zeit christliche Siedler in neu eroberten Territorien nieder. [...] Und dennoch wiesen die Kreuzfahrerherrschaften innerhalb dieser größeren Bewegung einige Eigentümlichkeiten auf. Zum einen bestand das ursprüngliche Anliegen der meisten Teilnehmer des Ersten Kreuzzuges nicht darin, ein eigenes Territorium zu errichten und sich dort niederzulassen. Zum anderen war ihnen der Raum, in den sie zogen, weitaus bekannter als andere Grenzgebiete der Christenheit: Schließlich handelte es sich hier um das Gelobte Land der Bibel. Durch die Kreuznahme und den Kreuzzugseid traten sie in einen neuen Rechtszustand: Nun waren sie *hierosolimitani* (Jerusalemer). Sie kehrten gewissermaßen als Erben Christi in dessen und damit ihre eigene Heimat zurück, gründeten keine neue Herrschaft, sondern stellten eine ältere wieder her. All dies macht aus der christlichen Landnahme im Vorderen Orient etwas Eigenes innerhalb einer größeren Bewegung.

Nach dem unerwarteten Erfolg des Ersten Kreuzzuges blieben einige Kreuzfahrer im Heiligen Land. Die neuen Bewohner folgten häufig ihren militärischen Anführern, d.h., süditalienische Normannen wurden vor allem in Antiochia sesshaft, Provenzalen in Tripolis; im Königreich Jerusalem hingegen ist eine Zuordnung weniger klar. Bald gesellten sich auch Siedler zu den Kreuzfahrern. Sie kamen aus allen gesellschaftlichen Schichten: Kaufleute und Handwerker, Bauern und Adlige suchten eine neue Heimat jenseits des Meeres, und sie ließen sich sowohl in den Städten als auch auf dem Lande nieder. [...] Doch ließen sie [die Lateiner] sich vorwiegend in Gegenden bzw. Ortschaften nieder, wo bereits orientalische Christen wohnten. Das bedeutete, dass stark muslimisch geprägte Gebiete wie das nördliche Samaria und das östliche Galiläa von der Siedlungsaktivität unberührt blieben. In einigen Fällen wurden auch in großem Stil neue Siedlungsdörfer errichtet [...]. [...]

Das Leben in Outremer wurde dadurch attraktiver gemacht, dass man ihnen gewisse Freiheiten versprach: Dadurch wurden nicht nur Lateiner, sondern auch Armenier und transjordanische Christen angezogen. Für alle nicht-adligen lateinischen Christen war ein eigenes Gericht zuständig [...]. [...] Durch [...] Rechtstexte erfährt man, dass in Outremer auch die weiblichen Siedler größere Freiheiten genossen als in Europa. In einem Land, in dem häufig Krieg herrschte, war die Sterblichkeit unter den Männern besonders hoch. Den Frauen wurde daher ein relativ hohes Heiratsgut zugestanden, über das sie beim Verscheiden des Ehemannes frei verfügen konnten. Ebenso wurde adligen Damen erlaubt, sich relativ frei einen neuen Mann auszusuchen [...].

Diese Freiheiten und die spezifischen Gründungsumstände der Kreuzfahrerherrschaften trugen ihren Teil dazu bei, den Bewohnern ein eigenes Selbstverständnis zu vermitteln. [...] Die neue „Siedleridentität" konnte nur entstehen, weil in Outremer verschiedene identitätstiftende Elemente zur Verfügung standen. Drei seien besonders hervorgehoben: eine eigene Sprache, zentrale Orte und wirksame Symbole. Das Französische nahm schnell neben dem Arabischen den Rang einer Verkehrssprache ein [...]. An herausragenden, identitätsstiftenden Orten wiederum ist besonders die Heilige Stadt und hier insbesondere die Grabeskirche mit dem Heiligen Grab herauszuheben. Hier residierte die höchste geistliche Autorität des Königreichs – der Patriarch –, hier wurden die Monarchen gekrönt und bestattet. [...] Schließlich die Symbole: Für alle vier Kreuzfahrerherrschaften gleichermaßen war dies das Kreuz, in dessen Namen sie erobert und gegründet worden waren. Im Königreich Jerusalem trat außerdem zusammen mit der Grabeskirche die wichtigste Reliquie des Reiches hinzu: die Heiligkreuzreliquie. Sie wurde bei den wichtigeren Prozessionen vorangetragen und mehr als dreißigmal als Kriegszeichen in die Schlacht geführt.

Nikolas Jaspert, Die Kreuzzüge, Darmstadt [6]2013, S. 95-97

1. *Setzen Sie die Push- und Pull-Faktoren, die Jaspert nennt, in Beziehung zu den Aussagen in M7 und M8 sowie zu den Informationen über „Parva Mahumeria" auf Seite 92.*
2. *Charakterisieren Sie anhand von M7, M8 und M9 die Form der vorliegenden Migrationsbewegungen und halten Sie Ihre Ergebnisse in einem Schaubild fest. Differenzieren Sie dabei auch nach den unterschiedlichen Personengruppen.*
3. *Diskutieren Sie auf Basis Ihrer Ergebnisse aus Aufgabe 1 und 2 die Ursachen für die Migration verschiedener Personengruppen in die Kreuzfahrerherrschaften.*
4. *Vergleichen Sie die Art der Migration zur Zeit der Kreuzzüge mit der Migrationsform, die sich bei der Flucht, Vertreibung und Umsiedlung im Umfeld des Zweiten Weltkrieges (siehe Seite 8 ff.) nachweisen lässt.*

M10 Pactum Warmundi

Für ihre Unterstützung bei der Eroberung von Tyrus 1124 werden der italienischen Seestadt Venedig im Vorfeld bestimmte Rechte und Freiheiten im Königreich Jerusalem per Vertrag zugesichert („Pactum Warmundi" – benannt nach Warmund von Picquigny, dem Lateinischen Patriarchen von Jerusalem). Erzbischof Wilhelm von Tyrus (um 1130-1186) gibt in seiner in der zweiten Hälfte des 12. Jahrhunderts entstandenen „Chronica" den Vertrag wieder:

In allen unter des genannten Königs und seiner Nachfolger wie auch seiner Barone Herrschaft gelegenen Städten sollen die Venezianer eine Kirche, eine ganze Straße, einen Platz oder eine Badestube und einen Backofen zu erblichem und immerwährendem Recht besitzen, von jeglicher Beschwerde frei, gleich des Königs Eigentum selbst. [...] Mit dem Scheffel,

▲ **Belagerung der Stadt Tyrus durch venezianische Schiffe 1124.**
Buchmalerei aus Frankreich, 2. Hälfte des 13. Jh.

der Waage und den Maßen mögen sie sich also gebrauchen: So nämlich die Venezianer untereinander Kaufmannschaft treiben, sollen sie nach der Venezianer Maßen messen, so sie aber ihr Gut an andere Völkerschaften verkaufen, so sollen diese nach den ihren, das heißt nach der Venezianer Maßen messen. Wo dagegen die Venezianer von anderen Völkerschaften als Venezianern etwas mit Handelschaft an sich brächten, sollen sie es nach den königlichen Maßen und gegen Bezahlung des Preises empfangen. Dazu sollen die Venezianer keinerlei Gabe, sei es nach Herkommen oder nach irgendeinem Recht, auf keinerlei Weise beim [...] Verkaufen, Kaufen, Bleiben oder Gehen aus irgendeinem Grund bezahlen, außer allein, wenn sie mit ihren Schiffen kommen und gehen und Pilger darauf führen. Alsdann sollen sie nach des Königs Herkommen dem König selbst das Drittel geben. [...] Auch geloben wir Euch, dem Herzog von Venedig und Eurem Volk, dass wir von jenen Völkerschaften, welche mit Euch Handelschaft treiben, nicht mehr nehmen werden, als was sie bisher gegeben haben und was wir von denjenigen nehmen, die mit anderen Völkern Handelschaft treiben. [...] Es soll auch kein Venezianer im ganzen Gebiet des Königs irgendeine Gabe beim Eintritt, Verweilen oder Abgeben unter keinerlei Vorwand zu entrichten gehalten, sondern genauso frei sein, wie wenn er in Venedig selbst wäre. So aber irgendein Rechtshandel oder Streit über ein Geschäft zwischen einem Venezianer und einem anderen Venezianer sich erhübe, soll er am Hofe der Venezianer entschieden werden, oder ob jemand einige verschiedene Forderungen oder Ansprüche wider einen Venezianer zu haben vermeinte, so soll darüber ebenfalls im Hof der Venezianer erkannt werden. Wenn aber ein Venezianer gegen irgendeinen anderen Menschen als einen Venezianer Klage führte, so soll man das in des Königs Hofe bessern. Da ferner auch ein Venezianer mit oder ohne letztwillige Verfügung, was wir „ohne Sprache" nennen, verstürbe, soll seine Habe in die Gewalt der Venezianer kommen. [...] Über allerhand Bürger, die in der Venezianer Viertel und Häuser wohnen, sollen die Venezianer gleiches Gericht und Herkommen haben, wie der König über die Seinen.

Wilhelm von Tyrus, Die Geschichte der Kreuzzüge und des Königreiches Jerusalem, 12. Buch, Stuttgart 1840, S. 311 f. (übersetzt von Eduard und Rudolf Kausler)

1. *Fassen Sie die wesentlichen Bestimmungen des Vertrages in eigenen Worten zusammen.*
2. *Arbeiten Sie aus dem Vertrag heraus, in welchen Bereichen die Venezianer in Outremer wirtschaftlich tätig sind.*
3. *Erläutern Sie, welche Vorteile sich aus dem Vertrag für das Königreich Jerusalem ergaben.*
4. *Diskutieren Sie kriterienorientiert, welche Form des Kulturkontaktes zwischen Venezianern und anderen Bevölkerungsgruppen des Königreiches Jerusalem der Vertrag begünstigt.*
5. + *Zwei venezianische Händler beraten, ob sie sich wirtschaftlich im Königreich Jerusalem engagieren sollen. Entwickeln Sie in Partnerarbeit einen entsprechenden Dialog. Gehen Sie dabei sowohl auf Chancen als auch auf Risiken eines wirtschaftlichen Engagements ein.*

M11 Italienische Siedlungen

Der israelische Historiker Joshua Prawer schreibt um 1972:

Die italienischen Siedlungen entstanden nicht unmittelbar nach der Eroberung. In den ersten Jahren nach der Gründung des Königreichs [Jerusalem] siedelten sich nur wenige Kaufleute an, doch selbst damals gab es schon von den italienischen Metropolen eingesetzte Administratoren, die für die Wahrung von Rechten und Privilegien sorgten. Diese Basis sollte die Voraussetzung dafür schaffen, die Besitzungen in Antiochia, Tyrus und Akkon als Ausgangspunkt für den Fernhandel zu nutzen. Die erzielten Ergebnisse entsprachen nie den Erwartungen, da selbst die größten Kreuzfahrerstädte keine Produktionszentren waren und sich in keiner Weise mit Konstantinopel oder Alexandria vergleichen ließen. [...] Dafür glich jedoch die privilegierte Stellung der italienischen Kommunen innerhalb der Kreuzfahrerterritorien die offensichtlichen wirtschaftlichen Nachteile aus. So ließ zum Beispiel die Zollfreiheit, die den Kommunen gewährt wurde, die Kreuzfahrerstädte zu idealen Stapelplätzen für die aus dem islamischen Hinterland importierte Ware werden – gleichsam zu mittelalterlichen Freihäfen am Mittelmeer. [...] So entstanden recht ansehnliche italiensche Handelsniederlassungen in allen größeren Kreuzfahrerhäfen der Levante.

Die Kommunen, wie diese Niederlassungen genannt wurden, waren eine eigenartige Welt, eine Art Kolonie innerhalb der Kolonien. Als von einer Französisch sprechenden Mehrheit umgebene Minderheit brauchten [...] die Italiener die „Fremdsprache", wie üblich, in ihren Kontakten mit den Mitbürgern. Doch innerhalb ihrer Viertel [...] glaubte man sich nach dem geliebten Italien versetzt. Nachdem die Italiener die Ware einmal von Byzantinern oder Moslems erworben hatten, wurden die Geschäfte sehr häufig zwischen italienischen Kaufleuten abgewickelt. Jeder sprach hier seinen heimatlichen Dialekt [...]. Die Italiener besaßen alle Voraussetzungen, um ihre Eigenständigkeit zu bewahren. Das Oberhaupt der Kommune entstammte nicht nur dem jeweiligen Viertel, es verwaltete auch den gesamten Grundbesitz. Große und oft prächtige Gebäude, die einst muslimische, byzantinische oder türkische Gouverneure beherbergt oder islamischen Handelsaristokraten gehört hatten, wurden in den italienischen Inventarlisten als *palazzi* geführt und von der Kommunenverwaltung in Besitz genommen. Gebäude, die als Wohnungen zu groß waren, wurden in *camerae* (d. h. Zimmer, die für beschränkte Zeit vermietet wurden) und in *magazini* (Lagerräume) aufgeteilt. [...]

Die Hauptstraße oder der Platz des Viertels wurde als Marktplatz benutzt; die umliegenden Häuser wiesen gewöhnlich Läden, Verkaufsstände und Lagerräume auf, wo orientalische Ware auf den Export nach Europa oder importierte europäische Ware auf Abnehmer wartete. [...] Überall gab es Tavernen und Trattorien, die italienische Gerichte anboten. [...] Neben Läden und Lagerräumen, einem Marktplatz und gewöhnlich einem überdachten Bazar hatte jedes Viertel seine Bäckereien, öffentlichen Backöfen und Bäder. Einige italienische Bankiersfamilien hielten es sogar für vorteilhaft, eigene Filialen in den Kreuzfahrerstädten zu errichten [...]. [...]

Mittelpunkt jedes italienischen Viertels war der *palazzo comunale*, der Verwaltungssitz. Er beherbergte einen *vicomte* oder Konsul, den von der Mutterstadt entsandten Gouverneur. Von einem Rat unterstützt, repräsentierte er die Interessen der Kommune gegenüber dem Herrn der Stadt – einem Adligen oder dem König – und war verantwortlich für Eigentum und Privilegien der Kommune innerhalb der Stadt. Die ihm beigegebenen Notare entwarfen Verträge zwischen Kaufleuten und fertigten Heiratsurkunden aus; die Geschworenen wohnten dem Schwurgericht oder Schiedsgericht in Fällen bei, die ihre Landsleute betrafen [...]. [...]

Obwohl die Mutterstädte auch finanzielle Vorteile aus ihren levantinischen Kolonien gezogen haben mögen, so erwuchs ihr Haupteinkommen doch aus der Besteuerung jener Händler in Italien, die am Levantehandel gut verdienten. Doch solche Aktiva wurden häufig von den Passiva aufgewogen, da die einzelnen Kommunen zu Wasser und zu Lande miteinander rivalisierten. Sie kämpften um ihre Privilegien; noch verhängnisvoller aber war die Tatsache, dass sie ihren Unfrieden vom italienischen Mutterland in die Levantekolonien trugen. Während des 13. Jahrhunderts endete jede Begegnung rivalisierender italienischer Flotten auf See mit Kampf oder Piraterie, während die Mauern von Akkon und Tyrus von dem Aufprall der Steingeschosse widerhallten. Jede Kommune verschanzte sich in ihrem Viertel hinter einer ringförmigen Umwallung, die von Türmen flankiert wurde, sobald die Nachbarkommunen zu Feindesland wurden. Dann verwandelte sich der Kaufmann ebenso in einen Krieger, wie der Matrose zum Marinesoldat wurde. [...] Türme und Wälle wurden häufig zerstört, Häuser brannten ab, und eine Säule oder der Stein des Ausrufers wurde vom Sieger triumphierend in die Mutterstadt entführt, um dort die zentrale *Piazza* zu schmücken.

Zit. nach: Joshua Prawer, Die Welt der Kreuzfahrer, Wiesbaden [2]1976, S. 94-97 (übersetzt von Elisabeth Kühne)

1. *Fassen Sie die Entwicklung des Handels der italienischen Stadtstaaten in der Levante in eigenen Worten zusammen.*
2. ✚ *Analysieren Sie, inwieweit die von Prawer skizzierten Entwicklungslinien bereits im „Pactum Warmundi" (siehe M10) angelegt sind.*
3. *Charakterisieren Sie die Form der italienischen Migration in die Levante.*
4. *Arbeiten Sie heraus, welche Form der Kulturbegegnung zwischen Italienern und anderen Bevölkerungsgruppen in den Kreuzfahrerherrschaften vorliegt.*
5. ✚ *Erörtern Sie, ob die italienischen Stadtstaaten eher zur Stabilisierung oder Destabilisierung der Kreuzfahrerherrschaften beigetragen haben. Ziehen Sie hierzu die Materialien (M10 und M11) und die Darstellung (Seite 83) heran.*

▲ **Kreuzfahrer und Kaufleute.**
Buchillustration, um 1350.

Kompetenz:
Reden als gesprochene Geschichte analysieren und interpretieren

Reden sind rhetorische Texte, die auf eine bestimmte Situation eingehen, welche der Redner im eigenen Sinn beeinflussen will. Dabei steht der Appell an die Zuhörer im Vordergrund. Bei der Beschäftigung mit historischen Themen begegnet uns hauptsächlich die politische Rede, die ein Politiker hält, um für sich, sein Programm oder ein Vorhaben zu werben, Gegner zu kritisieren oder um Ereignisse und Personen zu würdigen.

Politische Reden

Reden sind für uns in Zeitung, Rundfunk, Fernsehen und digitalen Medien, aber auch in Geschichtsbüchern etwas Alltägliches. Wenn wir sie im Druckbild vor uns haben, vergessen wir leicht, dass es sich hierbei nicht um „normale" schriftliche, sondern mündlich vorgetragene Quellen handelt. In der Regel ist die Art, in der eine Rede vorgetragen wird, entscheidend für ihre Wirkung. In modernen Reden können Mimik und Gestik des Redners, die Redesituation und die Atmosphäre oft in Bild- und Tondokumenten zum Teil nachvollzogen werden. Überlieferte Reden aus vergangenen Zeiten wie der Antike oder dem Mittelalter sind dagegen anders zu behandeln. Nur wenige dieser Reden liegen in einer authentischen Form vor. Oft schrieben sie anwesende Chronisten nieder und formten den Inhalt – wie z.B. *Fulcher von Chartres* im Falle der von Papst Urban II. auf dem Konzil von Clermont im Jahre 1095 gehaltenen Rede (siehe M4, Seite 88). Manche Autoren dieser Zeit erfanden sogar ganze Reden, um sie als rhetorisches Stilmittel für ihre Darstellung zu nutzen.
Anders als alle anderen schriftlich fixierten Texte wurden und werden politische Reden für einen bestimmten Anlass, Ort und Adressatenkreis mit einer bestimmten Wirkungsabsicht verfasst und gehalten. Bei der Analyse und Interpretation einer (politischen) Rede sind deshalb mehrere Ebenen zu berücksichtigen:

Formale Kennzeichen

- Wer ist der *Redner* und welche *Funktion* hat er?
- Was ist über seine *politische Haltung* oder seine *Weltanschauung* bekannt?
- *Wann*, *wo* und *aus welchem Anlass* wurde die Rede gehalten?
- Ist die Rede von dem *Redner* selbst niedergeschrieben worden oder von einem anderen *Autor*? Handelt es sich um eine *fiktive Rede* oder war der Autor anwesend? Wie groß ist der *Zeitabstand* zwischen der gehaltenen Rede und ihrer Niederschrift?

Inhalt und Stil

- Was sind *Thema* und *Inhalt* der Rede?
- Wie ist die Rede aufgebaut? Welche *Merkmale* kennzeichnen sie (Länge, Argumentation. Sprach- und Wortwahl, Stil, Umgangs- oder Hochsprache)?
- Wie wird die Rede gehalten (freier Vortrag oder abgelesen, Stimme, Tonfall, Tempo, Lautstärke, Körpersprache)?

Historischer Kontext

- Welchen *Zeitraum*, welches *Ereignis* oder welche *Person* behandelt die Rede?
- In welchem *Bezug* steht der Redner *zum Thema*?
- Wie ist die *Redesituation* und *Atmosphäre* (Art und Anlass der Veranstaltung, besonderer Redeort, Publikum, Rundfunk- oder Fernsehaufzeichnung)?

Intention und Wirkung

- An welchen *Adressatenkreis* wendet sich der Redner?
- Welche *Absichten* verfolgt er (z.B.: Motivation, Würdigung, Information, Unterhaltung)?
- Welche *Wirkung* hatte die Rede auf Zuhörer, Zeitgenossen und spätere Leser/Zuhörer?

Einordnung und Bewertung

- Wie lässt sich die Rede in den *historischen Kontext* einordnen und bewerten?
- Welchen *Einfluss* hatte die Rede auf die Situation oder Entwicklung?

Beispiel und Analyse

US-Präsident George W. Bush hält am 16. September 2001 auf einer Pressekonferenz vor dem Weißen Haus zu den Terroranschlägen vom 11. September folgende Ansprache:

Millionen Amerikaner haben heute getrauert und gebetet; morgen gehen wir wieder an unsere Arbeit. Menschen aus allen Bereichen des Lebens haben heute den Helden gedankt; sie betrauern die Toten; sie bitten Gott um seinen Segen für die trauernden Familien, und morgen werden die guten Menschen von Amerika zurückkehren in ihre Läden, auf ihre Felder, in die amerikanischen Fabriken; sie gehen wieder an die Arbeit.

Ansprache an das amerikanische Volk; Anspielung auf den „american way of life"; religiöser Bezug

Unsere Nation war entsetzt, aber sie wird sich nicht terrorisieren lassen. Wir sind eine großartige Nation. Wir sind eine entschlossene Nation. Wir sind eine Nation, die nicht durch Übeltäter eingeschüchtert werden kann. Ich habe großes Vertrauen in das amerikanische Volk. [...] Ich habe auch Vertrauen in unser Militär. Und wir haben einen Job zu erledigen – genauso wie die Farmer und Rancher und Geschäftsleute und Fabrikarbeiter einen Job zu erledigen haben. Meine Regierung hat einen Job zu erledigen, und wir werden ihn erledigen. Wir werden die Welt von den Übeltätern befreien. Wir werden die freiheitsliebenden Völker zusammenrufen, um den Terrorismus zu bekämpfen.

Appell an die amerikanische Nation; Verweis auf kommende militärische Aktionen gegen den Terrorismus durch die US-Regierung und andere Völker

Und an diesem Tag – dem Tag des Herrn, sage ich meinen amerikanischen Mitbürgern Dank, Dank für Eure Gebete, Dank für Euer Mitgefühl, Dank für die Liebe, die Ihr einander schenkt. Und wenn Ihr morgen wieder an die Arbeit geht, arbeitet hart, wie Ihr es immer getan habt. Aber wir sind gewarnt worden. Wir wurden gewarnt, dass es böse Menschen auf dieser Welt gibt. Wir wurden nachdrücklich gewarnt und wir werden auf der Hut sein. Eure Regierung ist auf der Hut. Die Gouverneure und Bürgermeister sind auf der Hut vor den bösen Menschen, die dort draußen lauern. [...]

Appell an die Solidarität innerhalb der amerikanischen Gesellschaft mit religiösem Bezug; erneute Anspielung auf den „american way of life"; Hinweis auf die neue terroristische Bedrohung

Der US-Präsident entgegnet auf Nachfragen der Journalisten:

Aber was er [der Attorney General[1]] tun wird, ist, dass er sich das bewusst macht, was ich schon zuvor in meiner Rede gesagt habe, nämlich dass wir einem neuen Typ von Feind gegenüberstehen, einem so barbarischen, der bereit ist, Flugzeuge in Gebäude voll mit unschuldigen Menschen zu steuern. Und deshalb, müssen wir in Amerika in Alarmbereitschaft sein. Wir sind eine Nation der Gesetze, eine Nation der Bürgerrechte. Wir sind aber auch eine Nation, die angegriffen wird. Und der Attorney General wird dieses Problem in einer Art und Weise angehen, die, wie ich denke, das amerikanische Volk verstehen wird.

Vorbereitung innenpolitischer Sicherheitsmaßnahmen als Reaktion auf die terroristischen Anschläge

Morgen müssen wir wieder an die Arbeit gehen, und das wir werden. Aber wir müssen uns auch bewusst machen, dass diese Übeltäter immer noch existieren. Wir haben diese Art der Barbarei für lange Zeit nicht gesehen. Niemand konnte sich ernsthaft vorstellen, dass Selbstmordkommandos sich in unserer Gesellschaft verstecken und dann alle am gleichen Tag erscheinen, um ihre Flugzeuge zu fliegen – U.S. Flugzeuge in Gebäude voll mit unschuldigen Menschen zu fliegen – ohne ein Zeichen der Reue. Dies ist eine neue Art des – eine neue Art des Bösen. Und wir verstehen. Und das amerikanische Volk beginnt zu verstehen. Dieser Kreuzzug, dieser Krieg gegen den Terrorismus wird eine Weile dauern. Und das amerikanische Volk muss geduldig sein. Ich werde geduldig sein. [...]

Erneuter Verweis auf die neue Art der Bedrohung und die Radikalität der Terroristen; Hinweis auf bevorstehende militärische Reaktionen

Auch die, die den Terroristen Unterschlupf gewähren, werden bestraft werden. Die Zeit ist für uns gekommen, den ersten Krieg des 21. Jahrhunderts entschieden zu gewinnen, sodass unsere Kinder und Enkelkinder friedlich im 21. Jahrhundert leben können. [...]

[1] **Attorney General**: Mitglied des Kabinetts, steht dem Justizministerium der Vereinigten Staaten von Amerika vor

Definition der Ziele der militärischen Aktionen; Charakterisierung der Terroristen

[...] Das amerikanische Volk soll wissen, dass meine Regierung entschlossen ist, sie zu finden, sie zu jagen, sie niederzuschlagen, sie, die Amerika dies angetan haben. Jetzt möchte ich das amerikanische Volk daran erinnern, dass sich die hauptverdächtige Organisation in vielen Ländern aufhält – es ist eine weit verstreute Organisation, die eine einzige gemeinsame Basis hat: zu terrorisieren. Sie können Freiheit nicht ausstehen, sie hassen, wofür Amerika steht. Deshalb wird dies ein langer Kampf, ein entschlossener Kampf – ein Kampf, der die Ressourcen der Vereinigten Staaten von Amerika einsetzen wird, um zu gewinnen. [...]

Ankündigung: Militärisches Vorgehen gegen den Terrorismus mithilfe ausländischer Verbündeter

Aber gemeinsam mit unseren Freunden, die bereit sind, den ganzen Weg mit uns zu gehen, wird diese Regierung alles tun, was nötig ist, den Terrorismus in der Welt auszurotten.

http://georgewbush-whitehouse.archives.gov/news/releases/2001/09/20010916-2.html
(Zugriff: 9. Juli 2014; übersetzt von Stephan Kohser)

Formale Kennzeichen Die Rede wird von George W. Bush, Republikaner und von 2001 bis 2009 US-Präsident, fünf Tage nach den Terroranschlägen vom 11. September 2001 gehalten. Der gläubige Methodist nimmt zu den Ereignissen auf einer Pressekonferenz vor dem Weißen Haus in Washington, D.C., Stellung. Die Rede ist in Teilen vorher ausgearbeitet, Bush reagiert aber auch spontan auf Nachfragen der Journalisten.

Inhalt und Stil In seiner Rede wendet sich Bush zunächst an die amerikanische Bevölkerung, um Zuversicht und Solidarität innerhalb der Gesellschaft zu befördern. Er bereitet das amerikanische Volk auf innenpolitische Sicherheitsmaßnahmen und Militäraktionen gegen den Terrorismus vor. Sprachlich ist die Rede getragen von Pathos – vor allem bezogen auf die eigene Nation und die Leistung der Bevölkerung (z. B. Zeile 16) –, Zuspitzungen – gerade wenn es um die Rechtfertigung bevorstehender innen- und außenpolitischen Maßnahmen geht (z. B. Zeile 9 bis 13) – und religiösen Bezügen (z. B. Zeile 14 f.). Der von Bush verwendete Begriff „Kreuzzug" (Zeile 35) fällt in diesem Zusammenhang als Symbol für die gerechte Sache, den Durchhaltewillen und die Opferbereitschaft, die die USA im „Krieg gegen den Terrorismus" (Zeile 35) jetzt und in der Zukunft an den Tag legen werden.

Historischer Kontext Die Rede des US-Präsidenten auf der Pressekonferenz steht im Zusammenhang mit den Terroranschlägen vom 11. September 2001. An diesem Tag hatten radikalislamistische Selbstmordattentäter in den USA vier Passagierflugzeuge entführt. Zwei steuerten sie in die Türme des World Trade Center in New York und eines in das Pentagon (Verteidigungsministerium) in Washington. Das vierte Flugzeug wurde von mutigen Passagieren zum Absturz gebracht, bevor es sein Anschlagziel, vermutlich das Weiße Haus, erreichen konnte. Mehr als 3000 Tote und etwa doppelt so viele Verletzte forderten die Anschläge, die die amerikanische Nation tief erschütterten. Als Drahtzieher wurden der aus Saudi-Arabien stammende Osama bin Laden und seine multinationale Terrororganisation al-Qaida verantwortlich gemacht.
Gemeinsam mit anderen Staaten bildeten die USA eine Antiterrorkoalition, die am 7. Oktober 2001 mit Angriffen in Afghanistan begann. Das Land war von 1996 bis 2001 vom radikal-islamistischen Taliban-Regime beherrscht, dass al-Qaida unterstützte und der Organisation Unterschlupf bot. In den USA selbst wurde am 26. Oktober 2001 der „Patriot Act" verabschiedet. Das Bundesgesetz schränkte amerikanische Bürgerrechte zugunsten der Ermittlung von Terrorverdächtigen ein.

Intention und Wirkung Die Rede ist eine von mehreren Statements des US-Präsidenten, die die amerikanische Bevölkerung auf die Maßnahmen im Rahmen des „Krieges gegen den Terrorismus" vorbereiten und für diese werben sollen. Auch an die Verbündeten der USA ist ein Appell gerichtet, sich an militärischen Aktionen zu beteiligen (Zeile 12 f.). Die Rede dient damit der Motivation.
Bushs Äußerungen und Handlungen stießen zunächst auf große Zustimmung in der amerikanischen Bevölkerung, sodass auch der „Patriot Act" ohne größere öffentliche Auseinandersetzung verabschiedet werden konnten. Auch die später formulierte „Bush-Doktrin", die u. a. militärische Präventivschläge bei einer Bedrohung der USA durch Massenvernichtungswaffen vorsah, wurde zunächst hingenommen.

Einordnung und Bewertung Bushs Rede traf in den ersten Tagen nach den Anschlägen des 11. September den Nerv der US-Amerikaner und erzeugte auch im Ausland eine große Welle der Solidarität. Auch die Verwendung des Begriffes „Kreuzzug" wurde als Synonym für das Engagement für eine positive, gerechte Sache akzeptiert. Radikal-islamistische Terrorgruppen wie al-Qaida benutzten den in der muslimischen Welt negativ geprägten Begriff propagandistisch als Beweis dafür, dass der „Westen" der eigentliche schuldige Angreifer sei. Der Krieg gegen die „Allianz der Kreuzritter" diente bin Laden als Rechtfertigung für weitere Anschläge.
Der Begriff „Kreuzzug" wurde in den folgenden Reden Bushs nicht mehr verwendet. Später regte sich zudem Widerstand in der amerikanischen Bevölkerung gegen den Eingriff in die Bürgerrechte im Rahmen des „Patriot Act II" und des auf Basis der „Bush Doktrin" geführten Krieges gegen den Irak im März 2003, den auch viele Verbündete der USA nicht mehr unterstützten.

▲ **„Here we go Again."**
Titelbild der US-amerikanischen Zeitschrift „National Review" vom 3. Dezember 2001.
- *Beschreiben Sie das Titelbild.*
- *Stellen Sie Hypothesen darüber auf, welche Aussagen durch das Titelbild vermittelt werden sollen.*
- *➕ Analysieren Sie, inwieweit sich Ihre Hypothesen in George W. Bushs Rede wiederfinden.*
- *Interpretieren Sie auf der Grundlage Ihrer Arbeitsergebnisse und Ihres Hintergrundwissens das Titelblatt.*

1. ➕ *Halten Sie die Rede von George W. Bush in unterschiedlichen Varianten. Beachten Sie dabei vor allem Stimme, Tonfall, Tempo, Lautstärke und Körpersprache. Charakterisieren Sie die gehaltenen Reden und diskutieren Sie, welche Variante am überzeugendsten erscheint. Vergleichen Sie abschließend Ihre Version mit dem Original. Siehe hierzu folgendes Videodokument:*
http://www.presidency.ucsb.edu/youtubeclip.php?clipid=63346&admin=43

2. *Bearbeiten Sie die Rede Papst Urbans II. in der von Fulcher von Chartres überlieferten Form (siehe M4, Seite 88) wie in Aufgabe 1. Analysieren die Rede anschließend mithilfe der Leitfragen auf Seite 96.*

3. ➕ *Vergleichen Sie die Reden von Papst Urban II. und George W. Bush anhand der vier Analysekriterien von Seite 96. Beachten Sie dabei besonders die unterschiedlichen historischen Kontexte und Funktionen beider Redner.*

4. *Erörtern Sie auf Basis Ihrer Ergebnisse aus den vorherigen Arbeitsaufträgen und Ihres Hintergrundwissens, ob die Verwendung des Begriffes „Kreuzzug" durch George W. Bush in seiner Rede angemessen ist.*

5. ➕ *Entwickeln Sie auf der Grundlage Ihrer vorherigen Arbeitsergebnisse eine eigene Rede zur Fragestellung „Inwieweit ist die Verwendung des Begriffes ‚Kreuzzug' in Anbetracht seiner Geschichte in heutiger Zeit angemessen?". Halten Sie die Rede vor Ihren Mitschülerinnen und Mitschülern.*

China und die imperialistischen Mächte

◂ **Der ehemalige deutsche Bahnhof in Tsingtau (heute Qingdao) im deutschen Pachtgebiet Kiautschou.**
Foto vom Sommer 1988.
In der chinesischen Hafenstadt Tsingtau haben sich bis heute Wohnhäuser, einige Kasernen und eine Brauerei aus der deutschen Kolonialzeit erhalten, die um die Jahrhundertwende entstanden sind.

Äußere und innere Krisen

1644 - 1911 Die Qing-Dynastie herrscht im Kaiserreich China.

1839 - 1842 Erster Opiumkrieg; Großbritannien setzt im Vertrag von Nanjing die Öffnung chinesischer Häfen für britische Händler durch. Damit beginnt eine Serie „ungleicher Verträge".

1851 - 1864 Der Taiping-Aufstand gegen die Qing-Dynastie kostet Millionen von Menschen das Leben.

1856 - 1860 Zweiter Opiumkrieg; Großbritannien sichert sich zusammen mit anderen europäischen Staaten und den USA Sonderrechte in China.

seit 1860 Im Rahmen der „Selbststärkungsbewegung" werden Modernisierungsmaßnahmen im Land ergriffen.

1879 Japan besetzt die Ryūkyū-Inseln und gliedert sie unter dem Namen Okinawa in den eigenen Staat ein.

„Wettlauf nach China"

1895 Der Vertrag von Shimonoseki besiegelt die Niederlage Chinas im Krieg gegen Japan. Ein „Wettlauf nach China" beginnt.

1897 Das Deutsche Reich besetzt die Bucht von Kiautschou im Osten Chinas.

1898 Die „Reform der hundert Tage" des Kaisers Guangxu scheitert am Widerstand der Reformgegner.

1899 Die USA fordern den freien Zugang zu den chinesischen Märkten („Open Door Policy").

1900 Im Boxeraufstand erhebt sich die Landbevölkerung gegen den Einfluss ausländischer Mächte. Er wird mithilfe internationaler Truppen niedergeschlagen.

1912 Nach Ende des Kaisertums wird die Republik ausgerufen.

Vom Zweiten Weltkrieg zur Ausrufung der Volksrepublik

1931 Mit der Besetzung der Mandschurei im Nordosten Chinas beginnt Japan die Eroberung chinesischer Gebiete.

1937 Bei der Einnahme von Nanjing richten japanische Truppen ein Blutbad unter der Zivilbevölkerung an.

1945 Nach dem Abwurf von Atombomben auf Hiroshima und Nagasaki erklärt Japan die Kapitulation und gibt auch seine Ansprüche auf dem asiatischem Festland auf. China gehört zu den Siegermächten des Zweiten Weltkrieges. Bis 1947 werden die noch existierenden „ungleichen Verträge" mit den USA und Großbritannien aufgelöst.

1949 Mit dem Sieg der Kommunisten und der Ausrufung der Volksrepublik China (1. Oktober) endet der jahrzehntelange chinesische Bürgerkrieg.

Bis weit ins 18. Jahrhundert hatte China keine intensiven Beziehungen zum überseeischen Ausland. Das Land war weder Opfer europäischer Eroberungen, noch hatte es selbst überseeische Eroberungen in Angriff genommen. Dies änderte sich im 19. Jahrhundert, da sich die Machtbalance zwischen China und den sich industrialisierenden Ländern in Europa, Amerika und Asien radikal veränderte. China durchlebte im 19. Jahrhundert zahlreiche innenpolitische Krisen und *Bürgerkriege*, die das Land erheblich schwächten. Gleichzeitig gewannen Großbritannien, Frankreich, Deutschland sowie die USA und Japan aufgrund der Industrialisierung enorme militärische Schlagkraft, die es möglich machte, in China zu intervenieren.

Die militärische Überlegenheit Großbritanniens zwang im ersten *Opiumkrieg* (1839 - 1842) China dazu, den Briten enorme Handelsvorteile zu gewähren. In späteren Kriegen nutzten Japan, Russland, die USA, Deutschland und Frankreich die militärische Schwäche Chinas, um Teile des Landes zu besetzen oder sich Vorteile im Handel zu verschaffen. Dies bedeutete, dass diese Länder ihre Produkte in China gut verkaufen konnten und es damit dem Land erschwerten, einen eigenständigen Industrialisierungsprozess in Gang zu setzen. Die politischen Kräfte in China entwickelten verschiedene Projekte, um den ausländischen Einfluss im Land zurückzudrängen. Eine Gruppe von Reformern wollte durch Übernahme ausländischer Praktiken die Industrialisierung im Land befördern und China dadurch stärken. Andere dagegen pochten auf die uralten chinesischen Traditionen und wollten daraus Stärke ziehen. Der Widerstand gegen die imperialistischen Mächte fand auf vielen Ebenen statt. Der größte militärische Aufstand ging als *Boxeraufstand* in die Geschichte ein (1900). Er wurde von den ausländischen Mächten brutal niedergeschlagen

Der Zusammenbruch des Kaisertums und die Einführung der Republik 1911/12 waren nicht zuletzt Folge der Unfähigkeit des politischen Systems Chinas, das Land zu reformieren und gegen äußere Feinde zu verteidigen. Das Ende des Kaisertums brachte aber zunächst nicht die erhoffte Stabilisierung des Landes. Im Gegenteil, China wurde von Aufständen und Bürgerkriegen erschüttert und schließlich teilweise von Japan besetzt. Nach jahrzehntelangen innenpolitischen Auseinandersetzungen, Bürgerkriegen und dem Krieg gegen Japan gelang es schließlich den Kommunisten unter der Führung *Mao Zedongs* im Jahre 1949, an die Macht zu kommen und dem Land eine stabile politische Ordnung zu geben.

Wichtige Namen
- Cixi
- Guangxu
- Mao Zedong
- Yuan Shikai
- Hong Xiuquan („Tianwang")

Wichtige Begriffe
- Boxeraufstand
- Bürgerkrieg
- Guomindang
- Missionierung
- „Open Door Policy"
- Opiumkriege
- Reform der hundert Tage
- Selbststärkungsbewegung
- Taiping-Aufstand
- „ungleiche Verträge"

In diesem Kapitel erwerben Sie die **Kompetenz**,
- das Selbstverständnis und das Weltbild der Chinesen und der Europäer zu charakterisieren,
- die Kontakte mit den imperialistischen Mächten und ihre Folgen (u.a. „ungleiche Verträge", Missionierung, „Open Door Policy") zu analysieren und zu erläutern,
- die Reaktionen auf den imperialistischen Einfluss (u.a. Selbststärkungsbewegung, Boxeraufstand, Reformansätze) zu interpretieren.

Zur Methoden-Kompetenz siehe Seite 130 bis 132 („Statistik"). Zum Kompetenzerwerb im Hinblick auf Theorien und Kontroversen zu Kulturkontakt und Kulturkonflikt lesen Sie Seite 122 bis 125 („Theorie-Baustein: Kulturkontakt und Kulturkonflikt") über historische Erklärungsmodelle zu Transformationsprozessen informiert Seite 126 bis 129 („Theorie-Baustein: Transformationsprozess").

▲ **Porträt des Kaisers Qianlong (1711 - 1799).**
Gemälde des italienischen Malers und Jesuiten Giuseppe Castiglione, Chinatinte auf Papier, um 1737.
Unter Kaiser Qianlong stand das chinesische Reich auf dem Höhepunkt seiner Macht und erreichte mit fast zwölf Millionen Quadratkilometern die größte Ausdehnung seiner Geschichte.
Zu Kaiser Qianlong siehe auch Seite 113 und M3 auf Seite 114.

Die Blütezeit der Qing-Dynastie Die chinesische Geschichte kennt im Gegensatz zur europäischen keine Epochen wie Altertum, Mittelalter und Neuzeit. Sie wird vielmehr in die Herrschaftszeiten der Geschlechter, aus denen die Kaiser stammten, unterteilt. Das chinesische Kaiserreich existierte mit wechselnden Dynastien von 221 v. Chr. bis 1911. Seit 1644 war die *Qing-Dynastie* an der Macht. Die ersten anderthalb Jahrhunderte ihrer Herrschaft stellen eine Blütezeit in der Geschichte Chinas dar (▸ M1).

Unter den Qing-Kaisern erreichte das Land seine größte territoriale Ausdehnung. Im Norden gehörte die Mongolei (einschließlich der heute unabhängigen Nordmongolei) zu China. Im Westen reichten die Grenzen fast bis an das Kaspische Meer und schlossen Tibet und das östliche Turkestan ein. An das Reich der Qing war ein Gürtel selbstständiger, aber abhängiger Staaten angelagert, der von den Ryūkyū-Inseln und Korea im Osten über Südostasien bis Nepal reichte.

Der territorialen Expansion nach außen entsprach ein enormes Bevölkerungswachstum im Innern. Seit Beginn der Qing-Herrschaft hatte sich die Bevölkerung verdreifacht. Um 1800 lebten knapp 300 Millionen Menschen in China. Dies entsprach rund 35 Prozent der Weltbevölkerung (▸ M2). Das große Bevölkerungswachstum war Ausdruck einer immer leistungsstärkeren Landwirtschaft. Neue Anbauflächen wurden in großem Umfang erschlossen, und man baute neue Produkte vornehmlich amerikanischen Ursprungs wie Süßkartoffeln, Mais, Erdnüsse, aber auch Tabak und Baumwolle an. In vielen Regionen waren erfolgreiche Ernten von der Kontrolle der Flüsse abhängig, sodass der Aufschwung der Landwirtschaft sich auch den staatlichen Wasserbauprojekten verdankte. Chinas territoriale, demografische und wirtschaftliche Größe war damit nicht zuletzt Ausdruck eines mächtigen Staates, der sich auf eine loyale Beamtenschaft und eine schlagkräftige Armee stützte. Beide waren auch deshalb notwendig, weil China kein homogener Nationalstaat war, sondern ein aus zahlreichen Ethnien, Sprachfamilien und Kulturgruppen zusammengesetztes *Vielvölkerreich*.

Der Niedergang im 19. Jahrhundert China war im 18. Jahrhundert den europäischen Mächten mindestens ebenbürtig. Nicht nur die Landwirtschaft war äußerst leistungsfähig, auch der Bergbau, das Handwerk und der Handel brauchten keinen Vergleich zu scheuen. Zentrale Bedeutung kam der Textilindustrie und der Porzellanmanufaktur zu. In beiden Bereichen arbeiteten Hunderttausende von Menschen, und die Produkte wurden inner- und außerhalb Chinas verkauft. Auch wenn bis zum Ende des 18. Jahrhunderts über 90 Prozent der Bevölkerung auf dem Land lebten, blühten auch Bildung und Gelehrsamkeit. Theater eröffneten, und Druckereien ermöglichten einer immer größeren Zahl von Menschen den Zugang zu chinesischer Literatur. Gegen Ende des 18. Jahrhunderts mehrten sich allerdings auch die Krisensymptome. Das Vielvölkerreich hatte zunehmend mit Aufständen zu kämpfen, deren Niederschlagung die Staatsfinanzen belastete. Gleichzeitig stellte das Bevölkerungswachstum die Landwirtschaft vor immer größere Aufgaben, da nur ein kleiner Teil des chinesischen Bodens für den

Lesetipps
- *Thoralf Klein, Geschichte Chinas von 1800 bis zur Gegenwart, Paderborn ²2009*
- *Helwig Schmidt-Glintzer, Kleine Geschichte Chinas, Frankfurt am Main 2010*

◂ **„Das Reich der Mitte."**
Foto vom französischen Diplomaten und Fotografen Auguste François, um 1900. Bauern überqueren eine Hängebrücke, die die Provinz Yunnan im Südwesten Chinas mit Tibet verbindet. Brücken wie diese gab es im chinesischen Reich schon seit über 1000 Jahren.

Ackerbau geeignet war. Und schließlich machten sich zunehmend Korruption und Ineffizienz von der Staatsspitze bis zu den unteren Rängen der Bürokratie bemerkbar.

Die ab 1800 zunehmend offenkundig werdenden Probleme entwickelten sich für China zur existenzgefährdenden Krise, da gleichzeitig Europa im Zuge der Industrialisierung einen enormen Aufschwung erlebte. Die Ersetzung der Handarbeit durch Maschinenarbeit und die Erzeugung von Energie durch Dampfkraft veränderten Wirtschaft und Gesellschaft zunächst in Großbritannien und anschließend in zahlreichen Ländern Europas und in den USA. Die Maschinisierung der Produktion ging einher mit Revolutionen im Transportwesen, zunächst durch Ausdehnung des Kanalsystems für die Schifffahrt, später durch die Eisenbahn und die Dampfschifffahrt. Die Industrielle Revolution machte schließlich aus dem Riesen China einen ökonomischen Zwerg.[1]

Chinesische Handelspolitik Die chinesischen Herrscher schlossen ihr Reich nicht von der Welt ab, aber sie waren darauf bedacht, europäische Einflüsse unter Kontrolle zu halten. Der Handel mit Europa und den USA war nicht frei, sondern unterlag strikten Kontrollen. Lediglich im Hafen von Guangzhou (Kanton) durften Europäer und US-Amerikaner Geschäfte tätigen. Allerdings konnten sie nur mit einer begrenzten Zahl chinesischer Firmen Handel treiben, die von kaiserlichen Beamten dazu bestimmt wurden. Vor allem den Briten war dieses System ein Dorn im Auge und sie versuchten mehrmals, die chinesische Regierung von einer liberaleren Handelspolitik zu überzeugen. Dieses Vorhaben blieb allerdings erfolglos (▸ M3).

Die Chinesen hatten lange Zeit gar keinen Grund, ihre Grenzen zu öffnen, profitierten sie doch von dem bestehenden System in erheblichem Maße. Während Tee, Porzellan und Textilien aus China nach Europa, insbesondere Großbritannien, verkauft wurden, gab es kaum etwas, was die Chinesen aus Europa hätten einführen wollen.

[1] Siehe hierzu vergleichend die Statistik zur Weltindustrieproduktion, Seite 131 (Methoden-Baustein).

▲ **„Sie haben dieses Gift auf der Stelle zu kaufen."**
Karikatur aus der Pariser Satirezeitschrift „Le Charivari", 1840. Die französische Karikatur legt dem Engländer folgende Worte in den Mund: „Sie haben dieses Gift auf der Stelle zu kaufen, damit wir eine Menge Tee zum Verdauen unseres Roastbeefs bekommen."

- *Interpretieren Sie Zeichnung und Text.*

Die Handelsbilanz wies daher einen großen Überschuss aufseiten Chinas aus. Durch den Handel gelangte ein kontinuierlicher Fluss von Silbergeld in das ostasiatische Land, der wie ein dauerhaftes Konjunkturprogramm wirkte. Den Briten gefiel es dagegen nicht, dass die Chinesen ihre Märkte verschlossen und gleichzeitig in großem Umfang Waren nach Europa ausführten. Sie fanden mit Opium ein Produkt, das in China nicht hergestellt, aber in immer größerem Umfang nachgefragt wurde. So begannen britische und US-amerikanische Händler Ende des 18. Jahrhunderts, Opium aus dem britischen Indien und aus der Türkei nach China zu exportieren. Der chinesischen Regierung wurde schnell klar, dass dieses Rauschmittel nicht nur massive gesundheitliche Schäden bei den Konsumenten zur Folge hatte, sondern auch die Handelsbilanz zuungunsten Chinas veränderte. 1821 verbot sie den Opiumhandel, was allerdings keinerlei Konsequenzen hatte. Im Gegenteil, nachdem sich der Handel zwischen 1800 und 1833 verfünffacht hatte, verdoppelte er sich nochmals bis 1838. Der chinesischen Regierung missfiel diese Entwicklung, da in ihren Augen nun zu viel Silber das Land verließ. Dies brachte die chinesische Wirtschaft in ernsthafte Probleme. Sie beschloss daher, gegen das illegale Opiumgeschäft vorzugehen. 1839 schickte sie einen hochrangigen Beamten nach Guangzhou, der nach wochenlangen Auseinandersetzungen die Ausländer schließlich zwang, ihre Opiumvorräte zur Vernichtung herauszugeben.

Opiumkriege und „ungleiche Verträge" Das Vorgehen der chinesischen Regierung nahm Großbritannien zum Anlass, Krieg gegen das Reich der Mitte zu führen. Im Sommer 1839 wurde eine Flotte von 16 Kriegsschiffen entsandt, die ein Jahr später China erreichte. Das ostasiatische Land besaß keine Kriegsmarine im herkömmlichen Sinn, da bisher keine Gefahren von See gedroht hatten. Den Briten war es daher ein Leichtes, die traditionellen chinesischen Segelschiffe, Dschunken genannt, zu versenken. Um Häfen und Flussmündungen zu kontrollieren, reichte es in der Regel, ein einziges Schiff vor Ort zu lassen. So gelang es den Briten innerhalb von zwei Jahren, die wichtigsten Häfen und Flussmündungen zu beherrschen. Nach der Einnahme von Nanjing in Zentralchina konnten die Briten den Chinesen 1842 einen Vertrag diktieren, der alle ihre Forderungen enthielt. So musste China fünf von Großbritannien ausgesuchte Häfen für den Handel mit Großbritannien öffnen und den Briten erlauben, sich ihre chinesischen Geschäftspartner frei zu wählen. Die britischen Händler brauchten in den Hafenstädten nun nicht mehr in den von den chinesischen Behörden zugewiesenen Vierteln wohnen, sondern konnten sich ihren Wohnsitz innerhalb der fünf Städte frei aussuchen. Zu ihrem Schutz und ihrer Vertretung durften die Briten Konsulate in den Städten einrichten. Zölle und Abgaben auf importierte Waren mussten niedrig sein und verschafften so den britischen Händlern einen Wettbewerbsvorteil. Darüber hinaus trat China die Insel Hongkong an Großbritannien ab. Es dauerte schließlich über

▲ **Briten greifen 1842 die chinesische Stadt Nanjing an.**
Chinesische Darstellung, um 1842.
- *Beschreiben Sie die dargestellte Szene.*
- *Analysieren Sie, warum die Briten den Chinesen im Kampf überlegen waren.*
- *Erklären Sie, ob die Zeichnung einen „Krieg" darstellt.*

150 Jahre, bis Hongkong 1997 zurück an China fiel. Angesichts dieser demütigenden Vereinbarungen erschienen die horrenden Beträge, die China an Großbritannien und britische Händler zahlen musste, fast zweitrangig.

Hatte der *erste Opiumkrieg* deutlich gemacht, dass Großbritannien in der Lage war, seine Interessen auch an der chinesischen Küste militärisch durchzusetzen, so zeigte der *zweite Opiumkrieg* (1856-1860), dass die Staaten Europas auch einen Landkrieg in China gewinnen konnten. Anlass war dieses Mal das Entern eines unter britischer Flagge segelnden chinesischen Schiffes durch chinesische Beamte, die illegalen Opiumschmuggel vermuteten. Als die gefangen genommenen Besatzungsmitglieder trotz des Verlangens Großbritanniens nicht freigelassen wurden, erklärten die Briten China den Krieg. Dieser Kriegserklärung schloss sich auch Frankreich an. Russland und die USA blieben offiziell neutral, nutzten aber diese Position ihrerseits zum Abschluss vorteilhafter Abkommen mit China. Nachdem 1858 ein Friedensvertrag unterzeichnet worden war, begann der Krieg von Neuem, als der chinesische Kaiser die Einrichtung diplomatischer Vertretungen seiner Kriegsgegner in der Hauptstadt Peking ablehnte. Daraufhin marschierte 1860 eine britisch-französische Armee nach Peking und verwüstete die kaiserlichen Paläste. Die 1858 und 1860 unterzeichneten Verträge ergänzten den Vertrag von 1842 und weitere in der Zwischenzeit geschlossene Vereinbarungen. Die Briten unterlagen nun nicht mehr der chinesischen Justiz, und sie genossen bei Besitz eines britischen Passes Reisefreiheit im Kaiserreich. Eine große Zahl von Städten am Meer und an Flüssen wurden für den britischen Handel geöffnet. Andere europäische Staaten, die USA und sogar einige Staaten in Lateinamerika schlossen ähnlich lautende Verträge mit China ab. Das ostasiatische Land musste seinen Untertanen darüber hinaus erlauben auszuwandern.

Die Opiumkriege und die *„ungleichen Verträge"* unterwarfen letztlich die chinesische Außen- und Handelspolitik europäischen und US-amerikanischen Forderungen. Die harschen Bedingungen der Verträge schienen darüber hinaus sicherzustellen, dass es China nicht gelingen würde, das internationale Machtverhältnis zu seinen Gunsten zu verschieben. Die Europäer und US-Amerikaner profitierten von der Öffnung Chinas, da sie nun ihre Waren hier verkaufen konnten, auch wenn die Märkte nicht so viel Profit abwarfen wie ursprünglich erhofft. Die chinesische Wirtschaft wurde aber wie beabsichtigt stärker mit Europa und den USA verbunden. Denn schließlich hatten sich die Sieger der Opiumkriege niedrige Zölle und sogar die Einfuhr der von China verbotenen Droge Opium garantieren lassen.

▲ **„Tianwang, der Taipingkaiser."**
Zeitgenössischer Holzstich. Der chinesische Revolutionär Hong Xiuquan (1814-1864) führte den Taiping-Aufstand an. Er sah sich als jüngerer Bruder Jesu Christi und verband christliche mit chinesischen religiösen Vorstellungen. 1851 nahm er den Titel „Himmlischer König" („Tianwang") an.

Innere Krisen und Aufstände Die „ungleichen Verträge" verstärkten die wirtschaftlichen und sozialen Probleme Chinas, die sich seit dem Ende des 18. Jahrhunderts abgezeichnet hatten. Die Spannungen entluden sich in Aufständen, die sich zum Teil zu Bürgerkriegen entwickelten. Schätzungsweise etwa 20 Millionen Chinesen starben beim *Taiping-Aufstand* (1851-1864). Er richtete sich gegen die Qing-Dynastie, die aufgrund ihrer Herkunft aus der Mandschurei im Nordosten Chinas als unchinesisch verurteilt wurde. Den Aufständischen gelang es, große Gebiete in Zentral- und Ostchina zu erobern. Der Versuch, 1853 Peking einzunehmen, scheiterte allerdings. Die Stadt Nanjing blieb jedoch bis 1864 in den Händen der Rebellen (▸ M4). Gleichzeitig mit dem Aufstand im Südosten wurde die Qing-Dynastie von der *Nian-Rebellion* im Norden des Landes bedroht (1861-1868), und zwischen 1855 und 1877 tobten im Südwesten, im Nordwesten sowie in Turkestan *Aufstände von Muslimen*, die insgesamt zehn Millionen Todesopfer forderten. Ende der 1860er-Jahre hatte China sich daher nicht nur aufgrund des Eindringens der Europäer und US-Amerikaner, sondern auch aufgrund dieser blutigen Bürgerkriege radikal geändert. Große Teile des Landes waren verwüstet, Millionen Menschen waren gestorben, die Landwirtschaft lag darnieder und die Staatsfinanzen waren am Ende. Hohe Zivilbeamte in den Provinzen (*Provinzgouverneure*), die zugleich als Generäle die siegreichen Qing-Truppen geführt hatten, besaßen nun ungeheure Macht und nahmen die politische Führungsrolle ein. Dadurch wurde die Zentralregierung in Peking stark geschwächt, zumal seit 1862 alle Kaiser als Minderjährige auf den Thron gelangten.

Japanisch-Chinesischer Krieg (1894/95) Im letzten Viertel des 19. Jahrhunderts nahm der ausländische Einfluss in China eine neue Qualität an. China verlor seine vorherrschende Stellung in Ostasien und musste fremden Mächten im eigenen Land immer umfassendere Rechte gewähren. Ein besonderer Schock war es für die chinesische Elite, dass das – im Vergleich zu China – kleine Japan sich im letzten Drittel des Jahrhunderts zu einer neuen regionalen Vormacht entwickelte. Japan hatte seit 1867 große Reformprojekte in Angriff genommen, um die Selbstständigkeit des Landes gegenüber den europäischen Mächten und den USA zu verteidigen. Diese Reformen verschoben auch die Machtbalance im Verhältnis zu China. 1879 besetzte Japan die bis dahin unabhängigen, aber eng mit China verbundenen Ryūkyū-Inseln und gliederte sie als Präfektur Okinawa in sein Staatsgebiet ein. Schon fünf Jahre zuvor hatte die Regierung in Tokio Kriegsschiffe nach Taiwan geschickt, um dort eine sogenannte „Strafexpedition" durchzuführen. China war nicht in der Lage, sich gegen diese Aggression zu verteidigen, und musste schließlich sogar Entschädigungszahlungen an Japan leisten.

▲ **China von der Mitte des 19. bis zum Anfang des 20. Jahrhunderts.**

Zum zentralen Streitpunkt wurde schließlich Korea. 1894 besetzte Japan die von China abhängige Halbinsel und erklärte den Krieg. Trotz jahrzehntelanger Modernisierungsbemühungen unterlag die chinesische Kriegsmarine den japanischen Streitkräften. Den Japanern gelang es, in wenigen Schlachten die chinesischen Verbände fast völlig zu vernichten, sodass Japan die Friedensbedingungen 1895 diktieren konnte. China musste im *Vertrag von Shimonoseki* unter anderem Taiwan als Kolonie an Japan abtreten, die Unabhängigkeit Koreas anerkennen, chinesische Häfen für den japanischen Außenhandel öffnen und sich zu Entschädigungszahlungen an Japan verpflichten, die ein Vielfaches der jährlichen Staatseinnahmen betrugen.

Imperialistische Herrschaft in China Die Niederlage gegen Japan löste einen „Wettlauf nach China" aus. Denn nun wollten sich auch andere Länder im chinesischen Machtbereich Einflusssphären sichern. Frankreich hatte sich nach zweijährigem Krieg schon 1885 die Herrschaft über das vormals von China dominierte Vietnam gesichert. 1897 nahm das Deutsche Reich die Ermordung zweier deutscher Missionare zum Anlass, die Kiautschou-Bucht (Provinz Shandong) im Osten Chinas zu besetzen. Da China nicht in der Lage war, das Gebiet zu verteidigen, willigte es in einen Vertrag ein, in dem das Deutsche Reich Kiautschou für 99 Jahre pachtete. Theoretisch blieb Kiautschou ein

◂ **„Ein Spuk am hellen, lichten Tage."**
Karikatur aus „Der Wahre Jacob" vom 11. September 1911.
- *Beschreiben Sie die Karikatur.*
- *Analysieren Sie, wie der Zeichner die Situation Chinas im Jahre 1911 deutet.*
- *Vergleichen Sie die in der Karikatur dargestellte Lage Chinas mit der heutigen Stellung des Landes.*

Teil Chinas, tatsächlich wurde es eine deutsche Kolonie, von der aus die wirtschaftliche Durchdringung Chinas von deutscher Seite vorangetrieben werden sollte. Den Deutschen folgten in kurzem Abstand andere Länder. 1898 pachtete Russland die Hafenstadt Lüshun (Port Arthur) im Nordosten des Landes, Großbritannien das in der Provinz Shandong gelegene Weihaiwei. Zudem erweiterten die Briten das Territorium von Hongkong durch einen weiteren Pachtvertrag. Frankreich übernahm hingegen das an der südchinesischen Küste gelegene Guangzhouwan. Die Pachtgebiete dienten den imperialistischen Mächten als Brückenköpfe, um ihren wirtschaftlichen und politischen Einfluss in China auszubauen. Um die eigene Position zu verbessern, ließen sich Japan, Frankreich, Großbritannien und das Deutsche Reich sogenannte „Interessensphären" zuteilen, die ohne ihr Einverständnis nicht an andere Länder vergeben werden konnten. Denn längst ging es den ausländischen Mächten nicht mehr allein darum, ihre Waren in China zu verkaufen. Ihnen lag vielmehr daran, die Wirtschaft in China zu kontrollieren. Europäische und japanische Firmen sicherten sich die Vorrechte für den von China bezahlten Bau von Eisenbahnlinien. Sie beuteten Bodenschätze aus und spielten eine immer größere Rolle im Finanzwesen des Landes. Alles schien darauf hinzudeuten, dass China von den imperialistischen Mächten in Kolonien geteilt werden würde. Gegen diese Entwicklung protestierten allerdings die USA. In Washington versprach man sich von einer für alle interessierten Mächte „offenen Tür" in China („*Open Door Policy*") einen größeren Nutzen für die heimischen Wirtschaftsinteressen und pochte deshalb darauf, dass China als – zumindest auf dem Papier – selbstständiger Staat erhalten blieb (▸ M5). So rettete letztlich die Konkurrenz unter den imperialistischen Ländern die staatliche Einheit eines auf seine Kernterritorien geschrumpften Chinas.

Reformversuche und Intrigen Seit etwa 1860 unternahm eine Reihe von Provinzgouverneuren im Rahmen der sogenannten *Selbststärkungsbewegung* Anstrengungen, insbesondere das Militär den modernen Anforderungen anzupassen. Es wurde eine Werft- und Rüstungsindustrie aufgebaut sowie Eisenbahn- und Telegrafenlinien errichtet. Einige wenige Spezialschulen sollten chinesische Experten in Völkerrecht, Fremdsprachen und moderner Technologie heranbilden. Gleichzeitig bestanden aber große Ängste, China zu sehr zu verändern. Die politische und soziale Ordnung sollte so weit wie möglich erhalten bleiben. Nach der Niederlage gegen Japan und den zahlreichen Gebietsabtretungen waren Reformen dringender geboten als je zuvor. Im Juni 1898 griff der junge Kaiser *Guangxu* (1871-1908) Ideen einer Gruppe radikaler Reformer auf und erließ in den folgenden drei Monaten 27 Gesetzesbestimmungen, um China zu modernisieren. Die sogenannte *Reform der hundert Tage* zielte vor allem auf eine Veränderung des Bildungswesens und des Beamtenapparates. Sie sollte den Staat effizienter machen und eine neue Mentalität der chinesischen Politik hervorbringen. Ein solches Projekt musste auf den erbitterten Widerstand all jener Kräfte stoßen, die von der existierenden Bürokratie profitierten. Und tatsächlich gelang es den Reformgegnern unter Führung der Kaiserinwitwe *Cixi* (1835-1908) die Reformen zu stoppen. Der junge Kaiser wurde zwar nicht abgesetzt, aber entmachtet. Führende Vertreter des Reformvorhabens wurden verhaftet und hingerichtet. Die Monarchie hatte sich als unfähig erwiesen, sich den Anforderungen der Zeit anzupassen (▸ M6).

Boxeraufstand und Ende des Kaiserreiches Unabhängig von den Reformbemühungen an der Spitze des Staates hatte sich Ende der 1890er-Jahre in der nordchinesischen Provinz Shandong eine Volksbewegung entwickelt, die in den Ausländern den Grund für ihre Misere sah. Der Fremdenhass entlud sich besonders gegenüber christlichen Missionaren, die aus Europa nach China kamen (▸ M7). Anhänger der **Boxerbewegung** töteten Missionare und stritten unter der Parole „Unterstützt die Qing, vernichtet die Fremden" für ein von ausländischen Einflüssen freies China (▸ M8). Als die Aufständischen in Peking das Gesandtschaftsviertel belagerten, schloss sich die Kaiserinwitwe Cixi der Erhebung an und erklärte den imperialistischen Mächten den Krieg. Dies stärkte die Boxerbewegung und führte zur Ermordung Hunderter von Europäern und Tausender chinesischer Christen. Sechs europäische Länder, Japan und die USA schickten daraufhin Truppen nach China. Ein Expeditionsheer marschierte nach Peking, befreite das belagerte Gesandtschaftsviertel und zerschlug mit großer Brutalität die Boxerbewegung (▸ M9). Im *Boxerprotokoll* von 1901 musste China die Mandschurei an Russland abtreten und sich zu der gigantischen Zahlung von 67 Millionen Pfund Sterling verpflichten. Darüber hinaus durften die ausländischen Mächte nun Maßnahmen ergreifen, um ihre Staatsangehörigen in Peking und anderswo militärisch zu schützen. China blieb zwar formal unabhängig, nach dem Boxeraufstand konnte die chinesische Regierung aber endgültig keine Politik der Abschottung mehr betreiben. Unter den chinesischen Eliten bestand nun Einigkeit darüber, dass internationale Gleichberechtigung für China nur zu erreichen war, wenn es sich stärker an ausländischen Modellen orientierte (v.a. Japan, aber auch die USA und Europa).

Um die Jahrhundertwende schien die Qing-Dynastie am Ende. Sie hatte sich als unfähig erwiesen, sich zu reformieren, und unfähig, einen Volksaufstand gegen die ausländischen Mächte erfolgreich anzuführen. So gewannen jene Bewegungen an Bedeutung, die die politische Ordnung ändern wollten. Der Qing-Hof selbst legte die Grundlagen zur Entstehung einer konstitutionellen Monarchie, radikale Revolutionäre hingegen plädierten für die Abschaffung der Monarchie und Einführung der Republik. Alle diese Bewegungen profitierten von den Kontakten nach Europa und den USA, da sie dort Anregungen für Veränderungen des politischen Systems bekamen. Gleichzeitig

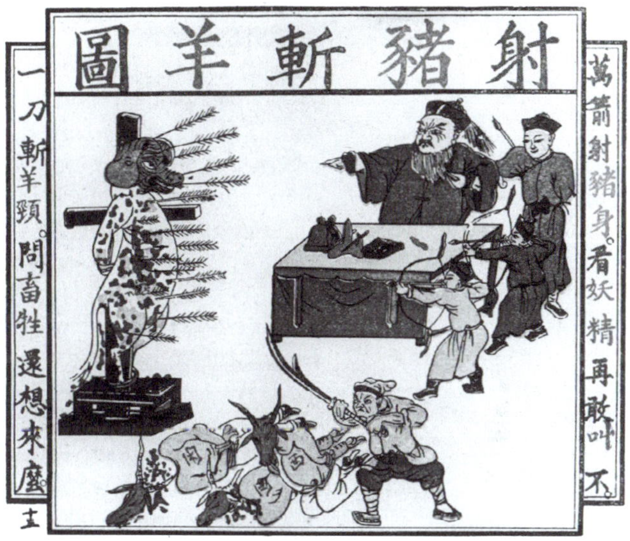

▲ **„Das Schwein erschießen und die Ziegen köpfen!"**
Chinesisches antichristliches Plakat, um 1900.
Das Schwein ganz links steht für Jesus Christus, die Ziegen am unteren Bildrand sollen Ausländer versinnbildlichen.

- *Charakterisieren Sie die dargestellten Personen.*
- *Arbeiten Sie heraus, an welchen Adressatenkreis sich die Darstellung richtet.*
- *Interpretieren Sie die „Botschaft" des Plakates.*

Boxerbewegung: benannt nach den Kampfübungen ihrer Anhänger oder deren Namen „In Rechtschaffenheit vereinigte Faustkämpfer" erschwerte die Präsenz der imperialistischen Mächte es der chinesischen Regierung, die Opposition zu unterdrücken, da die Revolutionäre in den ausländischen Konzessionsgebieten sicheren Unterschlupf finden konnten. Der Wechsel lag also schon seit Jahren in der Luft, als im Oktober 1911 die republikanische Revolution ausbrach. Innerhalb von Wochen schlossen sich zahlreiche Provinzen der Erhebung an und erklärten sich von Peking unabhängig. Auf einem Treffen der aufständischen Provinzen wählten sie den westlich geprägten Arzt und revolutionären Reformer *Sun Yatsen* (1866/70-1925) zum Provisorischen Präsidenten der *Republik China*. Im Februar 1912 dankte der letzte chinesische Kaiser ab. Das mehr als 2000 Jahre alte chinesische Kaiserreich existierte nicht mehr.

Bürgerkriege Die Ausrufung der Republik ist zwar ein markantes Datum der chinesischen Geschichte, sie führte aber nicht zu einem grundsätzlichen Kurswechsel. Im Gegenteil, der Zerfall des Landes in unterschiedliche Parteien und Provinzen ging unvermindert weiter. Daran änderte auch die Verabschiedung einer Verfassung (1912) und die Wahl eines Parlaments (1913) nichts. Der neue Präsident *Yuan Shikai* (1859-1916) erwies sich als autoritärer Machthaber, der seine Macht nicht mit anderen Verfassungsorganen teilen wollte. So ließ er bald nach der Wahl des Parlaments die mit Abstand größte Partei, die *Guomindang* (Nationalpartei), verbieten und löste das Parlament und alle Provinzversammlungen auf. Als Yuan sich 1915 selbst zum Kaiser proklamieren ließ, überspannte er den Bogen endgültig. Seine wichtigste Stütze, das Militär, erhob sich. Yuan trat zurück und starb kurz darauf. Das schnelle Scheitern der republikanischen Ordnung führte zu einem jahrzehntelangen *Bürgerkrieg*, in dem eine ganze Reihe von politischen Kräften in wechselnden Bündnissen gegeneinander kämpfte. In den 1920er-Jahren gewannen zwei zunächst eng kooperierende, bald jedoch heftig verfeindete Parteien die Oberhand. Auf der einen Seite die Guomindang, die sich zunächst eng mit der Sowjetunion verbündet hatte, dann aber in brutalen Säuberungsaktionen alle Kommunisten in den eigenen Reihen beseitigte. Auf der anderen Seite eine zunächst kleine kommunistische Partei, die dank der Neuorientierung der Guomindang großen Zulauf erhielt und sich unter der Leitung *Mao Zedongs* (1893-1976) seit Ende der 1920er-Jahre zunächst in ländlichen Gegenden Chinas eine Machtbasis erarbeitete (▸ M10). Erst 1949, nach einem fast 20-jährigen und nur für wenige Jahre unterbrochenen Bürgerkrieg, setzten sich die Kommunisten endgültig durch.[1]

Japanische Interventionen Der Zerfall Chinas drückte sich auch in der zunehmenden Einmischung Japans aus. Für die Geschichte Chinas gilt daher nicht, dass der Erste Weltkrieg das Ende des imperialistischen Zeitalters markierte. Im Gegenteil, zwar beendete der Krieg den deutschen Einfluss im Reich der Mitte, dafür aber spielte Japan im Laufe der nächsten Jahre eine immer größere Rolle. 1914 eroberte Japan den deutschen Stützpunkt Tsingtau in Nordostchina und erhielt auf der Pariser Friedenskonferenz 1919 trotz vehementer Proteste in China von der Regierung in Peking die deutschen Sonderrechte in Kiautschou übertragen sowie eine Verlängerung der Pachtverträge in der Mandschurei, die Japan nach dem siegreichen Krieg gegen Russland 1905 übernommen hatte. Japan hatte somit in drei Kriegen (1894/95 gegen China, 1904/05 gegen Russland, 1914-1918 im Ersten Weltkrieg an der Seite Großbritanniens

[1] Siehe hierzu Seite 111 f.

gegen Deutschland) eine Vormachtstellung in Ostasien errungen. Die Hoffnung der chinesischen Regierung und der öffentlichen Meinung, die Vorstöße Japans in chinesische Gebiete würden von den Siegermächten nach dem Ersten Weltkrieg verurteilt, erfüllte sich nicht. Auch wenn China Deutschland 1917 den Krieg erklärt hatte, so wurde es doch weiterhin nicht als ein gleichberechtigter Verhandlungspartner angesehen.

China im Zweiten Weltkrieg Die Geschichte des Zweiten Weltkrieges in Ostasien ist eng mit der imperialistischen Expansion Japans auf das asiatische Festland verbunden. Nachdem Japan seit dem Ersten Weltkrieg zunehmend Einfluss auf die Politik und Wirtschaft Chinas gewonnen hatte, ging das Land in den 1930er-Jahren dazu über, chinesisches Staatsgebiet zu annektieren. 1931 besetzte Japan die Mandschurei und gründete dort einen „Marionettenstaat", an dessen Spitze es den letzten Kaiser Chinas stellte (zunächst als Präsident, ab 1934 als Kaiser). In den folgenden Jahren gelang es Japan, die Kontrolle über die Mongolei und Teile Nordchinas zu erhalten, auch wenn diese Gebiete formal weiterhin zu China gehörten. Als im Anschluss an einen Schusswechsel zwischen japanischen und chinesischen Soldaten in der Nähe von Peking 1937 offene Kriegshandlungen zwischen Japan und China ausbrachen, war dies zugleich der Beginn des Zweiten Weltkrieges in Asien. Japan gelang es, große Gebiete an den chinesischen Küsten zu erobern und dort „Marionettenregierungen" einzurichten. Auch Nanjing, das zwischenzeitlich Hauptstadt der Republik China geworden war, nahmen 1937 japanische Truppen ein. Sie richteten dort ein Blutbad unter der Zivilbevölkerung an, das nach vorsichtigen Schätzungen 150 000 Menschen das Leben kostete. Die chinesische Regierung war längst in schwerer zugängliche Gebiete geflohen (▸ M11).

Den Japanern gelang es allerdings zu keinem Zeitpunkt, ganz China zu erobern. Denn sie kämpften gleichzeitig gegen die verschiedenen Armeen der chinesischen Bürgerkriegsparteien. China wurde zudem von Russland und den formal neutralen USA mit Waffen und Material unterstützt. Russland war seit dem Krieg von 1904/05 ein Gegner Japans in Ostasien und gleichzeitig seit 1941 der stärkste Verbündete Großbritanniens im europäischen Krieg gegen das nationalsozialistische Deutschland. Der japanische Angriff auf die US-Marinebasis in Pearl Harbor (Hawaii) im Dezember 1941 gab dem Krieg in Ostasien eine entscheidende Wende. China wurde zum wichtigsten asiatischen Verbündeten der USA im Kampf gegen Japan. Als die Atombombenabwürfe auf Hiroshima und Nagasaki Japan 1945 zur Kapitulation zwangen, bedeutete dies auch die Aufgabe aller japanischen Ansprüche auf dem asiatischen Festland. Da China nun zu den Siegermächten des Zweiten Weltkrieges gehörte, wurden die noch bestehenden „ungleichen Verträge" mit den USA und Großbritannien bis 1947 aufgehoben.

Die Revolution von 1949 Innenpolitisch stand China am Ende des Zweiten Weltkrieges nicht besser da als am Ende des Ersten. Im Land brach der während der Kriegsjahre aufgeschobene blutige Bürgerkrieg wieder aus, und es stand zu befürchten, dass angesichts der inneren Konflikte die neuen Supermächte USA und Sowjetunion nun an die Stelle der alten imperialistischen Mächte treten würden. Anders als in den 1920er-Jahren gelang es aber in der zweiten Hälfte der 1940er-Jahre der *Kommunistischen Partei Chinas* relativ rasch, die Oberhand zu gewinnen. Innerhalb von nur vier Jahren besiegten sie ihren großen Gegner, die Guomindang, vollständig und zwangen ihn, sich auf die Insel Taiwan zurückzuziehen.

▲ **Ausrufung der Volksrepublik China.**
Foto vom 1. Oktober 1949. Mao Zedong spricht auf einer Rednertribüne auf dem Tiananmen-Platz (Platz des Himmlischen Friedens) in Peking vor etwa 300 000 Menschen. Er war von 1945 bis 1976 Vorsitzender der Kommunistischen Partei Chinas. Von 1949 bis 1954 stand er der zentralen Volksregierung vor, von 1954 bis 1959 übte er das Amt des Staatspräsidenten der Volksrepublik China aus.

Am 1. Oktober 1949 proklamierte Mao Zedong die *Volksrepublik China*. Die Regierung der Kommunisten beendete die Epoche der Bürgerkriege und baute einen stabilen und mächtigen Staat auf (▸ M12). Dieser Staat bediente sich von Beginn an brutaler und häufig terroristischer Methoden, um Widerstand oder auch nur Kritik zu unterdrücken. Gleichzeitig leitete er grundlegende Reformen ein, z.B. hinsichtlich der Gleichstellung der Frau und der Verteilung der landwirtschaftlich nutzbaren Flächen.

China behauptet sich Die Machtergreifung der Kommunisten führte zu einem selbstbewussteren Auftreten nach außen. Die Mandschurei war schon 1946 an China zurückgefallen, und 1950 besetzte China erneut Tibet, das sich nach der Ausrufung der Republik 1912 mit britischer Hilfe für unabhängig erklärt hatte. Die Äußere Mongolei blieb dagegen ein unabhängiger, eng mit der Sowjetunion verbundener Staat, während die Innere Mongolei 1947 eine autonome Region Chinas wurde. Auch Taiwan bewahrte unter der Führung der Guomindang seine Selbstständigkeit gegenüber dem kommunistischen China.

Der entscheidende Konflikt spielte sich in Korea ab, das bis zur japanischen Besetzung 1894 ein von China abhängiger Staat gewesen war. Hier hatten sich die Sowjetunion und die USA nach dem Zweiten Weltkrieg auf eine Zweiteilung geeinigt, wobei der Süden zur US-amerikanischen Einflusssphäre wurde. In den Augen der chinesischen Führung konnte dies nur als Fortsetzung der imperialistischen Politik Japans verstanden werden. Mit sowjetischer Einwilligung und Unterstützung überfiel Nordkorea 1950 Südkorea. Daraufhin schickten die Vereinten Nationen eine internationale Streitmacht unter amerikanischer Führung. Diese Armee vertrieb nicht nur die nordkoreanischen Streitkräfte, sondern rückte weit nach Nordkorea vor. Dies musste die chinesische Regierung alarmieren, war doch auch der Boxeraufstand gegen die Ausländer fünfzig Jahre zuvor von einer internationalen Streitmacht unterdrückt worden. China war daher an der Existenz eines anti-US-amerikanischen Nordkoreas interessiert und schickte seine Streitkräfte in den Krieg gegen die von den USA geführten Truppen.

Anders als in den Jahrzehnten zuvor erwiesen sich die chinesischen Streitkräfte ihren europäischen und US-amerikanischen Gegnern aber dieses Mal als gleichwertig. Keine der beiden Seiten war in der Lage, sich entscheidende Vorteile zu erkämpfen. Der Krieg endete schließlich 1953 durch einen Waffenstillstand. Er bestätigte im Großen und Ganzen die alten Grenzlinien zwischen Nord- und Südkorea. China hatte seine Feinde zwar nicht vom ostasiatischen Festland vertreiben können. Es war nun aber erstmals seit dem ersten Opiumkrieg von 1839 in der Lage, ausländische Armeen von seinen Grenzen fernzuhalten. So konnte China wieder beginnen, eine eigenständige Politik in und außerhalb des Landes zu verfolgen.

▲ **Kaiser Qianlong bei einem Siegesfest nach dem Feldzug gegen die Westmongolen (Ausschnitt).**
Chinesisches Rollenbild von Lang Shihning, 1760.

M1 Blütezeit der Qing-Dynastie

Die Historikerin Sabine Dabringhaus beschreibt die Situation Chinas im 18. Jahrhundert:

Die Periode etwa zwischen 1725 und 1777 wird als eine Zeit beispiellosen Wohlstands beschrieben. Bevölkerung und Wirtschaft prosperierten. Dank der technologischen Veränderungen und dem hohen Spezialisierungsgrad von Arbeitskraft und Ressourcennutzung, der Dörfer und Städte miteinander verband, hatte sich eine Marktwirtschaft entwickelt. Ihr beständiges Wachstum beruhte auf verschiedenen Formen zunehmender Produktivität, dem blühenden Binnen- und Außenhandel und einem hohen Konsumniveau. Nach dem Vorbild der von den Provinzbehörden eingerichteten öffentlichen Getreidespeicher der Städte begannen Anfang des 18. Jahrhunderts auch Lokalgemeinden, Getreidespeicher einzurichten, sodass es seit den 1730er-Jahren ein landesweites Getreidevorratssystem gab, auf das bei Ernteausfällen zurückgegriffen werden konnte. Die darin zur Verfügung gestellten Nahrungsmittel umfassten in den 1780/90er-Jahren fünf bis zehn Prozent der Gesamtproduktion. Obwohl China im 18. Jahrhundert immer wieder von schweren Dürre- und Flutkatastrophen heimgesucht wurde, war die Qing-Regierung in der Lage, betroffenen Kreisen Steuerbefreiung zu gewähren und die Bevölkerung mit den Getreidevorräten zu versorgen. Auch gelang es ihr, eine ernste monetäre[1] Krise zu verhindern, da sie sich durch den steigenden Warenexport auf dem Weltmarkt mit Silber versorgen konnte und den Kupferbedarf durch internen Abbau deckte. Die Steigerung der landwirtschaftlichen Produktion beruhte auf mehreren Faktoren, vor allem weltweiter Klimaerwärmung, neuen Agrartechnologien und territorialer Expansion. Auch die anfängliche niedrige Besteuerung konnte festgesetzt werden, da bis in die späte Qianlong-Zeit[2] interne Rebellion und externe Aggression den Staat kaum zu höheren Belastungen zwangen. Selbst als um 1800 Schwierigkeiten bei der Niederschlagung des Weißer-Lotus-Aufstandes[3] und wachsende Korruption in der Qing-Bürokratie eine Wende ankündigten, war die Bevölkerung Chinas besser ernährt, gekleidet und untergebracht und profitierte von einem vielseitigeren Wirtschaftsleben als die Menschen in anderen Gebieten Asiens oder in vielen Teilen Europas.

Sabine Dabringhaus, Geschichte Chinas. 1279-1949, München 2006, S. 45

¹ **monetär**: geldlich, das Geld betreffend
² **Qianlong** (1711-1799): regierte in der Qing-Zeit von 1736 bis 1796 als Kaiser; siehe auch Seite 102 und M3 auf der Seite 114
³ **Weißer Lotus**: chinesische Geheimgesellschaft, deren Ursprünge bis ins 12. Jahrhundert reichen. Sie war vor allem im Norden Chinas verbreitet.

1. *Geben Sie wieder, worin sich die chinesische Blütezeit im 18. Jahrhundert ausdrückt.*
2. *Erklären Sie, wie hoch der Lebensstandard der chinesischen Bevölkerung im Vergleich zu Bewohnern anderer Länder war. Was sagt der Text zu dieser Frage, was vermuten Sie?*
3. *Nehmen Sie zu der vermeintlichen kulturellen Überlegenheit der Europäer, Japaner und US-Amerikaner vor dem Hintergrund dieser Quelle Stellung.*

M2 Bevölkerungsentwicklung Chinas

Jahr	Weltbevölkerung (in Millionen)	Chinas Bevölkerung (in Millionen)	Anteil an der Weltbevölkerung (in Prozent)
1650	550	123	22,4
1750	725	260	35,9
1850	1175	412	35,1
1950	2556	552	21,6
1980	4458	987	22,1
1996	5772	1224	21,2

Nach: Thoralf Klein, Geschichte Chinas. Von 1800 bis zur Gegenwart, Paderborn ²2009, S. 134

1. *Beschreiben Sie vergleichend die Bevölkerungsentwicklung Chinas und der Welt.*
2. *Erläutern Sie, warum die Zeit zwischen 1850 und 1950 zu einem deutlichen Niedergang der weltweiten Bedeutung der chinesischen Bevölkerung führte. Suchen Sie nach möglichen Gründen für die Veränderungen.*

M3 „Diese Bitte […] kann nicht in Erwägung gezogen werden"

Der englische König Georg III. (1738-1820) ersucht den chinesischen Kaiser im Jahre 1793 über eine Gesandtschaft um einen Handels- und Freundschaftsvertrag sowie die Einrichtung einer ständigen diplomatischen Vertretung. Kaiser Qianlong (1711-1799) antwortet ihm:

Was Euer dringendes Gesuch angeht, einen Eurer Untertanen abzuordnen, dass er an meinem Himmlischen Hof akkreditiert werde und die Kontrolle über den Handel Eures Landes mit China ausüben soll, so steht diese Bitte im Gegensatz zu den Gewohnheiten meiner Dynastie und kann nicht in Erwägung gezogen werden […]. Wenn Ihr versichert, dass Eure Hochachtung für Unsere Himmlische Dynastie Euch mit dem Wunsch nach unserer Kultur erfüllt, muss doch darauf hingewiesen werden, dass unsere Gebräuche und Gesetzgebung sich so vollständig von den Euren unterscheiden, dass, selbst wenn Euer Gesandter in der Lage wäre, die Ansätze unserer Kultur aufzunehmen, unsere Gewohnheiten und Sitten unmöglich in Euern fremden Boden verpflanzt werden könnten. Daher würde durch die Bestellung eines Botschafters nichts gewonnen werden, wie geschickt er auch sein würde. Meine Herrschaft über die weite Welt hat das eine Ziel, vollkommen zu regieren und die Staatspflichten zu erfüllen: Fremde und kostspielige Gegenstände interessieren mich nicht. […] Der hervorragende Ruf unserer Dynastie ist in jedes Land unter dem Himmel gelangt, und Herrscher aller Völker haben ihre Tributabgabe auf dem Land- und Seeweg überbracht. Wie Euer Gesandter mit eigenen Augen sehen kann, besitzen wir alles. Ich lege keinen Wert auf fremde Gegenstände, die fremdländisch oder geschickt erfunden sind, und ich habe keine Verwendung für die Produktion Eures Landes. […] Es schickt sich, o König, meinen Willen zu achten und mir in Zukunft noch größere Verehrung und Loyalität zu erweisen, sodass Ihr durch ständige Unterwerfung unter unseren Thron Frieden und Wohlwollen für Euer Land sichert.

Günter Schönbrunn (Bearb.), Das bürgerliche Zeitalter 1815-1914. Geschichte in Quellen, München 1980, S. 531 f.

1. *Arbeiten Sie die Haltung des chinesischen Kaisers gegenüber dem englischen König und sein Selbstverständnis in Bezug auf die Außenwelt heraus.*
2. *Entwickeln Sie eine Antwort des englischen Königs in* + *Form eines Briefes an den chinesischen Kaiser.*
3. *Nehmen Sie Stellung zu der These, dass China durch eine positivere Reaktion auf die britische Gesandtschaft und die Öffnung seiner Märkte für das Ausland die Chance auf eine gleichberechtigte Rolle in der Welt gehabt hätte.*

M4 Der Taiping-Aufstand

Der Historiker Helwig Schmidt-Glintzer äußert sich über den Taiping-Aufstand:

Unter den Hunderten Rebellionen jener Zeit aber nimmt der Taiping-Aufstand (1851-1864) in mehrerlei Hinsicht eine Sonderstellung ein, zumal er als einer der größten Bürgerkriege im 19. Jahrhundert überhaupt gelten muss. In ehemals dicht besiedelten Gebieten habe man, zeitgenössischen Berichten zufolge, nach den Aufständen tagelang durch verlassene Ortschaften und ein Meer von Leichen gehen können, ohne eine Menschenseele anzutreffen. Fünfzehn Jahre Mordbrennerei und Hungersnot kosteten schätzungsweise 20 Millionen Chinesen das Leben, und es gibt Hinweise darauf, dass auch diese Zahlen noch erheblich zu niedrig sind. Dieser Krieg veränderte China und schuf gänzlich neue Machtverhältnisse. Dazu gehört eine erweiterte Militarisierung Zentralchinas, wo der General Zeng Guofan (1811-1872), der seit 1853 eine Armee gegen die Taiping-Bewegung organisiert hatte, seine Machtstellung befestigte. Seit 1860 hatte er unbeschränkte Vollmachten erhalten, die es ihm ermöglichten, im Jahre 1861 drei Militärzonen einzurichten, von denen er die eine (Jiangsu) Li Hongzhang (1823-1901), die andere (Zhejiang) Zuo Zongtang (1812-1885) und jene von Anhui sich selbst unterstellte. Vor allem war der Taiping-Aufstand Ausdruck eines religiös-ideologischen und sozialen Prozesses, der auch wegen der Anknüpfung an alte Utopien zunächst so erfolgreich verlief. Ihr Anführer Hong Xiuquan (1813-1864), ein Angehöriger des chinesischen Hakka-Volkes, war eine höchst charismatische Gestalt, die sich als jüngerer Bruder Christi ausgab und eine von christlichen Missionsparolen nicht unwesentlich bestimmte Programmatik verfolgte.

Helwig Schmidt-Glintzer, Kleine Geschichte Chinas, Frankfurt am Main 2008, S. 130

1. *Informieren Sie sich im Internet oder in Lexika über den Anführer des Taiping-Aufstandes Hong Xiuquan. Überlegen Sie, warum er und seine Überzeugungen eine große Anziehungskraft auf Zehntausende ausübten. Erklären Sie mögliche Gründe.*
2. *Arbeiten Sie heraus, welche Machtverschiebungen innerhalb des chinesischen Staates der Aufstand nach Helwig Schmidt-Glintzer begünstigte.*
3. *Erörtern Sie, inwiefern der Aufstand auch eine Folge des langen Kulturkontaktes mit Europa ist.*

▸ **Open Door Policy.**
US-amerikanische Karikatur um 1900.
- *Erklären Sie, für welches Land jeweils die drei Männer im Vordergrund stehen. Begründen Sie Ihre Meinung.*
- *Analysieren Sie die Haltung des Karikaturisten zur „Open Door"-Politik der USA.*

M5 Die USA verkünden eine Politik der „offenen Tür"

Der amerikanische Außenminister John Hay (1838-1905) richtet am 6. November 1899 ein Rundschreiben an die Regierungen von Deutschland, Großbritannien, Frankreich, Russland und Japan:

Die Vereinigten Staaten haben das ernste Bestreben, allen Grund für Spannungen zu beseitigen, und wünschen zugleich, dem Handel aller Nationen die unbezweifelbaren Vorteile zu sichern, welche aus einer formellen Anerkennung der dort „Interessensphären" beanspruchenden Mächte entstehen würden. Sie wünschen, dass alle Nationen vollständige Gleichheit bei der Behandlung ihres Handels und ihrer Schifffahrt innerhalb solcher Sphären genießen sollen. Deshalb würde es die Regierung der Vereinigten Staaten begrüßen, wenn die Regierung Ihrer Majestät formelle Zusicherungen gäbe und dazu mithülfe, ähnliche Zusicherungen von den anderen interessierten Mächten (über die folgenden Punkte) zu erlangen. Erstens soll in keiner Weise in irgendwelchen Vertragshäfen und überkommenen Privilegien innerhalb Chinas interveniert werden. Zweitens soll der derzeitige chinesische Vertragszoll auf alle Güter innerhalb der genannten „Interessensphären" erhoben werden (außer in den „freien Häfen"), und zwar unabhängig davon, von welcher Nation diese Güter stammen. Die so erhobenen Zölle sollen von der chinesischen Regierung eingezogen werden. Drittens soll eine solche Macht keine höheren Hafengebühren für Schiffe fremder Nationalität in einem Hafen innerhalb einer solchen Sphäre erheben, und für keine Güter sollen von irgendeiner Nation höhere Eisenbahnfrachtraten verlangt werden, als sie für ähnliche Güter von den eigenen Bürgern über gleiche Transportentfernungen erhoben werden.

Günter Schönbrunn (Bearb.), a.a.O., S. 599

Erläutern Sie anhand der Quelle die amerikanische „Open Door Policy". Wer profitierte vor allem von dieser Politik?

M6 Reformen sind notwendig

Die Niederlage Chinas im Krieg gegen Japan 1895 beschleunigt die imperialistische Einflussnahme der Großmächte, die nun zur Kolonialisierung einiger chinesischer Randgebiete und der intensiven wirtschaftlichen Durchdringung des Landes übergehen. Angesichts des äußeren Drucks und daraus folgender schwerer innerer Krisen äußert sich der chinesische Schriftsteller und Reformer Liang Qichao (1873-1929) im Jahre 1896 in einer Denkschrift:

Diejenigen, die gegen Veränderungen eintreten, behaupten fortwährend: „Wir folgen den Vorfahren, folgen den Vorfahren." Wissen sie, dass von den prähistorischen, antiken, mittelalterlichen und modernen Zeiten bis zum gegenwärtigen Tage viele Hunderttausende und Myriaden[1] von Veränderungen geschehen sind? [...] Dennoch dachten der Prinz und das Volk, die oberen und unteren Klassen immer störrisch, dass „unsere heutigen Gesetze von unseren Vorfahren benutzt wurden, um das Reich zu regieren, und es wurde gut regiert". Sie beachteten diese [Gesetze] starrsinnig, folgten der Tradition kritiklos. [...]

[1] **Myriade**: im Griechischen eine Anzahl von 10 000; steht im Plural meist für eine unzählige, große Menge

Das Alter des Landes China kommt dem Indiens gleich, und die Fruchtbarkeit des Landes ist der Türkei überlegen, aber Chinas Anpassung an fehlerhafte Denkweisen und die Unfähigkeit sich aufzuraffen macht es auch zu einem Bruder dieser zwei Länder. [...] Immer wenn es eine Überschwemmung oder eine Trockenheit gibt, sich die Verkehrsverhältnisse verschlechtern, gibt es keine Möglichkeit, Nahrungsmittel zu transportieren [...]. Die Mitglieder von Geheimgesellschaften sind über das ganze Land verbreitet und warten auf ihre Chance. Die Industrie ist unterentwickelt, Debatten über den Handel finden nicht statt, die selbst erzeugten Güter sind täglich schwerer zu verkaufen. [...] Der Druck nimmt jeden Tag zu und unsere finanziellen Quellen sind fast ausgetrocknet. Die Schulen werden schlecht verwaltet und die Studenten [...] wissen nicht, wie man auch nur ein praktisches Ding erledigt. Die fähigsten Studenten arbeiten an kleinen Übungen, an blumenreichem Schreiben und an verschiedenen Kleinigkeiten. Erzähle ihnen über die Weite der Ozeane, so reißen sie ihre Augen auf und glauben es nicht. [...]
[In den europäischen Ländern] wird die Industrie gefördert und der Handel geschützt, weil die Europäer fürchten, dass die Quellen des Reichtums von anderen erobert werden könnten und ihr Land dadurch geschwächt und erschüttert würde. Generäle müssen über Kenntnisse verfügen, Soldaten müssen lesen und schreiben können und Tag und Nacht so üben, als ob ein Feind bereits im Anmarsch wäre; [...] ihre Schiffe und Waffen sind modern und sie wetteifern miteinander in Manövern, weil sie fühlen, dass sie bereits bei der leichtesten militärischen Schwäche geschlagen werden würden und sich vielleicht niemals wieder erheben könnten. Alle anderen verwaltungstechnischen Maßnahmen sind ähnlich. Sie konkurrieren miteinander und stimulieren sich gegenseitig jeden Tag. Deshalb entwickeln sie ihre Talente und die Weisheit ihres Volkes durch Nacheiferung, und der Wohlstand und die Stärke ihrer Länder reichen immer aus, dass sie gegeneinander Krieg führen können. [...] Aber dieses sogenannte unabhängige oder isolierte Land, China, hat niemals große Feinde gesehen. Stolz betrachtet es sich selbst als hoch und mächtig und behauptet, niemand käme ihm gleich.

Ssu-yu Teng und John K. Fairbank, China's Response to the West. A Documentary Survey 1839-1923, Cambridge/Mass. 1965, S. 154-157 (übersetzt von Boris Barth)

1. *Fassen Sie zusammen, warum Liang Qichao Reformen des chinesischen Staates für notwendig hält.*
2. *Erklären Sie die Ursachen, auf die Liang Qichao die Lage seines Landes zurückführt.*
3. *Analysieren Sie sein Bild von Europa.*
4. *Entwickeln Sie aus den Ausführungen von Liang Qichao ein konkretes Reformprogramm.*

\+ *ein konkretes Reformprogramm.*

M7 Missionierung in China

Der deutsche Geograf und Forscher Ferdinand von Richthofen (1833-1905) reist mehrere Jahre durch Asien und versucht, sich als Chinaexperte zu profilieren. Auch um als Wissenschaftler in einem besseren Licht zu erscheinen, verfasst er scharfe Kritiken an anderen in China lebenden Europäern. 1898 berichtet er über Missionare des Franziskaner-Ordens in der Provinz Shandong an der Ostküste Chinas:

Die Geografie von China war den Missionaren unbekannt, und selbst in ihrer eigenen Provinz kannten sie wenig mehr als die Namen und annähernde Lage der Missionsstationen. [...] Es setzte mich besonders in Verwunderung, dass die meisten die chinesische Sprache nicht beherrschten und sich um die Erlernung der Schriftzeichen nicht kümmerten. Überhaupt hatten sie, mit Ausnahme der Förmlichkeiten, von allem, was chinesisch ist, unvollkommene Vorstellungen und hielten es nicht für der Mühe wert, in dessen Geist einzudringen. [...] Hier [in Jinan], wie anderwärts, hörte ich die Klage, dass die meisten der neuen Christen sich nur taufen ließen, um den fremden Schutz zu erhalten.

Der seit 1895 als österreichischer Botschafter in China tätige Arthur von Rosthorn (1862-1945) schreibt über die christlichen Missionen:

Die religiöse Propaganda – China durch den Frieden von Nanking im Jahre 1842 aufgezwungen – war dem Volke und der Regierung schon lange ein Dorn im Auge. Nicht als ob die Chinesen in religiöser Hinsicht fanatisch oder auch nur intolerant wären; allein die christlichen Kirchen verboten den Ahnenkult, der die Grundlage der Familienordnung ist, und die Konvertiten[1] lösten sich naturgemäß aus der Familiengemeinschaft los, was zu allerlei Streitigkeiten und Störungen des sozialen Gleichgewichts führte. Dazu kam, dass die katholische Geistlichkeit ihre Proselyten[2] vielfach durch persönliche Intervention bei den Behörden begünstigte, was bisweilen Rechtsbeugungen zur Folge hatte und böses Blut machte. Dem abergläubischen Volke war leicht einzureden, dass die Missionen, welche in selbstloser Weise Spitäler und Orphelinate[3] unterhielten, diese Institute kommerziell ausbeuteten.

[1] **Konvertit**: Person, die zu einem anderen Glauben oder einer anderen Konfession übergetreten ist
[2] **Proselyt**: Neubekehrter
[3] **Orphelinat**: Waisenhaus

Der Historiker Thoralf Klein geht auf positive Folgen der christlichen Missionierung ein:

Der positive Aspekt, das Engangement der Mission für die Modernisierung Chinas, machte sich denn auch vor allem in den beiden Jahrzehnten nach 1900 bemerkbar. Begonnen hatte es jedoch weitaus früher. Schon in den 1860er-Jahren hatten einige Missionare der Selbststärkungsbewegung vor allem mit Übersetzungen wissenschaftlicher Werke zugearbeitet, andere gründeten Krankenhäuser, Schulen und Universitäten. Sie setzten sich auch für gesellschaftliche Reformen ein, etwa für die Abschaffung des Füßebindens bei Frauen oder die Bekämpfung des Opiumkonsums. Mit diesen Maßnahmen unterstützten sie den chinesischen Staat in seinen Modernisierungsbestrebungen und machten sich dort unentbehrlich, wo dessen Kapazitäten nicht ausreichten. Insgesamt gingen die Protestanten mit größerem Einsatz zu Werke als die Katholiken, wobei die führende Rolle wiederum den Amerikanern zufiel. Viele von diesen stützten sich auf die Idee des „Social Gospel", der zufolge die Christianisierung nicht mehr durch direkte Evangelisierung, sondern mittels sozialer Projekte erfolgen sollte. Diese Impulse wirkten sich auch auf die chinesischen Christen aus: In den Großstädten wurden sie infolge ihrer modernen Ausbildung Teil der neuen professionellen Mittelklasse; auf dem Land galt dies hingegen nur für diejenigen, die den Sprung in die Städte schafften. Infolgedessen galt das Christentum in China bis in die 1920er-Jahre als genuin moderne Religion.

Erster und zweiter Text: Sabine Dabringhaus, Der Boxer-Aufstand in China (1898-1900). Studienbrief der FernUniversität Hagen. Grundkurs Neuzeitliches Asien, Kurseinheit 7, 1992, S. 28 f.; dritter Text: Thoralf Klein, a. a. O., S. 280

1. *Beschreiben Sie, wie sich die Tätigkeit der Missionare in China hier darstellt (erster bis dritter Text).*
2. *Analysieren Sie, inwiefern der Bericht von Richthofen auch die Konkurrenz zwischen Kirche und Staat im 19. Jahrhundert spiegelt (erster Text).*
3. *Erläutern Sie, warum die Missionare in China als Bedrohung empfunden wurden (zweiter Text).*
4. *Erklären Sie, inwiefern das Christentum als etwas Fremdes in China verstanden werden konnte (dritter Text).*
5. *Erörtern Sie, welche Rolle die christliche Missionierung bzw. die Missionare in China nach Thoralf Klein einnahmen. Vergleichen Sie mit der Darstellung von Ferdinand von Richthofen (erster und dritter Text).*

▲ **St. Josephs Kathedrale in Peking.**
Foto von 2008.
Ein italienischer Jesuit ließ 1655 die St. Josephs Kirche errichten. Nach einem Brand wurde sie 1904 wieder aufgebaut.
Die ersten Jesuiten gelangten Ende des 16. Jahrhunderts nach China. Die katholischen Missionare ließ Kaiser Yongzheng (1678-1735) jedoch bereits in den 1720er-Jahren ausweisen, nachdem der Papst den chinesischen Namen für den christlichen Gott verboten hatte. Das Christentum galt nun als illegal. Erst die ab 1842 geschlossenen „ungleichen Verträge" legalisierten es wieder. Seit 1860 strömten katholische und protestantische Missionare nach China. Bis um 1900 drangen die christlichen Prediger immer weiter ins Landesinnere vor. Die Missionare traten oft mit einem aggressiven Sendungsbewusstsein auf, was zu Spannungen führte, die sich nicht selten in gewaltsamen Auseinandersetzungen entluden.

- *Recherchieren Sie in Lexika, Fachbüchern oder dem Internet weitere Texte und Bilder zum Thema „Missionierung in China bis zum Beginn des 20. Jahrhunderts" und interpretieren Sie diese.*

M8 Die Boxerbewegung

Das Vordringen der Fremden durch die deutsche Besetzung der Kiautschou-Bucht sowie Flut- und Dürrekatastrophen lösen Ende der 1890er-Jahre in Nordchina große Unruhen aus. Vor diesem Hintergrund formiert sich der sich schnell ausbreitende religiöse Geheimbund der Yihetuan (I-ho t'uan), deren Mitglieder sich selbst als „Milizen für Gerechtigkeit und Eintracht" bezeichnen, jedoch von den Europäern allgemein „Boxer" genannt werden. In einem ihrer Aufrufe aus dem Jahr 1900 heißt es:

Seit der Periode von Hsien-feng[1] haben die Katholiken mit Fremden konspiriert, haben China Schwierigkeiten bereitet, unser Nationaleinkommen vergeudet, unsere Klöster aufgebrochen, buddhistische Bilder zerstört und die Friedhöfe unseres Volkes beschlagnahmt. [...] Dies hat auch die Bäume und Pflanzen des Volkes betroffen, sodass sie durch Katastrophen von Heuschrecken und Trockenheit fast in jedem Jahr leiden müssen. Unsere Nation ist des Friedens und unser Volk der Sicherheit beraubt. [...] Weil einige Personen ihre fremde Religion und betrügerische Technik nutzen, das Volk zu täuschen, ist der Himmel oben zornig und sendet viele kluge Männer, um auf die Erde herabzusteigen und zu dem göttlichen Altar zu kommen, damit unsere Jugend in die I-ho-Gesellschaft initiiert wird. „I" bedeutet Freundlichkeit, und „ho" bedeutet Höflichkeit; Freundlichkeit und Höflichkeit werden Stadt und Land friedlich und harmonisch machen. Unser Volk soll die richtigen Prinzipien und Tugenden als Grundlage nehmen und soll sich der Landwirtschaft als seinem Beruf ergeben. Das Volk soll dem Buddhismus folgen und gehorchen.

Im Sommer 1900 verbreiten die Boxer Plakate mit folgendem Text:

Die Geister helfen den Fäusten, den Milizen für Gerechtigkeit und Eintracht, aus dem einfachen Grund, weil die Teufel in China Unruhe stiften. [...] Der Herrscher des Himmels ist wütend, der Herrscher der Unsterblichen ist ärgerlich, gemeinsam steigen sie die Berge herab, um die Lehre zu verkünden. Die Geister kommen aus den Höhlen heraus, die Unsterblichen steigen die Berge herab, sie verbinden sich mit den menschlichen Körpern, um den Faustkampf zu üben. Sie zerstören Eisenbahngleise, sie reißen Telegrafendrähte herunter und brennen wütend Dampfschiffe nieder. Die großen französischen Teufel sind in ihren Herzen von gewaltiger Angst ergriffen, die Engländer, Amerikaner, Deutschen und Russen sind alle in einer unangenehmen Lage. Die ausländischen Teufel werden alle vollkommen vernichtet. Die große Qing beruhigt das Land völlig.

[1] **Hsien-feng** (1831-1861): auch Xianfeng, Kaiser aus der Qing-Dynastie von 1850 bis 1861

Erster Text: Ssu-yu Teng und John K. Fairbank, a.a.O., S. 189 (übersetzt von Boris Barth); zweiter Text: Sabine Dabringhaus, Der Boxeraufstand in China (1900/1901). Die Militarisierung des kulturellen Konflikts, in: Eva Maria Auch und Stig Förster (Hrsg.), „Barbaren" und „Weiße Teufel". Kulturkonflikte und Imperialismus in Asien vom 18. bis zum 20. Jahrhundert, Paderborn 1997, S. 123-144, hier S. 123

1. *Arbeiten Sie aus den Quellen die Motive der Boxerbewegung heraus. Welche kulturellen und gesellschaftlichen Vorstellungen werden hier deutlich?*
2. + *Vergleichen Sie in tabellarischer Form Beweggründe und Ziele der Boxerbewegung mit jenen des Reformers Liang (M6). Bestimmen Sie jeweils das Verhältnis zur Regierung und überlegen Sie, welche Schlüsse sich auf Herkunft und Stellung der Boxerbewegung und des Reformers ziehen lassen.*
3. *Nehmen Sie zu der Art und Weise Stellung, mit der die Boxerbewegung ihre Ziele erreichen will.*

M9 „Pardon wird nicht gegeben"

Als die Übergriffe der Boxer gegen Ausländer mit der Ermordung des deutschen Gesandten Klemens Freiherr von Ketteler am 20. Juni 1900 und der darauf folgenden Belagerung des Gesandtschaftsviertels in Peking durch chinesische Regierungstruppen eskalieren, hält Kaiser Wilhelm II. (1859-1941) am 27. Juli 1900 in Bremerhaven eine Ansprache vor den deutschen Truppen, die zur Bekämpfung des „Boxeraufstandes" nach China entsandt werden. Obwohl die Reichsbehörden gegenüber der Presse auf eine teilweise Streichung der Rede bestehen, wird sie am folgenden Tag vollständig in der Nordwestdeutschen Zeitung publiziert und als „Hunnenrede" Wilhelms II. weltbekannt:

Zum ersten Mal, seit das Deutsche Reich wiedererstanden ist, tritt an Sie eine große überseeische Aufgabe heran. Dieselben sind früher in größerer Ausdehnung an uns herangetreten, als die meisten Meiner Landsleute erwartet haben. Sie sind die Folgen davon, dass das Deutsche Reich wiedererstanden ist und damit die Verpflichtung hat, für seine im Ausland lebenden Brüder einzustehen im Momente der Gefahr. [...]
Die Aufgabe, zu der Ich Euch hinaussende, ist eine große. Ihr sollt schweres Unrecht sühnen. Ein Volk, das, wie die Chinesen, es wagt, tausendjährige alte Völkerrechte umzuwerfen und der Heiligkeit der Gesandten und der Heiligkeit des Gastrechtes in abscheulicher Weise hohnspricht, das ist ein Vor-

fall, wie er in der Weltgeschichte noch nicht vorgekommen ist und dazu von einem Volke, welches stolz ist auf eine vieltausendjährige Kultur. Aber Ihr könnt daraus ersehen, wohin eine Kultur kommt, die nicht auf dem Christentum aufgebaut ist: Jede heidnische Kultur, mag sie noch so schön und herrlich sein, geht zugrunde, wenn große Aufgaben an sie herantreten. So sende ich Euch aus, dass Ihr bewähren sollt einmal Eure alte deutsche Tüchtigkeit, zum zweiten die Hingebung, die Tapferkeit und das freudige Ertragen jedweden Ungemachs und zum dritten Ehre und Ruhm unserer Waffen und Fahnen. Ihr sollt Beispiele abgeben von der Manneszucht und Disziplin, aber auch der Überwindung und Selbstbeherrschung. Ihr sollt fechten gegen eine gut bewaffnete Macht, aber Ihr sollt auch rächen, nicht nur den Tod des Gesandten, sondern auch vieler Deutscher und Europäer. Kommt ihr an den Feind, so wird er geschlagen, Pardon wird nicht gegeben; Gefangene nicht gemacht. Wer Euch in die Hände fällt, sei in Eurer Hand. Wie vor tausend Jahren die Hunnen unter König Etzel sich einen Namen gemacht, der sie noch jetzt in der Überlieferung gewaltig erscheinen lässt, so möge der Name Deutschland in China in einer solchen Weise bekannt werden, dass niemals wieder ein Chinese es wagt, einen Deutschen auch nur scheel anzusehen. [...] Gebt, wo es auch sei, Beweise Eures Mutes, und der Segen Gottes wird sich an Eure Fahnen heften und es Euch geben, dass das Christentum in jenem Lande seinen Eingang finde. Dafür steht Ihr Mir mit Eurem Fahneneid, und nun glückliche Reise. Adieu Kameraden.

Bernd Sösemann, Die sogenannte Hunnenrede Wilhelms II. Textkritische und interpretatorische Bemerkungen zur Ansprache des Kaisers vom 27. Juli 1900 in Bremerhaven, in: Historische Zeitschrift 222 (1976), S. 349 f.

1. *Geben Sie die wesentlichen Inhalte der Ansprache Kaiser Wilhelms II. wieder.*
2. *Analysieren Sie Stil und Wortwahl der Ansprache. Charakterisieren Sie die Sichtweise des Kaisers gegenüber China.*
3. *Erklären Sie, welche Bedeutung der Anspielung auf die Hunnen zukommt und was dies über das Selbstverständnis des Kaisers aussagt.*
4. *Erörtern Sie, warum die Reichsbehörden eine Veröffentlichung der vollständigen Rede zu verhindern suchten.*

M10 China unter der Guomindang

Der Historiker Thoralf Klein beschreibt die Schwierigkeiten der Guomindang (GMD)-Regierung, China zu stabilisieren:

In der Zeit zwischen 1927 und 1937 (der sogenannten Nanjing-Periode) verfolgte die GMD mit Chiang Kaishek[1] an der Spitze den Plan eines umfassenden Aufbaus. Trotz vieler Anstrengungen und Erfolge und obwohl es seine Herrschaft wenn nötig mit brutaler Gewalt verteidigte, verfügte das Regime über keine hinreichende Stabilität. Chiang Kaishek konnte sich weder auf die Loyalität der Partei noch auf diejenige des Militärs vollständig verlassen. Bis Mitte der 1930er-Jahre führten Meutereien und Rebellionen von Koalitionen aus innerparteilichen Gegnern Chiangs und regionalen Militärmachthabern immer wieder zu regelrechten Bürgerkriegen. Schon im Herbst 1927 kam es zur militärischen Auseinandersetzung zwischen der Regierung Chiangs in Nanjing und einer prokommunistisch eingestellten GMD-Gegenregierung in Wuhan, die eine schwere Niederlage hinnehmen musste und daraufhin zusammenbrach. Zwischen 1931 und 1936 befand sich mit der Provinz Guangdong sogar die ursprüngliche Machtbasis der GMD in offener Sezession von der Regierung in Nanjing. Während Chiang bis Mitte der 1930er-Jahre die Oberhand über seine Gegner in den eigenen Reihen gewann, gelang es ihm nicht, den Bürgerkrieg mit den Kommunisten und ihrer Roten Armee erfolgreich zu beenden. In vier Einkreisungsfeldzügen erwies sich die kommunistische Partisanenstrategie als erfolgreich. Erst die fünfte, von deutschen Militärberatern eingeleitete Kampagne von Herbst 1933 bis Frühjahr 1934 brachte die kommunistischen Streitkräfte vor allem durch die konsequente Abriegelung des Sowjetgebiets mittels eines Systems von Blockhäusern an den Rand der Niederlage.
Die Führung der KPCh[2] ordnete daher schließlich die Evakuierung der Sowjets an und ließ nur eine Nachhut zur Abwehr der GMD-Streitkräfte zurück. Rund 90 000 Menschen machten sich im Oktober 1934 auf den später so genannten Langen Marsch. Nach einem außerordentlich verlustreichen Exodus durch die Provinzen Südwestchinas erreichten ein Jahr später rund 8 000 bis 9 000 Überlebende die nordwestliche Provinz Shaanxi, wo die Partei 1936 ihr neues Hauptquartier in der kleinen Stadt Yan'an einrichtete.

Thoralf Klein, a.a.O., S. 51

1. *Fassen Sie zusammen, wodurch nach Thoralf Klein die Guomindang-Regierung geschwächt wird.*
2. *Erläutern Sie anhand des Textes, wie die Guomindang-Regierung mit ihren Gegnern umgeht.*
3. *Beurteilen Sie, was die innere Bedrohung der GMD-Herrschaft für den späteren Krieg gegen Japan (seit 1937) bedeutete.*

[1] **Chiang Kaishek** (1887-1975): chinesischer Politiker und Offizier, seit 1925 Parteiführer der Guomindang
[2] **KPCh**: Kommunistische Partei Chinas; 1921 gegründet, seit 1949 vorherrschende Partei der Volksrepublik China

▲ **Japanische Truppeneinheiten kurz nach der Einnahme des Bahnhofs von Shanghai.**
Foto vom November 1937.

M11 Japanische Besatzer

Die Historikerin Sabine Dabringhaus schildert den Krieg gegen Japan:

Japan hatte auf die Zurückhaltung der anderen Großmächte gehofft. Tatsächlich gelang es dem „Freien China" der Nationalregierung, die internationale Stimmung für sich zu gewinnen, doch blieb konkrete Hilfe aus. Zunächst war nur die Sowjetunion bereit, Chiang Kaishek materiell und mit begrenzten Kampfeinsätzen aus der Luft zu unterstützen. Bis 1941 stand China gegen Japan allein. Auf die Eroberung Shanghais folgte der Fall der ehemaligen nationalchinesischen Hauptstand Nanjing. Nach der Einnahme der von Kampftruppen und Regierungsbehörden geräumten Großstadt am 12. Dezember 1937 fielen dort in den folgenden sieben Wochen vermutlich über 200 000 Menschen einem unvorstellbar grausamen Dauermassaker an der Zivilbevölkerung und an Kriegsgefangenen zum Opfer. Die Untaten wurden von einer entfesselten japanischen Soldateska begangen und hätten ohne die stillschweigende Duldung des japanischen Oberkommandos ihr schreckliches Ausmaß nicht erreichen können.

Die Nationalregierung hatte sich zu dieser Zeit nach Chongqing in der Provinz Sichuan zurückgezogen und mobilisierte die schlagkräftigsten unter den ihr verbliebenen Verbänden zum Kampf um Wuhan. Weder die zentralchinesische Metropole noch Kanton, die wichtigste Großstadt im Süden, ließen sich halten. Beide fielen im September 1938 den Japanern in die Hände. Damit endete die Blitzkriegphase der japanischen Invasion. Der japanische Vormarsch hatte die Isolierung der industriellen Basis in den Küstenregionen vom chinesischen Hinterland erreicht. Die von Chiang Kaishek angeordnete Zerstörung der Deiche des Huanghe, die Tausende von Zivilisten tötete und zu einer katastrophalen Hungersnot in der Region führte, hemmte den Vormarsch der Japaner, ohne ihn stoppen zu können. Alle wichtigen Schlachten der ersten Kriegsjahre endeten mit Niederlagen der GMD-Truppen. Auch im weiteren Verlauf des Krieges vermochte die nationalchinesische Armee den Japanern kaum ernsthaften Widerstand entgegenzusetzen. Nur wenig erfolgreicher verliefen die Aktionen der Roten Armee. Ihre Achte Feldarmee errang im September 1938 den ersten chinesischen Sieg seit Kriegsbeginn und stellte sich in der dreimonatigen „Schlacht der Hundert Regimenter" den Japanern entgegen. Vor allem in Nordchina waren hinter den japanischen Linien die berühmten kommunistischen Guerilla-Kämpfer aktiv. Ihnen gelang es nicht, die Japaner nennenswert zurückzudrängen, doch banden sie viele japanische Kräfte und trugen dazu bei, dass sich die japanische Kontrolle auf die Großstädte und die strategisch wichtigen Eisenbahnlinien beschränkte. In ihren Besatzungsgebieten entlang der Küste herrschten die Japaner mithilfe von Marionettenverwaltungen.

Sabine Dabringhaus, Geschichte Chinas, a.a.O., S. 99 f.

1. *Charakterisieren Sie das Verhalten der japanischen Truppen in China.*
2. *Erklären Sie, welche der Bürgerkriegsparteien die japanische Besatzung besser überstand und warum.*
3. *Erörtern Sie die Entwicklung Chinas und Japans im imperialistischen Zeitalter. Nennen Sie für die unterschiedliche Entwicklung Gründe. Sie können dazu zusätzlich auch die Darstellung im Buch heranziehen.*

M12 Staatsgründung 1949

Anlässlich der Gründung der Volksrepublik China sagt Mao Zedong am 1. Oktober 1949:

Trotz Bildung einer Regierung ist unsere revolutionäre Arbeit nicht beendet. Die imperialistischen Reaktionäre im In- und Ausland werden ihre Niederlage nicht einfach stillschweigend hinnehmen. Sie werden noch versuchen, einen letzten Widerstand zu leisten. Wenn die Ruhe und Ordnung einmal hergestellt sein wird, werden sie zur Sabotage Zuflucht nehmen und auf verschiedene Arten den Versuch machen, wieder an die Macht zu kommen. Wir dürfen daher unsere Wachsamkeit nicht vermindern. China muss mit allen Ländern und Völkern, die den Frieden und die Freiheit lieben, ganz besonders aber mit der Sowjetunion und den osteuropäischen Staaten die Einheit herstellen. Chinas dringlichste Aufgabe besteht im wirtschaftlichen Aufbau.

Der Historiker Helwig Schmidt-Glintzer schreibt über die Gründung der Volksrepublik China unter Mao Zedong:

Trotz der häufigen Verwendung des Föderalismus-Begriffs *lianbang* durch Mao Zedong in den 30er- und 40er-Jahren des 20. Jahrhunderts – noch im Jahre 1945 sprach Mao Zedong von der föderalen Struktur eines zukünftigen China – gab es doch niemals einen ernsthaften Zweifel daran, dass für China der Einheitsstaat das Ziel sein müsse. Nach der langen Dauer eines Einheitsstaates auf chinesischem Boden hatten am Ausgang der Qing-Zeit zentralistische bzw. integrationistische Vorstellungen überwogen. Hinzu trat im späten 19. Jahrhundert die Forderung eines Großteils der Elite, die Nation müsse gestärkt werden. Die Restrukturierung des Staates im Zuge der Niederwerfung sozialer Unruhen zusammen mit dem Auftreten der imperialistischen Mächte ließ es daher nicht zu einer Ausdifferenzierung lokaler und regionaler Interessen einerseits und einer Beschränkung der zentralen Staatsmacht andererseits kommen. Denn obwohl sich nach dem Ende des Kaiserreiches zunächst kein neues nationales Machtzentrum herausbildete und man daher von einer Zeit der Zersplitterung sprechen muss, begünstigte dies nicht die Bildung und das Anwachsen einer bürgerlichen Schicht, die zum Träger einer bürgerlichen Revolution hätte werden können. Die ideologischen Kämpfe und die wirtschaftliche und administrative Entwicklung förderte eher eine Fragmentierung innerhalb der Elite.

Erster Text: Keesings Archiv der Gegenwart, XVIII./XIX. Jg. (1948/49), S. 2074; zweiter Text: Helwig Schmidt-Glintzer, a. a. O., S. 186 f.

1. *Beschreiben Sie die innen- und außenpolitischen Ziele der kommunistischen Regierung.*
2. *Erklären Sie, was Mao Zedong mit „imperialistischen Reaktionäre[n] im In- und Ausland“ (Zeile 2 f.) gemeint haben könnte.*
3. *Analysieren Sie, warum es nach Schmidt-Glintzer keinen Zweifel daran geben konnte, dass Mao Zedong und die Kommunistische Partei Chinas eine zentralistische Staatsform bevorzugen würden.*
4. *Laut dem Historiker Helwig Schmidt-Glintzer ging 1949 das „Jahrhundert der chinesischen Revolution“ zu Ende. Erläutern Sie diese Aussage.*
5. *Erörtern Sie, warum der 1. Oktober einer der wichtigsten nationalen Feiertage Chinas ist.*

Kompetenz:
Theoretische Vorstellungen und Kontroversen über Kulturkontakt und Kulturkonflikt erläutern und beurteilen

Kulturkontakt

Einige Theorien zum Kulturkontakt gehen davon aus, dass jeder Mensch einer bestimmten Kultur angehört und als Vertreter seiner Kultur gesehen werden kann. Demnach lässt sich die gesamte Menschheitsgeschichte als eine ununterbrochene Abfolge von Kulturkontakten betrachten. Diesen Überlegungen folgend wird z.B. die Geschichte des Römischen Reiches als eine Verbreitung der römischen Kultur, also als „Romanisierung", beschrieben. Auch die im späten Mittelalter einsetzende europäische Expansion ist vielfach als ein langer Prozess der Europäisierung der Welt dargestellt worden. Vom 15. bis zum 19. Jahrhundert wurde Amerika erobert und europäisiert. Im 19. und im 20. Jahrhundert war es der moderne europäische Kolonialismus, welcher die Kulturen in Afrika und Asien herausforderte und beeinflusste (▸ M1).
Gegen eine solche Vorstellung des Kulturkontakts ist von einigen Wissenschaftlern eingewandt worden, dass Kultur sich nicht einfach übertragen lasse. Vielmehr bedeute Kulturkontakt immer Vermischung. So habe das Römische Reich auch Rom erheblich verändert (man denke nur an das Christentum), und die außereuropäischen Kulturen seien viel weniger von Europa geprägt geworden, als es die These der „Europäisierung der Welt" unterstelle. Dagegen sei die europäische Geschichte erheblich von der außereuropäischen Welt beeinflusst worden, wie zum Beispiel durch die amerikanischen Edelmetalle oder all die Nahrungsmittel aus der „Neuen Welt". Sinnvoll sei es daher, von einer ununterbrochenen Geschichte des kulturellen Austauschs und der kulturellen Vermischung zu sprechen. Dies bedeute aber auch, dass es reine Kulturen nicht gebe. Kulturen seien immer das Ergebnis von Kulturkontakten und befänden sich immer im Wandel.[1]

Kulturkonflikt

Nach dem Zusammenbruch der Sowjetunion 1991 und dem Ende des Kalten Krieges stellte der amerikanische Politikwissenschaftler *Samuel Phillips Huntington* die These auf, dass die Konflikte in der Welt in der Zukunft zwischen verschiedenen Großkulturen verlaufen würden. Die in seinem Modell wichtigsten Kulturen sind der Westen, der Islam und China. Um einen Dritten Weltkrieg zu vermeiden, müsste der Westen seine Kultur verteidigen und dürfe nicht darauf hoffen, dass die anderen Kulturen sich ihm annähern würden (▸ M2). Huntington widersprach damit der Vorstellung, die engere Verflechtung der Welt würde die Unterschiede zwischen den Kulturen abschwächen. Huntingtons Auffassung ist vielfach scharf kritisiert worden. Insbesondere ist dem Politikwissenschaftler vorgeworfen worden, dass die von ihm beschriebenen Kulturen gar nicht als Einheiten existierten, da sowohl der Westen als auch der Islam und China aus vielfältigen Gesellschaften bestünden, die nicht auf einen kulturellen Nenner reduziert werden könnten. Huntington vertrete eine Vorstellung vom Westen, die einen großen Teil der westlichen Bevölkerung ausschließe (▸ M3).

[1] Vgl. dazu den Theorie-Baustein „Transformationsprozesse" auf Seite 126 bis 129.

M1 Kulturbegegnung

Der Schweizer Historiker Urs Bitterli unterscheidet verschiedene Formen der Kulturbegegnung in der Geschichte der europäischen Expansion nach Amerika, Afrika und Asien:

Unter Kulturberührung verstehen wir das in seiner Dauer begrenzte erstmalige oder mit großen Unterbrüchen erfolgende Zusammentreffen einer kleinen Gruppe von Reisenden mit Vertretern einer geschlossenen archaischen Bevölkerungsgruppe, wie es besonders den Charakter der frühen Entdeckungsfahrten bestimmt. [...]
Solche Zusammentreffen hatten für beide Teile sowohl den Reiz wie die Bedrohlichkeit des Neuen und Überraschenden. [...]
Zum Kulturkontakt kam es in solchen Fällen, wenn die rückwärtigen Verbindungen zum Mutterland sich sichern und ausbauen ließen und sich andererseits aus der ersten Berührung ein dauerhaftes Verhältnis wechselseitiger Beziehungen zur Eingeborenenbevölkerung ergab, ohne dass Landnahme und Kolonisation von europäischer Seite beabsichtigt gewesen wären. [...]
Kulturberührung und Kulturkontakt blieben bis zum Ende des achtzehnten Jahrhunderts die häufigsten Formen der kulturellen Begegnung zwischen Zivilisierten und Eingeborenen in Übersee. Wenn diese Begegnung einen besonders aggressiven Charakter gewann und die Europäer sich entschlossen, ihre militärisch-technische Überlegenheit mehr oder weniger rücksichtslos so lange einzusetzen, bis die Eingeborenen entweder ausgerottet, in unwegsames Hinterland zurückgetrieben oder aber derart unterjocht waren, dass sie ihr kulturelles Eigenleben einem weite Daseinsbereiche erfassenden Abhängigkeitsverhältnis aufzuopfern hatten, wird man von einem Kulturzusammenstoß sprechen müssen. [...]
Im Unterschied zu den bereits beschriebenen Formen der kulturellen Begegnung setzen Akkulturation[1] und vor allem Kulturverflechtung ein länger dauerndes Zusammenleben und Zusammenwirken von Bevölkerungsgruppen verschiedener Kultur im selben geografischen Raum voraus. Während in der Beziehung, die wir als Kulturkontakt bezeichnet haben, Aspekte des Handels oder der Mission in der Regel im Vordergrund stehen und die Permanenz des gegenseitigen Verhältnisses nicht so sehr durch Ansiedlung und Fortpflanzung der einen Partnergruppe, als vielmehr durch die laufende Ablösung ihrer Vertreter durch Neuankömmlinge gesichert wird, vollzieht sich besonders die Kulturverflechtung vor dem Hintergrund einer intensiven gesellschaftlichen Durchdringung. Diese Durchdringung tritt dann an die Stelle des historisch häufiger zu beobachtenden Kulturzusammenstoßes, wenn sich zwischen zwei oder mehreren Kulturen die zwingende Notwendigkeit zur existenzsichernden Zusammenarbeit und das Bewusstsein einer verpflichtenden Aufeinanderangewiesenheit ergibt.

Urs Bitterli, Die „Wilden" und die „Zivilisierten". Grundzüge einer Geistes- und Kulturgeschichte der europäisch-überseeischen Begegnung, München [2]1991, S. 81, 95, 130 und 161

[1] **Akkulturation**: kultureller Anpassungsprozess

1. + *Beschreiben Sie die von Urs Bitterli genannten Formen der Kulturbegegnung. Notieren Sie dazu die jeweiligen Charakteristika in einem Schaubild.*
2. *Arbeiten Sie Stärken und Schwächen der von Bitterli entwickelten Kategorien heraus.*
3. *Überprüfen Sie anhand eines selbst gewählten historischen Beispiels, ob sich die von Bitterli genannten Formen der Kulturbegegnung anwenden lassen.*

M2 „Kampf der Kulturen"

In seinem 1996 erschienenen Buch „The Clash of Civilizations and the Remaking of World Order" äußert sich der amerikanische Politikwissenschaftler Samuel Phillips Huntington über die Entwicklung der Kulturen:

Das zentrale Thema dieses Buches lautet: Kultur und die Identität von Kulturen [...] prägen heute, in der Welt nach dem Kalten Krieg, die Muster von Kohärenz[1], Desintegration und Konflikt. Die fünf Teile dieses Buches entwickeln diese Hauptaussage weiter.
Teil Eins. Zum ersten Mal in der Geschichte ist globale Politik sowohl multipolar als auch multikulturell; Verwestlichung ist etwas anderes als Modernisierung; und wirtschaftliche und soziale Modernisierung erzeugt weder eine universale Kultur irgendeiner Art noch die Verwestlichung nichtwestlicher Gesellschaften.
Teil Zwei. Das Machtgleichgewicht zwischen den Kulturkreisen verschiebt sich: Der Westen verliert an relativem Einfluss; asiatische Kulturen verstärken ihre wirtschaftliche, militärische und politische Macht; der Islam erlebt eine Bevölkerungsexplosion mit destabilisierenden Folgen für muslimische Länder und ihre Nachbarn; und nichtwestliche Kulturen bekräftigen selbstbewusst den Wert ihrer eigenen Grundsätze.
Teil Drei. Eine auf kulturellen Werten basierende Weltordnung ist im Entstehen begriffen: Gesellschaften, die durch kulturelle Affinitäten[2] verbunden sind, kooperieren miteinan-

[1] **Kohärenz**: Zusammenhang
[2] **Affinität**: hier Ähnlichkeit

der. Bemühungen, eine Gesellschaft von einem Kulturkreis in einen anderen zu verschieben, sind erfolglos; und Länder gruppieren sich um die Führungs- und Kernstaaten ihrer Kultur.

Teil Vier. Seine universalistischen Ansprüche bringen den Westen zunehmend in Konflikt mit anderen Kulturkreisen, am gravierendsten mit dem Islam und China. Auf lokaler Ebene bewirken Bruchlinienkriege (im Wesentlichen zwischen Muslimen und Nichtmuslimen) den „Schulterschluss verwandter Länder", die Gefahr einer breiteren Eskalation und damit Bemühungen von Kernstaaten um Eindämmung und Unterbindung dieser Kriege.

Teil Fünf. Das Überleben des Westens hängt davon ab, dass die Amerikaner ihre westliche Identität bekräftigen und die Westler sich damit abfinden, dass ihre Kultur einzigartig, aber nicht universal ist, und sich einigen, um diese Kultur zu erneuern und vor der Herausforderung durch nichtwestliche Gesellschaften zu schützen. Ein weltweiter Kampf der Kulturen kann nur vermieden werden, wenn die Mächtigen dieser Welt eine globale Politik akzeptieren und aufrechterhalten, die unterschiedliche kulturelle Wertvorstellungen berücksichtigt. [...]

Weltpolitik wird heute nach Maßgabe von Kulturen und Kulturkreisen umgestaltet. In dieser Welt werden die hartnäckigsten, wichtigsten und gefährlichsten Konflikte nicht zwischen sozialen Klassen, Reichen und Armen oder anderen ökonomisch definierten Gruppen stattfinden, sondern zwischen Völkern, die unterschiedlichen kulturellen Einheiten angehören. [...] Menschen, die durch Ideologien getrennt, aber durch eine Kultur geeint waren, finden zusammen [...]. Gesellschaften, die durch Ideologie oder historische Umstände geeint, aber kulturell vielfältig waren, fallen [...] auseinander [...]. Länder mit kulturellen Affinitäten kooperieren miteinander auf wirtschaftlichem und politischem Gebiet. Internationale Organisationen, die auf Staaten mit kultureller Gemeinsamkeit basieren, wie etwa die Europäische Union, sind viel erfolgreicher als solche, die kulturelle Grenzen zu überschreiten suchen. Fünfundvierzig Jahre lang war der Eiserne Vorhang die zentrale Trennungslinie in Europa. Diese Linie hat sich um mehrere hundert Kilometer nach Osten verschoben. Heute ist es die Linie, die die Völker des westlichen Christentums auf der einen Seite von muslimischen und orthodoxen Völkern auf der anderen trennt.

Samuel P. Huntington, Kampf der Kulturen. Die Neugestaltung der Weltpolitik im 21. Jahrhundert, München [7]2002, S. 19 f. und 24 f.

▲ **Samuel Phillips Huntington (1927-2008).**
Foto vermutlich aus den 1990er-Jahren.

1. *Geben Sie mit eigenen Worten die Thesen von Samuel P. Huntington wieder.*

2. *Suchen und analysieren Sie historische Beispiele, die sowohl die Argumentation von Huntington stützen als auch sie infrage stellen könnten.*

3. *Erörtern Sie, inwiefern Huntingtons Vorstellung abgeschlossener Kulturkreise Ihrer eigenen Erfahrung und den historischen Darstellungen in diesem Lehrbuch entspricht.*

M3 Doch kein Kampf?

Der deutsche Politikwissenschaftler Ulrich Menzel kritisiert Huntingtons Vorstellung vom „Kampf der Kulturen":

[Muss] das auch zwangsläufig heißen, dass die schiere Existenz unterschiedlicher Kulturen die einzig relevante oder zumindest die dominante Konfliktursache des 21. Jahrhunderts sein wird? [...] Und selbst wenn es Kulturkonflikte gibt, was spricht dagegen, sie auf kooperative Weise lösen zu können? Ganz so wie die zweifellos immer vorhandenen unterschiedlichen wirtschaftlichen Interessen nicht zwangsläufig immer zu militärischen Konflikten geführt haben, sondern durchaus konsensual gelöst werden können und vielfach auch gelöst wurden. [...]

Der gravierendste Einwand resultiert allerdings aus der Inkonsequenz, die in Huntingtons eigener Argumentation angelegt ist, und aus den normativen[1] Schlussfolgerungen, die daraus gezogen werden. Auf der einen Seite wird die Einzigartigkeit der westlichen Kultur betont, die es zu bewahren und neu zu stärken gilt. Andererseits wird einem Kulturrelativismus[2] und damit Einmischungsverbot gegenüber der übrigen Welt das Wort geredet. Dies übersieht aber zweierlei: Erstens ist die westliche Kultur keineswegs statisch, besteht nicht nur aus Elementen wie dem vormodernen Christentum, katholischer oder puritanischer Orthodoxie, Gegenreformation und Inquisition, sondern besteht auch aus Opposition und Gegenbewegungen wie Reformation, Humanismus, Aufklärung, Rationalismus, Säkularisierung und der Propagierung universalistischer Werte. Insofern ist der Westen zumindest beides, religiös und säkular[3] [...], wobei letzteres sicher die stärkere Komponente bildet. [...] Alle Menschen sind in der westlichen Vorstellung nicht nur gleich, sie haben auch gleiche Rechte, und zwar nicht nur gleiche soziale und ökonomische, sondern auch gleiche Freiheitsrechte. Und das heißt zweitens, dass die Bekräftigung und Verfolgung westlicher Werte eben gerade die Einmischung weltweit, die universale Deklaration der Menschenrechte, die Charta der Vereinten Nationen, den Idealismus, die Vorstellung der one world, der global governance, das „Projekt Weltethos" [...] als paradigmatischen Gegenentwurf zu Huntington, die Ausweitung der westlichen Wertegemeinschaft verlangt.

Geradezu grotesk wird die Argumentation Huntingtons, wenn er zwar das heutige Griechenland aus dem Westen ausgrenzen will, gleichzeitig aber das klassische, d.h. in erster Linie das griechische Erbe zu den Wurzeln der christlichen Kultur zählt, jedoch die orientalischen Wurzeln des Christentums unterschlägt bzw. geflissentlich übersieht oder auch übersieht, dass die westliche Kultur sehr viel germanisches und keltisches und damit heidnisches, also keinesfalls aufklärerisches oder christliches Kulturgut inkorporiert hat.

Ulrich Menzel, Globalisierung versus Fragmentierung, Frankfurt am Main 1998, S. 87-90

[1] **normativ**: maßgebend, als Leitsatz dienend
[2] **Kulturrelativismus**: Diese Richtung betrachtet die Kulturen als ganzheitliche Systeme. Sie sind nicht miteinander zu vergleichen, sondern können nur in ihrem jeweiligen kulturellen Kontext betrachtet werden.

1. *Fassen Sie die wesentlichen Aspekte der Argumentation von Ulrich Menzel zusammen.*
2. *Vergleichen Sie die Vorstellungen von Kultur bei Menzel und Huntington (M2). Erläutern Sie die Unterschiede.*
3. *Entwickeln Sie eigene Definitionen von „Kulturkontakt" und „Kulturkonflikt".*

[3] **säkular**: weltlich

Kompetenz:
Wandlungsprozesse charakterisieren und Theorien über deren Ursachen, Erscheinungsformen und Dauer beschreiben, analysieren und beurteilen

Wechselspiel von Wandel und Kontinuität

Geschichte handelt von Wandel und Kontinuität. Die Beschäftigung mit der Vergangenheit steht daher immer vor der Frage, wie das gleichzeitige Sich-Verändern und Gleichbleiben beschrieben und erklärt werden kann. Dies ist auch der Hintergrund vieler historischer Debatten, wenn z.B. danach gefragt wird, ob der Nationalsozialismus ein Bruch in der deutschen Geschichte war oder in der Kontinuität langfristiger Entwicklungen stand. Häufig laufen solche Diskussionen darauf hinaus, die Frage nach Wandel und Kontinuität weniger allgemein zu stellen, sondern vielmehr einzelne Bereiche der Geschichte zu betrachten. Eine radikale Veränderung des politischen Systems muss keine Veränderung der sozialen Schichtung bedeuten. Der Ausgang eines Krieges mag die internationalen Machtverhältnisse beeinflussen; aber hat er zwingenderweise auch Konsequenzen für die Geschlechtergeschichte?
Für die wissenschaftliche Auseinandersetzung mit Wandel und Kontinuität ist vor allem der französische Historiker *Fernand Braudel* (1902-1985) von großer Bedeutung. In seinem 1949 erschienenen und 1966 grundlegend überarbeiteten Werk über „Das Mittelmeer und die mediterrane Welt in der Epoche Philipps II." unterschied er zwischen drei verschiedenen Zeitebenen: „Strukturen" mit einer „langen Dauer" (longue durée) von mehreren Jahrhunderten, „Konjunkturen" mit einer mittleren Dauer von einigen Jahrzehnten und kurzfristigen „Ereignissen" (▸ M1). Seit Braudel ist somit klar, dass historische Zeit relativ ist und von den Themen, die uns beschäftigen, abhängt.
Fernand Braudel zählte zu einer Gruppe französischer Historiker, die der „Schule der Annales" („Ecole des Annales") angehören. Sie ist eine bedeutende, über mehrere Generationen wirkende Historikerschule, die Methoden aus der Soziologie und der Geografie für die Geschichtswissenschaft nutzbar macht und auch Disziplinen wie Psychologie, Linguistik und Wirtschaftswissenschaften mit einbezieht. Die „Ecole des Annales" beschäftigt sich u.a. auch mit der Erforschung der Kultur- und Mentalitätsgeschichte. Ihr Name leitet sich von der seit 1929 erscheinenden geschichtswissenschaftlichen Zeitschrift „Annales" ab.
Zahlreiche Schlüsselbegriffe der Geschichte bezeichnen Veränderungen unterschiedlichster Natur. Dazu gehören u.a. Begriffe wie Revolution, Reform und Krise, aber auch Industrialisierung, Urbanisierung und Europäisierung sowie Expansion, Kolonisation oder Romanisierung. „Transformation" (lat. transformare: „umgestalten", „verwandeln") bezieht sich ähnlich wie der Begriff „Revolution" nicht auf eine konkrete historische Entwicklung. Er ist vielmehr ein Oberbegriff, der tief greifende Veränderungen (Trans-Formierungen) bezeichnet. Sprechen wir von Transformationsprozessen, so meinen wir also nicht eine langsame Veränderung eines bestimmten Aspekts einer Gesellschaft, sondern wir beziehen uns auf einen Wandel, durch den grundlegende Strukturen einer Gesellschaft innerhalb eines überschaubaren Zeitraums verändert werden. Einer der wichtigsten Begriffe, um solche Veränderungen der letzten Jahrhunderte zu beschreiben, ist „Modernisierung" (▸ M2). Denn Modernisierung bezieht sich nicht auf einen Teilaspekt des Wandels (in der Politik oder Wirtschaft), sondern auf alle Bereiche menschlichen Lebens (einschließlich der Wertvorstellungen und Weltanschauungen). Gegen die Modernisierungstheorien ist in den letzten Jahren eingewandt worden, sie seien zu stark auf Europa ausgerichtet und berücksichtigten nicht die Rolle Lateinamerikas, Afrikas und Asiens. Daher gewann der Begriff „Globalisierung" an Bedeutung, da man hofft, mit ihm die weltweiten Verflechtungen der Veränderungen der letzten Jahrzehnte und Jahrhunderte besser beschreiben zu können (▸ M3).

M1 „Geschichte in mehrere Etagen [...] zerlegen"

Der Historiker Fernand Braudel entwickelt in der Mitte des 20. Jahrhunderts die Vorstellung verschiedener Zeitebenen. Im Vorwort zu seinem Werk „Das Mittelmeer und die mediterrane Welt in der Epoche Philipps II." schreibt er:

Dieses Buch zerfällt in drei Teile, von denen jeder den Versuch einer Gesamterklärung unternimmt.

Der erste führt eine gleichsam unbewegte Geschichte vor, die des Menschen in seinen Beziehungen zum umgebenden Milieu; eine träge dahinfließende Geschichte, die nur langsame Wandlungen kennt, in der die Dinge beharrlich wiederkehren und die Kreisläufe immer wieder neu beginnen. Diese fast außer der Zeit liegende, dem Unbelebten benachbarte Geschichte wollte ich weder vernachlässigen noch sie, wie es traditionell in so vielen Büchern geschieht, als nutzlose geografische Einführung an die Schwelle der eigentlichen Darstellung verbannen: jene Geschichte mit ihren mineralischen Landschaften, Äckern und Blumen, die man rasch vorzeigt und von der dann nie mehr die Rede ist, als ob die Blumen nicht in jedem Frühling wiederkämen, als ob die Herden in ihren Wanderungen innehielten, als ob die Schiffe nicht auf einem realen Meer segeln müssten, das sich mit den Jahreszeiten verändert.

Oberhalb dieser unbewegten Geschichte lässt sich eine Geschichte langsamer Rhythmen ausmachen; man möchte fast sagen – wäre dem Ausdruck sein voller Sinn nicht verloren gegangen – eine soziale Geschichte, die der Gruppen und Gruppierungen. Wie diese Grundsee das mediterrane Leben als Ganzes aufwühlt, das ist die Frage, die ich mir im zweiten Teil meines Buches gestellt habe. Dort werden nacheinander die Ökonomien, die Staaten, die Gesellschaften und die Zivilisationen untersucht; und damit mein Verständnis der Geschichte deutlicher wird, versuchte ich schließlich zu zeigen, wie all diese aus der Tiefe wirkenden Kräfte im komplexen Bereich des Krieges am Werk sind. Denn der Krieg ist, wie wir wissen, keine reine Domäne individueller Verantwortlichkeiten.

Der dritte Teil endlich ist der der traditionellen Geschichte; wenn man so will, der Geschichte nicht im Maßstab des Menschen, sondern des Individuums; der Ereignisgeschichte [...]. Eine ruhelos wogende Oberfläche, vom Strom der Gezeiten heftig erregte Wellen. Eine Geschichte kurzer, rascher und nervöser Schwankungen. Überempfindlich, wie sie ist, versetzt der geringste Schritt all ihre Messinstrumente in Alarm. So ist sie von allen die leidenschaftlichste, menschlich reichste, doch die gefährlichste auch. Misstrauen wir dieser Geschichte, deren Glut noch nicht abgekühlt ist, der Geschichte, wie sie die Zeitgenossen im Rhythmus ihres Lebens – das kurz war wie das unsere – empfunden, beschrieben, erlebt haben. Sie hat die Ausmaße ihres Zorns, ihrer Träume und ihrer Illusionen. Im 16. Jahrhundert folgt der eigentlichen Renaissance die Renaissance der Armen, Bescheidenen, die begierig sind zu schreiben, von sich zu erzählen, zu den anderen zu sprechen. Diese kostbaren Berge von Papier geben ein ziemlich verzerrtes Bild, verdecken die verlorene Zeit, stehen außerhalb der Wahrheit. Der Historiker, der die Papiere Philipps II.[1] liest, gleichsam an seinem Platz und an seiner Stelle, fühlt sich in eine bizarre, dimensionslose Welt versetzt. Eine Welt heftiger Leidenschaften, gewiss; blind wie jede lebendige Welt, wie die unsere, unbekümmert um die geschichtlichen Tiefen, um jene lebhaften Gewässer, auf denen unser Boot dahinzieht wie das trunkenste aller Schiffe. Eine gefährliche Welt, deren Zauber wir jedoch gebannt haben werden, sobald wir die großen, lautlosen Strömungen in der Tiefe erkennen, deren Richtung sich nur feststellen lässt, wenn man große Zeiträume umfasst. Die dröhnenden Ereignisse sind oft nur Augenblicke, nur Erscheinungen jener großen Schicksale und erklären sich nur aus diesen.

▲ **Fernand Braudel.**
Foto vom 1. Oktober 1984.

So sind wir dahin gelangt, die Geschichte in mehrere Etagen zu zerlegen oder, wenn man will, in der Zeit der Geschichte eine geografische, eine soziale und eine individuelle Zeit zu unterscheiden.

Fernand Braudel, Das Mittelmeer und die mediterrane Welt in der Epoche Philipps II., Bd. 1, Frankfurt am Main [2]2001, S. 20 f.

1. *Fassen Sie die Thesen von Fernand Braudel zu den verschiedenen historischen Zeitebenen mit eigenen Worten zusammen.*

2. *Erläutern Sie die Aussagen Braudels anhand eines selbst gewählten historischen Beispiels.*

3. *Erörtern Sie, inwiefern der Klimawandel in Braudels Vorstellungen von Geschichte zu integrieren ist.*

[1] **Philipp II.** (1527-1598): seit 1556 König von Spanien, seit 1580 auch König von Portugal

M2 Modernisierungstheorie

Der Historiker Hans-Ulrich Wehler (1931-2014) erläutert den Begriff „Modernisierung", indem er die Vorstellungen anderer Wissenschaftler darlegt, und begründet den Vorteil einer „historischen Modernisierungstheorie":

Modernisierung sei ein revolutionärer, unausweichlicher, irreversibler, globaler, komplexer, systemischer, langwieriger, aber in Phasen unterteilbarer, tendenziell homogenisierender und – last not least – progressiver Prozess. In diesem Modernisierungsprozess setzten sich angeblich vor allem sechs Subprozesse durch:

1. Wirtschaftliches Wachstum als eine kumulative Dauerbewegung industrieller Expansion; sie soll hier nicht weiter verfolgt werden.
2. „Strukturelle Differenzierung", wie sie Herbert Spencer oder vor ihm Adam Smith als Basisaxiom[1] entwickelt hat. Aus dem alteuropäischen „ganzen Haus" gliedert sich eine zunehmend arbeitsteilige Wirtschaft, aus Herrschaft als individueller Verfügungsgewalt über einen Personenverband die überindividuelle Staatsorganisation eines Territoriums, aus dem öffentlichen Leben die bürgerliche Privat- und Intimsphäre aus. Auf einer Integrationsebene müssen dann, ganz à la Spencer, die Differenzierungen wieder vermittelt werden, etwa im Konsens über allgemein akzeptierte Werte.
3. Wertewandel, z. B. im Sinne von Parsons als Übergang von partikularistischen, diffusen, unspezifischen zu universalistischen, funktional spezifizierten Wertemustern, die in Sozialisationsprozessen verinnerlicht und handlungsleitend werden.
4. Mobilisierung. Sie wird verstanden als Erzeugung von räumlicher und sozialer Mobilität, aber auch als Erhöhung der Erwartungen (kulturelle Mobilisierung, Revolution of Rising Expectations) und als Verfügbarmachung von Ressourcen und Mitteln.
5. Partizipation. Je komplizierter die Differenzierung, umso mehr – so der Gedankengang – seien Vermittlungsmechanismen erforderlich, die Teilnahme unabweisbar machen. Und je erfolgreicher die Mobilisierung von Ressourcen sei, umso wichtiger würden Entscheidungsgremien, in denen zur Legitimierung von Präferenzentscheidungen Mitwirkung notwendig werde.
6. Institutionalisierung von Konflikten. Um die Tradition ungeregelter Konflikte überwinden zu können, die noch im 19. Jahrhundert (z. B. im Konflikt zwischen Kapital und Arbeit) tendenziell an die Grenze des Bürgerkrieges führen konnten, sei eine Vermeidungsstrategie erforderlich, die Konflikte dadurch einhegt, dass sie organisations- und verfahrensabhängig gemacht werden. Der gezähmte Konflikt kann fortab zum konfliktimitierenden Ritual werden, bei dem Drohgebärde und Imponiergehabe die potenziell systemsprengende Wirkung ersetzen (Tarifkonflikt).

Den Hauptgewinn des Modernisierungsprozesses sehen viele Theoretiker [...] in der anwachsenden Herrschaft des Menschen über seine natürliche und soziale Umwelt, anders gesagt: in der anhaltenden Ausweitung der Steuerungs- und Leistungskapazitäten. [...]

[...] Die historische Modernisierungstheorie trägt dazu bei:

a) die Voraussetzungen für den epochalen Einschnitt im ausgehenden 18. Jahrhundert weiter zu klären,
b) die Zäsur, den Durchbruch der „Moderne" genauer zu bestimmen,
c) die Folgewirkungen im Okzident und dann für die Welt, die Epoche der Modernisierung präziser als bisher zu analysieren. In diesem Sinn beansprucht sie tendenziell, die moderne Epoche allmählich auf eine adäquate historische Theorie zu bringen. Sie begreift mithin, um es zu wiederholen, Modernisierung als einen auf ganz spezifischen Ausgangskonstellationen beruhenden „bestimmten Typ des sozialen Wandels, der im 18. Jahrhundert eingesetzt hat ..., der seinen Ursprung hat in der englischen Industriellen Revolution ... und in der politischen Französischen (und Amerikanischen) Revolution; er besteht im wirtschaftlichen und politischen Vorangang einiger Pioniergesellschaften und den darauf folgenden Wandlungsprozessen der Nachzügler"; diese stehen vor dem Problem, „ihre historisch überkommene Struktur und ihre typischen Spannungen (einschließlich des Impulses zur Modernisierung) mit den Einwirkungen der von außen kommenden Ideen und Techniken in einen Zusammenhang zu bringen" [Reinhard Bendix].

[...] Für die Analyse dieses okzidentalen Modernisierungsprozesses bietet die historische Modernisierungstheorie mit der Summe aller ihrer Überlegungen und Begriffe, Theoreme[2] und Ergebnisse das zurzeit wahrscheinlich differenzierteste Instrumentarium an.

Hans-Ulrich Wehler, Modernisierungstheorie und Geschichte, Göttingen 1975, S. 16 f. und 59

1. *Geben Sie wieder, was Hans-Ulrich Wehler unter „Modernisierung" und unter „Modernisierungstheorie" versteht.*

2. *Erklären Sie, warum der Begriff „Modernisierung" mehr umfasst als z. B. der Begriff „Industrialisierung".*

3. **+** *Überprüfen Sie, ob sich Braudels Vorstellungen von Zeit (M1) in dem von Wehler beschriebenen Begriff der „Modernisierung" finden.*

[1] **Axiom**: Grundsatz, der keines Beweises bedarf

[2] **Theorem**: Lehrsatz

M3 Globalisierung

Die Historiker Jürgen Osterhammel und Niels P. Petersson erläutern den Begriff „Globalisierung“:

„Globalisierung“ scheint sich schon von der Wortform her für einen Platz unter den Makroprozessen der modernen Welt zu qualifizieren. Man muss den Begriff nicht gleich auf die oberste Ebene, also direkt neben (oder gar über) „Modernisierung“, stellen und in der zunehmenden Verdichtung ferner Zusammenhänge das Hauptmerkmal der Weltentwicklung sehen. Es genügt zu fragen, ob „Globalisierung“ möglicherweise so aussagekräftig und so wichtig sein könnte wie etwa „Industrialisierung“. Das wäre schon eine ganze Menge und würde das Deutungsrepertoire der Geschichtswissenschaft deutlich bereichern. Es wäre umso willkommener, als sich keine der oben genannten „Ierungen“ auf Zusammenhänge zwischen Völkern, Staaten und Zivilisationen bezieht. Sie alle machen sich im nationalen und regionalen Rahmen bemerkbar und werden auch auf diese Weise wissenschaftlich untersucht. Sollte „Globalisierung“ sich einen Rang unter den großen Entwicklungsbegriffen verdienen, dann wäre damit endlich eine breite Lücke gefüllt. Es gäbe dann eine Stelle, an der alles Inter-Kontinentale, Inter-Nationale, Inter-Kulturelle (usw.) untergebracht werden könnte, das gegenwärtig zwischen den etablierten „Diskursen“ der Historiker heimatlos herumvagabundiert.

Dass aber überhaupt eine solche Lücke existiert, liefert uns den Ausgangspunkt für die folgenden Überlegungen. Wir schlagen nicht vor, die bisherige Geschichtsschreibung in Bausch und Bogen zu verwerfen, und hüten uns vor dem albernen Anspruch, die Geschichte der Neuzeit als eine der Globalisierung neu schreiben zu wollen. Wir werden vielmehr versuchen, aus der *Perspektive* von Globalisierung einen neuen Blick auf die Vergangenheit zu werfen. Man kann es auch anders sagen: Dass viele Aspekte unseres Daseins heute nur noch im Zusammenhang weltweiter Verflechtungen verstanden werden können, ist ein Gemeinplatz. Haben solche Verflechtungen aber nicht auch in der Vergangenheit eine größere Rolle gespielt, als es im gängigen Geschichtsbild zum Ausdruck kommt? Welcher Art waren diese Verflechtungen, wie funktionierten sie, und summierten sie sich wirklich zu einem Prozess eigenen Charakters, der es rechtfertigt, den neu geschaffenen Begriff der „Globalisierung“ dafür zu verwenden? Schließlich: Wenn sich die letzte Frage bejahen lässt – kann man dann eine Zeitenwende gegen Ende des 20. Jahrhunderts identifizieren, an der Globalisierungstendenzen so dramatisch und dominant wurden, dass man es wagen kann, von einer tiefen Zäsur, also dem Beginn einer neuen Epoche zu sprechen, eines „globalen Zeitalters“ (Martin Albrow), einer „Zweiten Moderne“ (Ulrich Beck, Anthony Giddens) oder welches Etikett man auch immer wählen mag?

Jürgen Osterhammel und Niels P. Petersson, Geschichte der Globalisierung. Dimensionen. Prozesse. Epochen, München 2003, S. 9 f.

1. *Charakterisieren Sie den Begriff „Globalisierung“ nach Jürgen Osterhammel und Niels P. Petersson.*
2. *Erläutern Sie, was Osterhammel und Petersson mit der „oberste[n] Ebene“ (siehe Zeile 4) meinen und wie sich in ihrer Darstellung „Globalisierung“ dazu verhält.*
3. *Nehmen Sie dazu Stellung, ob die „Globalisierung“ heute etwas grundlegend Neues ist.*

Kompetenz:
Statistische Daten beschreiben und Zusammenhänge analysieren sowie Thesen mit ihrer Hilfe überprüfen

Geschichte in Zahlen

Statistiken stellen eine systematische Sammlung von Informationen in Form von Zahlen dar. Aus ihren Daten lassen sich für einen bestimmten Zeitraum Zustände, Verhältnisse, Zusammenhänge und Entwicklungen ablesen. Statistisches Material begegnet uns in Tabellen oder Diagrammen, die beispielsweise Informationen über die Wahlergebnisse, die Arbeitslosenquote oder die Entwicklung der Geburten eines Landes beinhalten. Statistiken können absolute (genaue, gerundete) Zahlen oder relative Werte wie Prozentangaben enthalten. Einige Statistiken verwenden auch Indexwerte. Hierbei werden Zahlen eines Ausgangsjahres gleich 100 gesetzt und die Daten früherer oder späterer Jahre im Verhältnis zu diesem Bezugspunkt betrachtet.
Die Qualität einer Statistik hängt von der Erhebung der Daten und deren mathematischer Umsetzung ab. Für viele historische Aussagen ist es schwierig, gute Statistiken zu erzeugen, da die Daten fehlen. Denn der Aufschwung der Statistik begann erst zwischen dem 16. und 18. Jahrhundert mit der Entstehung der modernen Staaten, deren Regierungen an möglichst vielen und genauen quantitativen Angaben über ihr Land interessiert waren. Die mathematische Umsetzung der erhobenen Daten lässt sich häufig nicht kontrollieren, da man gewöhnlich lediglich das Ergebnis lesen kann. Daher erfordert die Lektüre von Statistiken einen kritischen Blick.

Formale Kennzeichen

- Um welche *Art* von Statistik handelt es sich? Passt die *Darstellungsweise* zum Thema (Tabelle, Kreis-, Kurven-, Säulendiagramm etc.)?
- Wer hat die Statistik wann und wo *erstellt, veröffentlicht* oder in *Auftrag* gegeben?

Inhalt

- Worüber informiert die Statistik (*Thema/Inhalt, Zeit, Raum, Messgrößen*)?
- Welche *Zahlenwerte* (absolute Werte, Prozentangaben, Indizes) werden verwendet?
- Woher stammt das statistische Material? Sind Rückschlüsse auf die *Zuverlässigkeit* möglich?
- Welche *Zustände* oder *Entwicklungen* lassen sich ablesen?
- Welche *Fachbegriffe* kommen vor und müssen geklärt werden? Welches *Hintergrundwissen* ist zur Einordnung nützlich?

Historischer Kontext

- Auf welchen *Zeitraum*, welches *Ereignis* oder welchen *Sachverhalt* bezieht sich die Statistik?

Intention und Wirkung

- Welche *Aussage* (*Absicht*) lässt sich der Statistik entnehmen?
- Kann die *Zielgruppe* bestimmt werden?
- Müssen die Angaben durch *andere Informationen* ergänzt werden?
- Stimmen die *Aussagen* der Statistik mit anderen Quellen überein?

Beispiel und Analyse

	1750	1800	1830	1860	1880	1900
Großbritannien	1,9	4,3	9,5	19,9	22,9	18,5
Habsburger Reich	2,9	3,2	3,2	4,2	4,4	4,7
Frankreich	4,0	4,2	5,2	7,9	7,8	6,8
Deutsche Staaten/Deutschland	2,9	3,5	3,5	4,9	8,5	13,2
Italienische Staaten/Italien	2,4	2,5	2,3	2,5	2,5	2,5
Russland	5,0	5,6	5,6	7,0	7,6	8,8
USA	0,1	0,8	2,4	7,2	14,7	23,6
Japan	3,8	3,5	2,8	2,6	2,4	2,4
China	32,8	33,3	29,8	19,7	12,5	6,2
Indien/Pakistan	24,5	19,7	17,6	8,6	2,8	1,7
Andere	19,7	19,4	18,1	15,5	13,9	11,6

▲ **Relative Anteile an der Weltindustrieproduktion (in Prozent).**
Nach: Paul Kennedy, Aufstieg und Fall der großen Mächte, Frankfurt am Main 1991, S. 237

Formale Kennzeichen ■ Die Statistik stammt aus einem fachwissenschaftlichen Buch aus dem Jahr 1991. Der Auftraggeber ist nicht festzustellen, vermutlich ist die Statistik im Zusammenhang mit der Publikation entstanden. Die Darstellung des statistischen Materials in Tabellenform ist dem Thema angemessen.

Inhalt ■ Die Statistik stellt die relativen Anteile ausgewählter Länder an der weltweiten Industrieproduktion in Prozent dar. Sie trifft keine Aussage über den Umfang der Weltindustrieproduktion. Auf welchen Daten die Statistik beruht, geht nicht hervor. Rückschlüsse auf die Zuverlässigkeit des statistischen Materials sind daher nicht möglich.
Die Statistik umfasst den Zeitraum von 1750 bis 1900. Es werden mehr Daten für die zweite Hälfte des 19. Jahrhunderts dargestellt als für die zweite Hälfte des 18. oder die erste Hälfte des 19. Jahrhunderts. Die Daten zeigen eine klare Entwicklung. Einige Länder gewinnen an Anteilen an der Weltindustrieproduktion (z.B. Großbritannien, USA), andere Länder verlieren (z.B. China, Indien/Pakistan). Die Statistik zeigt auch, in welchen Zeiten diese Verschiebungen besonders stark waren, nämlich 1830 und 1860 für Großbritannien und 1860 und 1900 für die USA. Darüber hinaus zeigt sie einen etwas geringeren Bedeutungsgewinn für Deutsche Staaten/Deutschland und andere europäische Länder, einschließlich Russland. Massive Bedeutungsverluste erlitten dagegen die großen kontinentalasiatischen Länder China und Indien/Pakistan, im geringeren Umfang auch Japan und die übrige Welt.

Historischer Kontext ■ Die Statistik beleuchtet die Entwicklung der Weltindustrieproduktion vor dem Hintergrund der Industrialisierung. In England begann sie in der zweiten Hälfte des 18. Jahrhunderts, in anderen westeuropäischen Ländern, in den USA und Asien setzte sie später ein.
Aus der Statistik lassen sich allerdings keine Rückschlüsse auf den Umfang von Industrialisierungs- und De-Industrialisierungsprozessen schließen, sondern lediglich auf Verschiebungen zwischen verschiedenen Ländern von 1750 bis 1900.

Intention und Wirkung Die Statistik hat offenkundig das Interesse, Aussagen über die besondere Entwicklung der relativen Anteile Großbritanniens, der USA, Indiens/Pakistans und Chinas zu treffen. Die Informationen über andere Länder sind weniger prägnant oder unkenntlich. So werden einige relativ große Länder wie Mexiko in der Rubrik „Andere" zusammengefasst. Die Darstellungsweise verzerrt die Daten aber nicht. Kritisch kann lediglich angemerkt werden, dass die Datenbasis unklar ist und nicht geklärt ist, was denn genau unter „Industrieproduktion" verstanden wird.

1. *Vergleichen Sie die Entwicklung der Industrieproduktion von Europa, den USA und Asien.*
2. *Erörtern Sie, inwiefern die Veränderung relativer Anteile Ausdruck von Entwicklungen in absoluten Zahlen ist.*
3. *Setzen Sie die Daten der Tabelle in Verbindung mit der Geschichte Chinas im 19. Jahrhundert (siehe hierzu Seite 102 ff.). Überprüfen Sie, inwiefern historische Fakten die in der Statistik gezeigte Entwicklung stützen.*

Jahr	Gesamtwert in Hongkong-Tael*	Tee	Seide	Ölsaat	Bohnen	Felle/ Leder	Baumwolle	Wolle	Kohle	andere Artikel
1868	6182000	53,8	39,7	–	1,0	–	0,9	–	–	4,6
1880	7788400	45,9	38,0	0,1	0,2	0,5	0,2	0,4	–	14,7
1890	8714400	30,6	33,9	0,6	0,4	1,4	3,4	1,6	–	18,1
1900	15899700	16,0	30,4	2,5	1,9	4,3	6,2	1,9	–	36,8
1905	22788800	11,2	30,1	3,4	3,0	6,6	5,3	3,7	–	36,7
1913	40330600	8,4	25,3	7,8	5,8	6,0	4,1	2,4	1,6	38,6

Jahr	Gesamtwert in Hongkong-Tael*	Opium	Baumwollwaren	Baumwollgarn	Getreide	Zucker	Tabak	Kohle	Petroleum	Erze, Metalle	Maschinen, Fahrzeuge	andere Artikel
1868	6328200	33,1	29,0	2,5	0,8	0,8	–	2,1	–	4,8	–	26,9
1880	7929300	39,3	24,9	4,6	0,1	0,4	–	1,2	–	5,5	–	24,0
1890	12709300	19,5	20,2	15,3	9,6	0,9	–	1,6	3,2	5,7	0,3	23,7
1900	21107000	14,8	21,5	14,3	7,0	3,0	0,5	3,1	6,6	4,7	0,7	23,8
1905	44710100	7,7	25,6	15,0	2,9	5,1	1,4	1,6	4,5	10,4	3,0	22,8
1913	57016300	7,4	19,3	12,7	5,2	6,4	2,9	1,7	4,5	5,3	2,2	32,4

* zu 0,75 Hongkong-Dollar (um 1880 - 1913)

▲ **Chinesische Exporte (oben) und Importe (unten) im Zeitalter des Imperialismus (Warenanteile in Prozent).**
Nach: Der Große Ploetz. Die Enzyklopädie der Weltgeschichte, Freiburg im Breisgau [35]2008, S. 1212 f.

▪ *Analysieren Sie die Statistiken mithilfe der Leitfragen auf Seite 130.*

Rätsel

1. Rund acht Millionen arbeiteten von ihnen im Oktober 1944 für die deutsche Wirtschaft *(1. und 2. Buchstabe)*

2. Wohnlager für Flüchtlinge und Vertriebene in Niedersachsen *(7. Buchstabe)*

3. Staatliche Zwangsmaßnahme zur zielgerichteten Verlagerung von Siedlungsschwerpunkten größerer (Minderheiten-)Gruppen *(9. Buchstabe)*

4. Politikwissenschaftler, der Konflikte zwischen Kulturen als größte Gefahr für den Frieden sieht (Nachname) *(7. Buchstabe)*

5. Eines der drei Hauptaufnahmegebiete von Flüchtlingen und Vertriebenen in den deutschen Westzonen *(7. Buchstabe)*

6. Veränderungen grundlegender Strukturen einer Gesellschaft innerhalb eines überschaubaren Zeitraums *(9. und 12. Buchstabe)*

7. Gesetz von 1952 zur Entschädigung von Vermögensverlusten Vertriebener *(10. Buchstabe)*

8. Historiker, der sich mit Wandel und Kontinuität in der Geschichte auseinandersetzte (Nachname) *(2. und 3. Buchstabe)*

9. 1950 von den Vertriebenenverbänden verkündet *(5. Buchstabe)*

10. Gewaltsames Entfernen einer Minderheit vom Territorium eines Staates *(5. Buchstabe)*

11. Angehörige deutscher Minderheiten in Ost-, Ostmittel- und Südosteuropa, die nicht über eine deutsche Staatsangehörigkeit verfügten *(2. Buchstabe)*

12. Dieses Lager in Deutschland beherbergte bis 1957 jüdische „Displaced Persons" *(6. Buchstabe)*

Lösungswort:

Zur Auswertung des Rätsels siehe Clip-Code 7315-02.

Recherche und Präsentation

Flucht im Zweiten Weltkrieg

1. + *Recherchieren Sie im Internet und/oder in Fachbüchern über die Bedingungen der Flucht von Marion Gräfin Dönhoff aus Ostpreußen. Fassen Sie Ihre Ergebnisse in Form eines Plakates zusammen. Vergleichen Sie anschließend das Flüchtlingsschicksal mit anderen Beispielen in diesem Buch (siehe Seite 29, 36 und 37).*

Warum in den Orient reisen?

2. + *Versetzen Sie sich in die Rolle eines im späten 13. Jahrhundert lebenden Christen aus Westeuropa. Halten Sie vor Ihren Mitschülern eine Rede, aus welchen Motiven Sie a) eine Pilgerfahrt oder b) einen Kreuzzug ins Heilige Land unternehmen wollen und welche Voraussetzungen dafür jeweils notwendig sind. Zur Vorbereitung können Sie die Darstellung auf Seite 74 und 79 f. heranziehen.*

Boxerbewegung in China

3. + *Recherchieren Sie über die Boxerbewegung in China um 1900. Verfassen Sie anschließend auf der Grundlage Ihrer Ergebnisse einen Zeitungsartikel mit der Überschrift „Reaktionen auf den imperialistischen Einfluss: der Boxeraufstand". Berücksichtigen Sie dabei auch die beiden Materialien auf Seite 118 f.*

Geschichts- und Erinnerungskultur

▸ **Ausstellung „Zweite Heimat".**
Foto (Ausschnitt) vom 14. März 2004 aus dem „Haus der Geschichte" in Wittenberg (Sachsen-Anhalt). Ein kurzes Video zur Ausstellung finden Sie unter www.pflug-ev.de/zweite%20heimat.htm
▪ + *Bereiten Sie eine Präsentation anhand eines selbst gewählten Beispiels von Flucht und Vertreibung vor, in der Sie die Hintergründe der Zwangswanderung beleuchten.*
Tipp: www.dhm.de/lemo/html/wk2/kriegsverlauf/massenflucht

Aufgabenstellung

In einer Abiturklausur werden die Aufgaben zusätzlich zum **Pflicht-** und **Kernmodul** eines Semesters ein Thema eines weiteren Semesters (**Semesterübergriff**) ansprechen, und Sie werden in Form einer offenen Frage Kenntnisse über ein **Wahlmodul** einbringen müssen. Im Abitur erhalten Sie unterschiedliche Aufgaben für gA- und eA-Kurse (grundlegendes und erhöhtes Anforderungsniveau).

Pflichtmodul

1. *Fassen Sie M1 und M2 jeweils nach einer textkritischen Einführung zusammen.*
2. *Setzen Sie M1 und M2 in Beziehung und erläutern Sie die historischen Bezüge in beiden Texten.*

Pflicht-, Kern- und Wahlmodul

3. *a) Erläutern Sie anhand eines selbst gewählten historischen Beispiels das Phänomen Kulturkontakt.*
   b) Erläutern Sie ausgehend von M1, M2 und M3, inwiefern sich Vorgeschichte und Folgen von Flucht und Vertreibung im Umfeld des Zweiten Weltkrieges mithilfe einer Ihnen bekannten Theorie von Kulturkontakt bzw. -verflechtung vergleichen lassen.

Semesterübergriff

4. *Erörtern Sie ausgehend von M4 und unter Bezugnahme auf M1 und M2 die Problematik eines Erinnerns an Flucht und Vertreibung in Deutschland. Berücksichtigen Sie dabei auch den Zusammenhang mit dem nationalen Selbstverständnis in der Bundesrepublik.*

Materialien

M1 „Zentrum gegen Vertreibungen"

Im Jahr 2000 wird unter Federführung von Erika Steinbach, Präsidentin des Bundes der Vertriebenen, und Peter Glotz, ehemaliger SPD-Bundestagsabgeordneter, die Stiftung „Zentrum gegen Vertreibungen" gegründet. Das Vorhaben löst eine breite Debatte über die Formen des Erinnerns aus und stößt vor allem in Polen und Tschechien auf scharfe Kritik. Im Mai 2002 schreibt Steinbach:

Die Stiftung „Zentrum gegen Vertreibungen" hat sich zur Aufgabe gemacht, einen Überblick über die Integration von 15 Millionen Vertriebenen in Deutschland zu geben, Geschichte und Schicksal der deutschen Heimatvertriebenen aufzuarbeiten und der Vertreibung anderer Völker Raum zu geben. Sie will mit einem Informations- und Dokumentationszentrum dazu beitragen, dass Vertreibung als Mittel von Politik geächtet wird.

Das ist eine Aufgabe der Deutschen selbst. Deutschland muss diesen Teil seiner Geschichte aufarbeiten und sich mit ihm auseinandersetzen.

Es muss deshalb in Deutschland endlich einen Ort geben, an dem dieser dramatische Teil einer gigantischen Bevölkerungsverschiebung erfahrbar wird. Es muss einen Ort geben, an dem erkennbar wird, in welchem Ausmaß die Integration der deutschen Heimatvertriebenen das Land, seine Städte und Dörfer verändert hat. [...] Deshalb ist Berlin als deutsche Hauptstadt für das „Zentrum gegen Vertreibungen" der richtige Sitz.

Die Vertreibungsgebiete befinden sich in ganz Mittel-, Ost- und Südosteuropa und umfassen insbesondere Estland, Lettland, Russland, Rumänien, Jugoslawien, Polen, die Tschechoslowakei und Ungarn. Es ist erfreulich, dass sich in Polen ein lebhaftes Interesse für das „Zentrum gegen Vertreibungen" zeigt, ja, dass es Stimmen gibt, die diese Einrichtung in Breslau angesiedelt haben möchten. Es wäre begrüßenswert, wenn sich in Prag oder anderen europäischen Vertreibungsgebieten eine gleichermaßen offene Diskussion entfalten würde. [...]

Es ist ein zentrales Anliegen der Stiftung „Zentrum gegen Vertreibungen", das Schicksal anderer europäischer Heimatvertriebener nicht auszublenden, sondern zu einem integralen Bestandteil in Berlin zu machen. Dazu sind auch Persönlichkeiten aus unseren Nachbarländern als Ratgeber willkommen.

Der Bund der Vertriebenen hat am 6.9.2000 mit dieser gemeinnützigen Stiftung einen wichtigen Schritt getan. Über den Schmerz des eigenen Schicksals hinaus wird das Thema Vertreibung als ein universelles Menschenrechtsanliegen aufgegriffen. Nicht nur persönliches Leid, sondern der Blick und das Mitgefühl für andere Opfer prägen das Stiftungsanliegen.

Zentrum gegen Vertreibungen. Diskussion in Polen und in Deutschland. Pressemitteilung des Bundes der Vertriebenen Nr. 17 vom 16.5.2002, zitiert nach: www.bund-der-vertriebenen.de/presse/index.php3?id=19 (Zugriff: 4. März 2014)

M2 „Was haben wir uns angetan?"

In einem Interview mit der Wochenzeitung „Die Zeit" am 28. August 2003 spricht der damalige Außenminister Joschka Fischer über ein mögliches Zentrum gegen Vertreibungen und über das Geschichtsbild der Deutschen:

ZEIT: Herr Außenminister, in Berlin soll ein Zentrum gegen Vertreibungen gebaut werden. Sie selbst waren ungarndeutsches Flüchtlingskind. Wie stehen Sie zu der Idee?

Fischer: Die gegenwärtige Debatte über Deutsche als Opfer, die vor allem mit dem deutschen Rückzug und dem Vormarsch der Roten Armee beginnt, halte ich für völlig verkürzt. Ich sage das auch vor dem Hintergrund des Schicksals meiner eigenen Familie. Wenn wir über Vertreibung sprechen, kann man das, was vorher war, nicht außen vor lassen. Sonst kommt man zu einer völlig falschen Debatte, die da lautet: Die Deutschen waren auch Opfer. Damit relativiert man die historische Schuld und kommt in die unheilvolle Konfrontation einer verzerrten Geschichtswahrnehmung, die weder der Wirklichkeit entspricht noch unseren europäischen Interessen. Die Debatte, die noch offen ist, heißt: Was haben wir uns selbst angetan? Was haben wir dadurch verloren?

ZEIT: Haben das die Deutschen mehr als 50 Jahre nach dem Ende des Krieges noch nicht debattiert?

Fischer: Wir haben offenbar noch nicht wirklich debattiert, was wir verloren haben mit der Selbstzerstörung. Den Schmerz über das Verlorene kann ich gut verstehen. Aber es muss der Schmerz darüber sein, was wir uns selbst angetan haben, und nicht darüber, was andere uns angetan haben.

ZEIT: Aber auch das ist Opferschmerz.

Fischer: Der Schmerz über das Verlorene, über die Zerstörung der deutsch-jüdischen Symbiose, der Schmerz über den unwiederbringlichen Verlust an Kultur, der Schmerz, den man empfindet, wenn man heute etwa in Galizien [Südukraine und Westpolen] oder Thessaloniki [Griechenland] ist, der Schmerz über den Verlust dieser alten jüdischen Kultur, die dort von den Nationalsozialisten dauerhaft zerstört wurde – das alles ist auch eine Selbstzerstörung deutscher Kultur.

Das endete mit der Zerstörung alter deutscher Städte, mit dem Verlust der Heimat und mit der Zerstörung alter deutscher Minderheiten in Südost- und Osteuropa. Dieser Selbstzerstörung kann man allerdings nicht gedenken, indem man bei 1944 beginnt. Das muss früher beginnen. [...]
[...] Wenn man das Thema der Vertreibung national erinnern will, dann geht es nicht um eine Gedenkstätte zur Erinnerung an die Vertriebenen, sondern dann muss es ein Projekt sein, das die deutsche Selbstzerstörung thematisiert. Wenn man beim Aspekt „gegen die Vertreibung" ansetzen will, dann muss das in einem europäischen Kontext stehen, darf es also kein nationales Projekt sein. Denn sonst besteht der begründete Verdacht, dass es letztlich auf das Umschreiben von Geschichte hinausläuft, also eine Täter-Opfer-Verkehrung.

„Was haben wir uns angetan?" Interview der ZEIT mit Außenminister Joschka Fischer vom 28.8.2003, zitiert nach: www.zeit.de/2003/36/Fischer/ (Zugriff: 4. März 2014)

M3 Im Fremden zuhause

Der Journalist Norbert F. Plötzl schreibt 2011 über die Ausgrenzung der Flüchtlinge und Vertriebenen im Westen:

Als Millionen Vertriebene und Flüchtlinge aus den Siedlungsgebieten im Osten verjagt wurden und in das zerstörte Rest-Deutschland drängten, waren sie für die meisten Einheimischen keine Landsleute mehr, sondern unerwünschte Fremdlinge.
Sie wurden als „Polacken" beschimpft, obwohl sie gerade wegen ihres Deutschseins aus der angestammten Heimat ausgewiesen worden waren. Vertriebenensiedlungen wurden als „Neukorea" oder „Bolschewikien" verspottet. [...]
Für die Alteingesessenen waren sie bestenfalls Exoten. Die Neuankömmlinge brachten die hergebrachten Sitten und Strukturen durcheinander. Plötzlich wurden bislang rein evangelische Landstriche von katholischen Schlesiern und Sudetendeutschen bevölkert oder katholische Gegenden von protestantischen Pommern und Ostpreußen durchmischt. [...]
Sie hatten sich nicht aussuchen können, wohin sie kamen. Die Alliierten hatten sich auf bestimmte Kontingente für ihre Besatzungszonen geeinigt und brachten die Vertriebenen dort unter, wo noch Kapazitäten vorhanden schienen. [...]
Nicht nur der schon an der NS-„Volksforschung" beteiligte Vertriebenensoziologe Max Hildebert Boehm beklagte diese „vollkommene Zerstückelung, Zerstreuung und Zerstörung der ostdeutschen Volkstumsgruppen". Auch ein Linker wie Günter Grass erklärte, man habe „die ostdeutschen Provinzen zweimal verloren": zuerst territorial als Ergebnis des selbstverschuldeten Weltkrieges, dann aber auch kulturell durch die selbstverschuldeten Fehler der Nachkriegszeit.
Man hätte, meint Grass, die Flüchtlinge nach 1945 zwar nicht in isolierten, aber doch „geschlossenen Wohngebieten" ansiedeln sollen, „um so das gemeinsame Geisteserbe" Ostdeutschlands bewahren zu können – nicht zuletzt die unterdessen „praktisch verlorenen Dialekte"; immerhin sei zum Beispiel Schlesisch „die Wiege der deutschen Barockliteratur" gewesen. Grass: „Es ist auch ein Stück Kultur verloren gegangen, und zwar unwiederbringlich."

Norbert F. Plötzl, Hitlers letzte Opfer, in: Annette Großbongardt, Uwe Klußmann und Norbert F. Pötzl (Hrsg.), Die Deutschen im Osten Europas. Eroberer, Siedler, Vertriebene, Bonn 2011, S. 235-247, hier S. 235-240

M4 Die Bundesrepublik als „Opfergesellschaft"?

Der Historiker K. Erik Franzen schreibt 2003 zum neueren „Opferdiskurs" in der Bundesrepublik:

Opfer stellen Forderungen. Die Wiederkehr des Opferdiskurses der fünfziger Jahre im neo-nationalen Gewand wird jedoch in der politischen Ausrichtung anders instrumentalisiert: Die öffentliche Debatte dient heute nicht mehr zur innenpolitischen Stabilisierung der frühen Nachkriegsgesellschaft, für die der Integrationsprozess von Einheimischen und Neuhinzugekommenen auf vielen Ebenen ein ernsthaftes Problem – und eben keine einfache Erfolgsgeschichte – darstellte. Heute ist der Vertriebenendiskurs vielmehr außenpolitisch konnotiert, wie die kontroversen Diskussionen um den EU-Beitritt Polens und Tschechiens belegen: Ein neues Deutschland in der Mitte eines neuen Europa ringt mit seinem zunehmend extrovertiert zur Schau getragenen neuen Selbstbewusstsein.
[...] Die Gefahr der momentanen Debatte liegt darin, dass sich das Diskursklima in der Bundesrepublik von diesem einseitigen „Charme des Opferstatus" [Samuel Salzborn] beeindrucken und beeinflussen lässt und daraus eine Verschiebung der Erinnerungshaltung resultiert. „Neben die dominante Erinnerung an den Holocaust tritt eine Erinnerung an die Leiden der Deutschen, an die Vertreibung und die Opfer, die das deutsche Volk hat bringen müssen. [...] Es gibt Anzeichen dafür, dass die Bundesrepublik mehr und mehr als Opfergesellschaft konzipiert wird und sich somit moralisch einreiht in die Gesellschaften, die unter der nationalsozialistischen Herrschaft gelitten haben." [Harald Welzer]

K. Erik Franzen, In der neuen Mitte der Erinnerung. Anmerkungen zur Funktion eines Opferdiskurses, in: Zeitschrift für Geschichtswissenschaft, 51. 2003, H. 1, S. 49-53, hier S. 52

Erwartungshorizont

Zu Aufgabe 1

- Der Textauszug M1 stammt aus einer Pressemitteilung des Bundes der Vertriebenen zum Thema „Zentrum gegen Vertreibungen. Diskussion in Polen und in Deutschland“ vom Mai 2002. Darin beschäftigt sich Erika Steinbach, die Präsidentin des Bundes, mit der zwei Jahre zuvor gegründeten Stiftung „Zentrum gegen Vertreibungen“. Ihre Intention ist es, der interessierten Öffentlichkeit innerhalb und außerhalb Deutschlands darzulegen, was das Anliegen der Stiftung ist und warum diese ihren Sitz in Berlin haben soll. Steinbach benennt als Aufgaben der Stiftung die Aufarbeitung der Geschichte und des Schicksals der deutschen Flüchtlinge und Vertriebenen und auch anderer Zwangsmigranten in Europa. Ein geplantes Informations- und Dokumentationszentrum solle dazu beitragen, dass Vertreibung als ein universelles Menschenrechtsanliegen aufgegriffen und als Mittel der Politik geächtet werde. Dies sei vorrangig eine Aufgabe der Deutschen, da es sich um einen wichtigen Teil der deutschen Geschichte handele. Entsprechend müsse der Sitz des „Zentrums gegen Vertreibungen“, als Ort, an dem jener „dramatische Teil einer gigantischen Bevölkerungsverschiebung“ (Zeile 13 f.) sichtbar werde, in Berlin und nicht an einem anderen Ort in Europa liegen.
- Der Textauszug M2 stammt aus einem Interview, das der ehemalige deutsche Außenminister Joschka Fischer der Wochenzeitung „Die Zeit“ im August 2003 gegeben hat. Auf Nachfrage äußert sich Fischer darin zu den Plänen für ein „Zentrum gegen Vertreibungen“, das in Berlin entstehen soll. Mit Bezug auf das Geschichtsbild der Deutschen weist Fischer darauf hin, dass die Debatte über „Deutsche als Opfer“ im Zusammenhang von Flucht und Vertreibung zu kurz greife. Die Vorgeschichte dürfe nicht ausgeblendet werden, denn ansonsten laufe man Gefahr, durch eine Konzentration auf die Opferperspektive Täter und Opfer zu verkehren und die historische Schuld der Deutschen zu relativieren. Im Vordergrund müsse nicht die Frage stehen, was andere den Deutschen, sondern was die Deutschen sich selbst angetan hätten. Damit müsse man aber schon vor 1944 ansetzen. Wenn man also eine Gedenkstätte schaffen wolle, dann besser eine, die sich mit der Geschichte der deutschen Selbstzerstörung beschäftige. Es dürfe sich dabei außerdem keinesfalls um ein nationales Projekt handeln.

Zu Aufgabe 2

- Im Hintergrund beider Texte steht der Plan des Bundes der Vertriebenen, in Berlin ein „Zentrum gegen Vertreibungen“ zu gründen.
- Erika Steinbach (M1) tritt für die Schaffung einer solchen Gedenkstätte ein. Ihr Hauptaugenmerk gilt dabei den deutschen Flüchtlingen und Vertriebenen, die aus Ost-, Ostmittel- und Südosteuropa stammen, ihrer Geschichte, ihrem Schicksal und ihrer Integration in Deutschland.
- Steinbach nimmt damit Bezug auf die ca. 12,5 Millionen Flüchtlinge und Vertriebenen, die ab 1944 aus den ehemaligen Ostgebieten des Deutschen Reiches und den Siedlungsgebieten der „Volksdeutschen“ in das Gebiet der Bundesrepublik Deutschland und der DDR gelangt waren. Ihre Zwangsmigration fand unter menschenunwürdigen Bedingungen und Umständen statt. Die Integration der Flüchtlinge und Vertriebenen im Nachkriegsdeutschland gestaltete sich schwierig. Unterbringung und Versorgung waren häufig schlecht, die Eingesessenen reagierten nicht selten mit Ablehnung. Die Anstrengungen der Flüchtlinge und Vertriebenen sowie staatliche Maßnahmen wie die Währungsreform (1948) oder das Lastenausgleichsgesetz (1952) führten jedoch langfristig zu einer erfolgreichen Integration.

- Joschka Fischer (M2) gibt zu bedenken, dass, wenn man das Thema „Vertreibung" erinnern wolle, es eingebettet sein müsse in den größeren Zusammenhang deutscher Selbstzerstörung. Dabei könne man allerdings nicht 1944 ansetzen, also mit dem deutschen Rückzug und dem Vormarsch der Roten Armee, sondern müsse viel früher beginnen. Zu berücksichtigen wären in diesem Zusammenhang etwa die Zerstörung der alten jüdischen Kultur und der deutsch-jüdischen Symbiose in Ost- und Südosteuropa, dann aber auch die Zerstörung alter deutscher Städte und deutscher Minderheiten in Südost- und Osteuropa.
- Fischer geht es um den größeren Zusammenhang von Flucht und Vertreibung, den er mit der „deutschen Selbstzerstörung" umreißt. Dabei spielt die Vorgeschichte – vor 1944 – eine entscheidende Rolle: Die Politik der Nationalsozialisten sprengte mit dem Holocaust, dem deutschen Angriffskrieg und dem Besatzungsterror jegliche Maßstäbe. So wäre der Zweite Weltkrieg mit seinen genozidalen Erscheinungsformen als Ursache für Flucht und Vertreibung einzubeziehen.
- Schließlich spricht sich Steinbach zwar für eine Berücksichtigung anderer Vertreibungen in Europa aus, ihr Fokus liegt jedoch auf den deutschen Flüchtlingen und Vertriebenen, was sich auch in ihrem Eintreten für einen Sitz des geplanten Zentrums in Berlin zeigt. Demgegenüber plädiert Fischer mit Blick auf eine Auseinandersetzung mit Flucht und Vertreibung gegen ein nationales Projekt in Deutschland und für eine enge europäische Zusammenarbeit.

Zu Aufgabe 3a

- Kulturkontakt-Theorien gehen davon aus, dass Menschen einer bestimmten Kultur angehören und als deren Vertreter zu sehen sind. Die Geschichte der Menschheit wird entsprechend als Abfolge von Kulturkontakten betrachtet. So wird zum Beispiel die Geschichte des Römischen Reiches als Geschichte der Verbreitung der römischen Kultur, also als „Romanisierung", angesehen.
- Gegen die Vorstellung einer einfachen „Übertragung" von Kultur ist vielfach eingewendet worden, dass Kulturkontakt vielmehr immer eine Vermischung zur Folge habe. So habe das Römische Reich nicht nur seine Kultur verbreitet, sondern sei auch selbst durch den Kontakt mit anderen Kulturen verändert worden. Ein gutes Beispiel hierfür ist die Ausbreitung des Christentums im Römischen Reich. Daher ist es treffender, von einer fortwährenden Geschichte des Kulturaustausches und der kulturellen Vermischung zu sprechen. Entsprechend gibt es keine „reinen" Kulturen, sondern Kulturen sind immer das Ergebnis eines kontinuierlichen kulturellen Austausches.

Zu Aufgabe 3b

- Am ehesten auf die Vorgeschichte und Folgen von Flucht und Vertreibung passend scheint Urs Bitterlis Ansatz der „Kulturverflechtung". Hierunter versteht er ein länger dauerndes Zusammenleben und -wirken von Bevölkerungsgruppen verschiedener Kultur im selben geografischen Raum. Zum einen lässt sich in der Vorgeschichte von Flucht und Vertreibung die multikulturelle Welt Mitteleuropas, wo griechisch-orthodoxe und armenische Christen, Katholiken und Protestanten, Altgläubige und Juden zusammenlebten, als ein Raum intensiver kultureller Verflechtungen bezeichnen. Auch Joschka Fischer (M2) nimmt auf solche kulturellen Verflechtungszonen in Ost- und Südosteuropa Bezug. Diese wurden jedoch durch Völkermord und das Streben nach einer Homogenisierung von Nationalstaaten fast vollständig „entflechtet".

- Auch den Prozess der Integration der Flüchtlinge und Vertriebenen in Deutschland, der nach Erika Steinbach (M1) das Land, seine Städte und Dörfer verändert hat, kann als Ausprägung von Kulturbegegnung und -verflechtung beschrieben werden. Zwar ist es fraglich, ob man in Bezug auf die Vertriebenen und die Einheimischen tatsächlich von Menschen, die verschiedenen Kulturen angehörten, sprechen kann, doch bei ihrer Ankunft wurden die Neuankömmlinge vielfach so behandelt. Wie Norbert F. Plötzl (M3) schreibt, brachten sie die Sitten und Strukturen ihrer neuen Heimat durcheinander: So wurden zum Beispiel bislang rein evangelische Landstriche von katholischen Schlesiern und Sudetendeutschen oder katholische Gegenden von protestantischen Pommern und Ostpreußen bevölkert. Langfristig kam es zwar zu einer erfolgreichen Integration, die auch Erika Steinbach erwähnt, jedoch verbreitet zum Preis eines Verlustes des ostdeutschen Kulturerbes, wie ihn etwa Günter Grass beklagt. Es liegt also ein kultureller Anpassungsprozess vor, der beide Seiten – sowohl Deutschland und die Einheimischen als auch die Flüchtlinge und Vertriebenen betrifft.

Zu Aufgabe 4

- Anfang des 21. Jahrhunderts steht das Erinnern an Flucht und Vertreibung in Deutschland an einem Wendepunkt: Die Generation, die Flucht und Vertreibung selbst bewusst erlebt hat, stirbt langsam aus. Deshalb gibt es ein Interesse daran, das kommunikative Gedächtnis an Flucht und Vertreibung hinüberzuretten in das kulturelle Gedächtnis. In diesen Zusammenhang gehört zum Beispiel auch das Anliegen, die Geschichtskultur in Deutschland durch ein „Zentrum gegen Vertreibungen“ zu ergänzen.
- Mit diesem Ansinnen hängen eine bestimmte Deutung der Vergangenheit sowie eine bestimmte Perspektive auf Gegenwart und Zukunft zusammen.
- Mit Blick auf die Vergangenheitsdeutung stellt sich die Konzentration der Erinnerung auf die Geschichte und das Schicksal der deutschen Vertriebenen, wie sie Erika Steinbach (M1) zu vertreten scheint, als problematisch dar. Werden nämlich die Vorgeschichte und damit die Hintergründe von Flucht und Vertreibung ausgeblendet, droht eine Perspektive, die die Deutschen immer stärker als Opfer und damit immer weniger als Täter wahrnimmt. Damit bestünde also die Gefahr einer „Täter-Opfer-Verkehrung“, vor der Joschka Fischer (M2) warnt.
- Diese Bedenken teilt auch K. Erik Franzen (M4). Er spricht mit Harald Welzer davon, dass die Bundesrepublik mehr und mehr als „Opfergesellschaft“ konzipiert werde, in der neben die Erinnerung an den Holocaust die Erinnerung an die Leiden der Deutschen trete und die sich moralisch in die Gesellschaften einreihe, die unter der nationalsozialistischen Herrschaft gelitten haben.
- Auch um dem zu begegnen, schlägt Joschka Fischer vor, eine Erinnerung an Flucht und Vertreibung nicht nur in einem weiteren zeitlichen Kontext zu fassen, sondern auch in Form einer intensiven europäischen Zusammenarbeit zu verwirklichen. Eine Kooperation mit europäischen Partnern schlägt zwar auch Erika Steinbach nicht aus, doch für sie ist das geplante Zentrum in erster Linie ein deutsches Projekt. Dabei will sie das Schicksal anderer europäischer Zwangsmigranten ausdrücklich mitberücksichtigt sehen, um so mit Blick auf die Zukunft dazu beizutragen, dass Vertreibung als Mittel der Politik geächtet wird. Zu bedenken ist dabei jedoch, dass eine europäische Gedächtniskultur und ein gemeinsames Eintreten „gegen Vertreibungen“ nicht dazu führen dürfen, dass deutsche Verbrechen „ebenbürtig“ gemacht werden und deutsche Schuld in Europa „abgeladen“ wird.

Die hervorgehobenen Seitenzahlen verweisen auf kurze biografische Informationen.

Die hervorgehobenen Seitenzahlen verweisen auf Begriffserläuterungen.

Archiv für Kunst und Geschichte, Berlin – S. 6, 14, 78, 89, 106, 108; Archiv für Kunst und Geschichte / Gilles Mermet – S. 75; Stefan Aust / Stephan Burgdorff (Hrsg.), Die Flucht. Über die Vertreibung der Deutschen aus dem Osten, München 2005, S. 137 – S. 42; Bibliothéque Nationale de France, Paris – S. 76, 93; Bischöfliches Dom- und Diözesanmuseum, Mainz (Sensum, Bernd Schermily, www.sensum.de) – S. 79; Walter Bradatsch/Hansgeorg Loebel, Neue Heimat in Niedersachsen, Alfeld 1979, S. 52 – S. 55; British Library, London – S. 7, 72; Bundesarchiv, R 49 Bild – Reichskommissar für die Festigung des deutschen Brauchtums – Bildbestand, Sig. R 49 Bild-0131, Foto Wilhelm Holtfreter, Berlin – S. 39; Bundesarchiv / Transit Film GmbH, – S. 29; Bundesbildstelle / Sig.-Bild 183-2003-0703-500, Bestand: Bild 183 Allgemeiner Deutscher Nachrichtendienst, Zentralbild / Bundesarchiv, Berlin – S. 35; Der Spiegel, Hamburg – S. 67; Deutsches Historisches Museum, Berlin – S. 37, 46, 48; Deutsches Historisches Museum / Gerhard Gronefeld – S. 8; DIZ / Süddeutscher Verlag, Bilderdienst / dpa, ap – S. 61; dpa Picture-Alliance, Frankfurt – 69; dpa Picture-Alliance / CTK Photo – S. 6/7, 32, 33; dpa Picture-Alliance / Judaica - Sammlung Richter – S. 22; dpa Picture-Alliance / kpa90061 – S. 84; dpa Picture-Alliance / Zentralbild, Waltraud Gubitzsch – S. 133; Jane E. Elliot, Some did it for civilization, some did it for their country. A received history of the Boxer War, Hongkong 2002, S. 145 – S. 105; Ralph Erbar, Mainz – S. 100; Walter Hanel, Bergisch-Gladbach – S. 68; Haus der Heimat des Landes Baden-Württemberg (Hrsg.), Umsiedlung, Flucht und Vertreibung der Deutschen als internationales Problem. Zur Geschichte eines europäischen Irrwegs, Stuttgart 2009, S. 53, 55, 72, 73 – S. 13, 23, 52, 57; Instytut Pamieci Narodowej, Warschau – S. 20; Kein Krieg ist heilig. Die Kreuzzüge, hrsg. von Hans Jürgen Kotzur, Ausstellungskatalog, Mainz 2004, S. 547, Karte 4, S. 221 – S. 85, 87; Aleppo Khaldoun, Fansa – S. 82; Musée Guimet / Auguste François, Paris – S. 103; Museum im Ritterhaus, Offenburg – S. 58; Muzeum Narodowe w Szczecinie, Foto: Grzegorz Solecki, Stettin – S. 40; Preußischer Kulturbesitz, Berlin – S. 24, 109; Preußischer Kulturbesitz / Wilhelm Hauschild – S. 55; Preußischer Kulturbesitz / RMN, Thierry Ollivier – S. 102; Preußischer Kulturbesitz / Benno Wundshammer – S. 38; Real Biblioteca de San Lorenzo de El Escorial, Madrid – S. 91; Jonathan Riley-Smith (Hrsg.), Großer Bildatlas der Kreuzzüge, Freiburg 1992, S. 41 – S. 92; Masha Schaichet – S. 36; Stadtarchiv, Photo M. Knödler, Wolfratshausen – S. 47; Stadtmuseum, Göttingen – Cover, S. 56; Stiftung Haus der Geschichte der Bundesrepublik Deutschland / Michael Jensch, Wolfram Maginot, Axel Thünker, Bonn – S. 59, 62; Christian Tschira, Wiesbaden – S. 27; Ullstein-Bild, Berlin – S. 11, 18, 120; Ullstein-Bild / akg-Pressebild – S. 124; Ullstein-Bild / Boness/IPON – S. 75; Ullstein-Bild / Giribas – S. 83; Ullstein-Bild / imagebroker.net, TPG – S. 117; Ullstein-Bild / sinopictures Foto – S. 112; Ullstein-Bild / Roger Viollet, Bruno de Mouès – S. 127; Ullstein-Bild / Süddeutsche Zeitung, Photo Scherl – S. 21; Ullstein-Bild / The Granger Collection, Berlin – S. 113, 115; Ullstein-Bild / TopFoto Archive – S. 104; Universitätsbibliothek, Wien – S. 22; VG Bild-Kunst, Bonn 2014 – S. 14; www.wikimedia.org / Kassandro – S. 66; www.wikimedia.org / Liberal Freemasan – S. 81; www.wikimedia.org / Madden – S. 81; www.wikimedia.org / NobbiP – S. 67

Ziel

In Klausuren sollen Sie zeigen, dass Sie fachspezifisches Material anhand von Aufgaben angemessen bearbeiten können. Dabei sollen Sie ihr Wissen mit neuen Sachverhalten problembewusst verknüpfen und begründet Stellung nehmen. *Klausuren*

Anforderung

Im Anforderungsbereich I beschreiben Sie geordnet und gerafft historische Zustände oder Entwicklungen. *Reproduktion*

Im Anforderungsbereich II bearbeiten Sie Materialien problem- und methodenbewusst zu einem aus dem Unterricht bekannten Thema. *Reorganisation und Transfer*

Der Anforderungsbereich III verlangt gründliches Nachdenken und eine Lösung. Sie müssen auf Grundlage Ihrer Materialienanalyse ein Problem untersuchen und bewerten. Ihre Stellungnahme kann eine abwägende Diskussion gegensätzlicher Standpunkte erfordern. Abschließend müssen Sie dazu selbst Position beziehen. *Reflexion und Problemlösung*

Die Operatoren der Anforderungsbereiche I bis III finden Sie vorne im Buch erklärt. *Tipp*

Vorgehen

- ☑ Lesen Sie die Aufgaben sorgfältig durch; unterstreichen Sie den Operator. Versuchen Sie, den Auftrag genau zu erfassen. Machen Sie sich ihn bei Bedarf in eigenen Worten klar. Finden Sie Schlüsselbegriffe und klären Sie kurz ihre Bedeutung. *Aufgaben erfassen*
- ☑ Erledigen Sie die Aufgaben streng anhand der Operatoren. Sie zeigen Ihnen, zu welchen Anforderungsbereichen Sie jeweils arbeiten sollen. *Operatoren beachten*
- ☑ Lesen Sie den Text zunächst als Ganzes, um Thema und Hauptaussagen im Zusammenhang zu begreifen. Im zweiten Durchgang ermitteln Sie aufgabenbezogen die wesentlichen Aussagen. Unterstreichen Sie dabei Wörter statt Sätze; so fällt es Ihnen leichter, eigene Formulierungen zu finden und sich von der Vorlage zu lösen. *Kernaussagen ermitteln*
- ☑ Stellen Sie zunächst den Autor und die Quelle (Entstehungszeit, historischer Kontext, Adressaten) vor, wiederholen Sie aber nicht die wissenschaftliche Fundstelle des Textes. *Aussagen strukturieren*
- ☑ Gliedern Sie Ihren Text folgerichtig. Setzen Sie Schwerpunkte in Inhalt und Umfang Ihres Textes. Achten Sie bei Ihrem Zeit- und Arbeitsaufwand auf die Gewichtung der Aufgaben. *Text gliedern*
- ☑ Geben Sie die Hauptgedanken eigenständig in indirekter Rede im Konjunktiv wieder.
- ☑ Direkte Zitate empfehlen sich, wenn der Operator intensive Textarbeit verlangt und sie einen Kernaspekt in auffälligen Worten ausdrücken. Eine Erläuterung in eigenen Worten muss folgen. *Aussagen belegen*
- ☑ Halten Sie die Reihenfolge der Aufgaben ein. Vermeiden Sie Überschneidungen.
- ☑ Schreiben Sie kurze, verständliche Hauptsätze oder Satzgefüge. Drücken Sie sich sachlich aus und benutzen Sie Fachbegriffe. *Stil*
- ☑ Planen Sie Zeit für die Durchsicht ein. Lesen Sie Ihre Klausur zunächst nur unter inhaltlichen Gesichtspunkten; erst in einem zweiten Durchgang achten Sie auf Rechtschreibung, Grammatik und Satzbau. Achten Sie auf die Zeitenfolge (Präsens mit Perfekt; Präteritum mit Plusquamperfekt). Nutzen Sie zulässige Wörterbücher. *Letzte Kontrolle*

Einleitung	Der Verfasser/die Verfasserin (kurze Vorstellung) beschäftigt sich (Zeit/Kontext) mit .../ untersucht/setzt sich mit der Frage auseinander/behandelt das Problem .../thematisiert ... Beispiel: Der Historiker Klaus J. Bade setzt sich 2002 mit der historischen und aktuellen Bedeutung von Migration auseinander (*vgl. M1, Seite 15*).
Einordnung in den historischen Kontext	Der Autor/die Autorin (Name) hat den Brief/Aufsatz/etc. verfasst/die Rede gehalten, als .... Die Quelle lässt sich vor dem Hintergrund von ... einordnen Beispiel: Die aus Freiwaldau/Jeseník stammende Elisabeth Scheithauer berichtet von ihrer Vertreibung aus der Tschechoslowakei im Juli/August 1945. Die Quelle lässt sich vor dem Hintergrund der Vertreibungen der Deutschen nach dem Ende des Zweiten Weltkrieges einordnen. Ein alliierter Beschluss über die Zukunft der deutschen Bevölkerung in Ost-, Ostmittel- und Südosteuropa lag noch nicht vor. Erst auf der Potsdamer Konferenz wurde eine „ordnungsgemäße und humane" Überführung der Deutschen beschlossen (*vgl. M6, Seite 31*).
Textwiedergabe „Kernthese"	Er/sie behauptet/ist der Meinung, dass ... Beispiel: Der amerikanische Politikwissenschaftler Samuel Phillips Huntington behauptet, dass die Konflikte in der Welt in der Zukunft zwischen verschiedenen Großkulturen verlaufen werden (*vgl. M2, Seite 123*).
Textwiedergabe „Argumentation"	Der Verfasser/die Verfasserin begründet dies, indem er/sie .../belegt dies mit .../erklärt dies mit/hebt hervor/betont/kritisiert Beispiel: Der Politikwissenschaftler Samuel Phillips Huntington betont, dass ein „weltweiter Kampf der Kulturen" nur zu vermeiden sei, wenn der Westen seine Kultur verteidigt und dieser nicht darauf hoffe, dass die anderen Kulturen sich ihm annähern werden (*vgl. M2, Seite 123*).
Zusammenfassung	Der Autor/die Autorin fasst seine/ihre Haltung/Sichtweise zusammen, indem er/sie .../ sagt abschließend .../kommt zu dem Schluss, dass ... Beispiel: Der französische Historiker Fernand Braudel kommt zu dem Schluss, dass die Geschichte in mehrere Etappen einzuteilen ist. Dabei ist in eine geografische, eine soziale und eine individuelle Zeit zu unterscheiden (*vgl. M1, Seite 127*).
Vergleich	Ebenso wie (ein anderer Autor/eine andere Autorin)/anders als (die Meinung/Argumentation/Position von) ... Beispiel: Die Politikwissenschaftler Ulrich Menzel und Samuel Philipps Huntington haben unterschiedliche Vorstellungen von Kultur. Während Huntington ...betont, hebt Menzel ... hervor (*vgl. M3, Seite 125*).
Absicht	Er/sie will darauf hinweisen/erreichen/verdeutlichen/appelliert/zielt auf ... Beispiel: Der britische Mathematiker, Philosoph und Friedensforscher Bertrand Russell will mit seinem in der „Times" am 23. Oktober 1945 erschienenden Leserbrief auf die Geschehnisse im Kontext der Vertreibung der deutschen Bevölkerung aufmerksam machen (*vgl. M7, Seite 32*).
Stellungnahme	Die Argumentation überzeugt (nicht)/ist widersprüchlich/schlüssig/(nicht) einleuchtend/ zutreffend, weil ... Ich stimme dem Autor/der Autorin zu/teile (nicht) die Haltung des Verfassers/der Verfasserin/schließe mich (nicht) der Argumentation an, weil ... Beispiel: Die Thesen des Historikers Fernand Braudel zu den verschiedenen historischen Zeitebenen überzeugen (nicht), weil... (*vgl. M1, Seite 127*).

Fachliteratur finden und nachweisen

Recherchieren und Ausleihen in der Bibliothek

- ☑ Um sich für ein Referat einen Überblick über ein Thema zu verschaffen oder es einzugrenzen, eignen sich Lexika und Nachschlagewerke als erste Informationsquellen. Für die gründliche Erarbeitung eines Themas benötigen Sie Fachliteratur.
- ☑ Angaben zu Fachbüchern spezieller Themen finden sich im Literaturverzeichnis von Handbüchern und Überblicksdarstellungen, im Internet und im Katalog der Bibliothek.
- ☑ In der Bibliothek sind Bücher alphabetisch in einem Verfasser- und in einem Sachkatalog aufgelistet und über eine Signatur, eine Folge von Zahlen und Buchstaben, im Karteikarten- oder Computersystem der Bibliothek für ein leichtes Auffinden genau verzeichnet.
- ☑ Bücher, die nicht in der örtlichen Bibliothek vorrätig sind, können über die Fernleihe aus anderen Bibliotheken entliehen werden. Über die Online-Kataloge können Titel nach Schlagworten oder dem Namen des Autors gesucht und direkt an die Ausgabestelle der Bibliothek bestellt werden.

Literatur auswerten und belegen

- ☑ Finden Sie zu einem Thema mehr Bücher, als Sie auswerten können, müssen Sie eine Auswahl treffen. Prüfen Sie anhand des Inhaltsverzeichnisses, der Einführung und/oder der Zusammenfassung sowie des Registers, ob das Buch ergiebig sein könnte. Benutzen Sie im Zweifel das Neueste.
- ☑ Weisen Sie jedes Buch, das Sie für Ihr Referat benutzt haben, am Schluss des Textes nach. Notieren Sie sich daher bei der Vorarbeit die Titel der Bücher. Aussagen, die Sie wörtlich oder indirekt zitieren, belegen Sie zusätzlich mit Seitenangaben. So kann jeder Leser nachlesen und überprüfen, woher und von wem die Aussagen stammen.
  Beispiel für eine korrekte Literaturangabe:

Buch

Vorname und Name des Autors | Titel | Verlagsort(e) und Jahr der Veröffentlichung | bei Zitat zusätzlich Seitenangabe

Mathias Beer, Flucht und Vertreibung der Deutschen. Voraussetzungen, Verlauf, Folgen, München 2011, S. 17

Aufsatz

Vorname und Name des Autors | Titel des Aufsatzes | Vorname und Name der Herausgeber des Sammelbandes

Rainer Traub, Raub der Geschichte – Polen als Verlierer unter den Siegermächten, in: Stefan Aust und Stephan Burgdorff (H
Die Flucht. Über die Vertreibung der Deutschen aus dem Osten, München 2005, S. 133 - 142, hier S. 138 f.

Titel des Sammelbandes | Verlagsort(e) und Jahr der Veröffentlichung | Seitenangabe

Quellenarbeit in Archiven

Vorbereitung und Recherche

- ☑ Für die Recherche zu regional- und lokalgeschichtlichen Themen bieten sich Archive an. Dort werden Urkunden, Pläne, Karten, Zeitungen, Briefe, Tagebücher, Fotos sowie Akten mit anderen Unterlagen von Behörden, Firmen, Vereinen und Privatleuten aufbewahrt.
- ☑ Vor der Arbeit im Archiv sollten Sie sich genau über das Thema informieren, die zu erarbeitenden Aspekte festlegen und Fragen formulieren.
- ☑ Inzwischen werden viele Archivstücke elektronisch erfasst und in Datenbanken archiviert. Auf den Internetseiten der Archive können Sie sich über den Bestand informieren, digital vorliegende Dokumente einsehen oder die Signatur der Akten heraussuchen.

Material erfassen, ordnen und auswerten

- ☑ Haben Sie geeignetes Material gefunden, notieren Sie sich die genaue Fundstelle. Eine Ausleihe ist nicht üblich. Erfassen Sie das Material sicherheitshalber vor Ort (handschriftlich, per Laptop oder Scanner).
- ☑ Nach der Rückkehr aus dem Archiv müssen Sie das gesammelte Material sichten und ordnen, bevor Sie es zu einer Darstellung verarbeiten können.